U0547127

促进沈阳生产力发展研究
——探索东北城市经济转型发展之路

周浩波　郭燕青等 ◎著

中国社会科学出版社

图书在版编目（CIP）数据

促进沈阳生产力发展研究：探索东北城市经济转型发展之路/周浩波等著.—北京：中国社会科学出版社，2017.8
ISBN 978-7-5203-0259-3

Ⅰ.①促… Ⅱ.①周… Ⅲ.①城市经济—转型经济—经济发展—研究—东北地区 Ⅳ.①F299.273

中国版本图书馆 CIP 数据核字(2017)第 094602 号

出版人 赵剑英
责任编辑 卢小生
责任校对 周晓东
责任印制 王 超

出 版 中国社会科学出版社
社 址 北京鼓楼西大街甲 158 号
邮 编 100720
网 址 http：//www.csspw.cn
发行部 010-84083685
门市部 010-84029450
经 销 新华书店及其他书店

印 刷 北京明恒达印务有限公司
装 订 廊坊市广阳区广增装订厂
版 次 2017 年 8 月第 1 版
印 次 2017 年 8 月第 1 次印刷

开 本 710×1000 1/16
印 张 21.5
插 页 2
字 数 364 千字
定 价 90.00 元

凡购买中国社会科学出版社图书，如有质量问题请与本社营销中心联系调换
电话：010-84083683
版权所有 侵权必究

序

“十八大”以来，以习近平总书记为核心的党中央开创了中华民族伟大复兴的新时代，全国上下紧紧围绕全面建成小康社会及转型发展的宏伟目标，统筹推进“五位一体”总体布局和协调推进“四个全面”战略部署，牢固树立和贯彻落实创新、协调、绿色、开放、共享的发展理念，适应、把握和引领经济发展新常态，以提高发展质量和效益为中心，以供给侧结构性改革为主线，着力完善体制机制，着力推进结构调整，着力鼓励创新创业，着力保障和改善民生，协同推进新型工业化、信息化、城镇化和农业现代化，因地制宜、分类施策，扬长避短、扬长克短、扬长补短，有效提升经济建设的发展活力、内生动力和整体竞争力，努力走出一条质量更高、效益更好、结构更优、优势充分释放的振兴发展新路。立足于以新的发展理念为指引的伟大变革时代，从“十三五”国民经济及社会发展规划的开局之年 2016 年起，一方面，习近平总书记就社会生产力的发展与提升给出了明确的思路与战略侧重点，指出，宏观政策要稳、产业政策要准、微观政策要活、改革政策要实、社会政策要托底的政策组合，是当前推动经济社会发展的五大支柱性政策。贯彻落实这五大政策，都要注意突出重点。推进结构性改革特别是供给侧结构性改革，是“十三五”的一个发展战略重点。要在适度扩大总需求的同时，着力推进供给侧结构性改革，重点是去产能、去库存、去杠杆、降成本、补短板，增强供给结构对需求变化的适应性和灵活性，推动我国社会生产力水平实现整体跃升。另一方面，自 2016 年 4 月中共中央、国务院出台了《关于全面振兴东北地区等老工业基地的若干意见》以来，先后又密集出台了《推进东北地区等老工业基地振兴三年滚动实施方案（2016—2018 年）》《东北振兴“十三五”规划》以及《关于深入推进实施新一轮东北振兴战略加快推动东北地区经济企稳向好若干重要举措的意见》等支持政策，这么短的时间内中央和国务院如此密集地对东北提出振兴任务是前所未有的。在国家发展改革全局中，东北振兴的战略地位被提升到了前所未有的新高度。面对新一轮东北地区社会经济振兴目标，其着眼点和战略重点与以往相比都有了全新的认识和判断，其中的关键就是以释放内在活力为核心的解放和发展生产力。简言之，不再是靠外部的投资拉动，而是源于内部的活力推动；不再是资源投入型增长方式，而是生态质量型发展方式；不再是外延式的速度驱动，而是内涵式的创新驱动。

沈阳市作为东北社会经济发展的中心城市，如何在上述国家发展的大势中迎接挑战、抓住机遇，如何在克服和解决“东北现象”所呈现的问题中实现新的崛起与繁荣，如何在新一轮东北老工业基地振兴中肩负历史使命、成为区域社会经济发展的典范，是目前摆在沈阳市乃至东北城市经济发展中的战略任务。为此，沈阳市在分析、总结“十二五”期间社会经济发展取得的成果和存在的问题的基础上，进一步从改革开放所带来的人民群众获得感和经济社会整体提升的城市生产力发展高度，做了系统的规划分析和理论阐释，为实现“十三五”社会经济发展目标和振兴东北老工业城市的整体战略任务，尤其是贯彻落实党中央、国务院关于社会经济全方位改革发展的各项政策措施及战略部署，提供决策依据和理论与实践紧密结合的前瞻性探索。为此，我们以“幸福沈阳建设”为宗旨，以“促进沈阳生产力发展”为主体，承接以往沈阳城市经济发展的丰厚成果，同时充分吸取各种经验教训，以全面创新改革为动力，以提升质量效益为重点，以保障改善民生为主线，以智慧城市建设为载体，抓好“稳增长、调结构、促改革、惠民生”的各项工作。

《促进沈阳生产力发展研究——探索东北城市经济转型发展之路》一书，就是带着上述社会经济发展的历史使命感和战略思考，本着理论与实践紧密结合的原则，从生产力的标准、目标、内容和实现路径等主要维度系统地论述了沈阳市社会经济发展的现实基础、未来蓝图和实施方案。该研究突破了传统生产力发展的结构及其改造自然的认识局限，以“创新、协调、绿色、开放、共享”五大发展理念为指导，确定沈阳市生产力发展的宗旨及其使命，构建了沈阳“生态智慧型城市生产力”的目标体系，以“繁荣”为核心，以五要素构建的城市居民幸福指数所体现的城市生产力发展获得感为宗旨，以绿色生态和创新智慧为两翼，针对沈阳市城市生产力发展面临的主要问题，力求抓住、抓准沈阳生产力未来发展的关键点。在具体内容把握上，结合沈阳市作为东北老工业基地的国家级中心城市所面临的实际情况，提出了城市生产力“繁荣—智慧”五要素双结构关系模型，并构建了沈阳市城市生产力发展的六种能力，即健全协同能力、经济提升能力、优化创新能力、持续发展能力、保持和谐能力和形成共生能力。在内容分析中，重点阐述了构成城市生产力主体内容的八大生产力领域，详尽分析了沈阳市的生产力具体内容及其面临的机遇和挑战。研究成果为东北老工业基地的城市经济转型发展提供了系统的思路和决策依据。

本书研究内容紧紧围绕十八大以来的各项方针政策和习近平总书记的系列讲话精神实质，依据辽宁省和沈阳市近年来的社会经济发展有关文件、规划纲要和政策，同时经过较为全面的现场调研和资料分析，深刻把握城市未来生产力发展的动态及其方向，以绿色 GDP、人类发展指数、幸福指数、城市繁荣度为核心准则，构建了沈阳城市生产力发展指标体系，并创造性地提出了沈阳城市生产力发展双循环结构模式。有关研究成果和结论，从理论和实践两方面为沈阳市乃至东北城市社会经济发展提供了一定的参考指导。首先，拓展并重新诠释了生产力研究的理论认识，具有一定的学术价值和理论指导意义。表现为城市生产力发展是为了满足人们日益增长的物质和文化生活需要这一根本目标仍然未变，但是，其中涉及的生产关系已到了需要进行重大变革的时期。其次，基于新认识的生产力结构及其宗旨，启发并将指导着城市新一轮振兴发展的实践，以新的生产力标准和理念重新规划城市的经济建设活动。本研究成果是沈阳市首次完整分析城市生产力的内容和未来规划任务，在新一轮东北老工业基地振兴的历史转折点上，将进一步推动社会经济改革尤其是城市社会经济的改革与发展。

沈阳市人大常委会党组书记、主任

2017 年 6 月

目　录

第一篇　生产力总论

第二篇 生产力分论

第一篇

生产力总论

第一章　总论

对于中国改革开放30多年来的巨大成就，如果用一句话概括，就是解放和发展生产力。但是，此前的巨大经济成就主要还是靠“量”的规模扩张，走的是“高投入、高成本”发展之路。当前社会经济发展正处于三期叠加的转折点，如何实现转型发展和步入新常态，如何扭转经济下滑的不利局面，怎样才能确保实现沈阳市“十三五”规划的发展目标？综合分析城市有机体的现状及趋势，我们仍旧离不开30年前的这句经典概括——解放和发展生产力。前30年的解放和发展生产力是基于计划经济时代封闭落后的社会经济状况，如今的解放和发展生产力则是基于前期过于追求规模速度型经济发展的各种积弊，急需从质量效益和可持续的绿色发展视角反思生产力的发展。我国的城市社会经济发展始于生产力的研究和应用，表现为1992年国家科委在借鉴国际成功经验的基础上，率先在北京、山东、辽宁、江苏等地倡导建立生产力促进中心。该中心依靠政府，面向企业，组织社会科技力量，为广大中小企业提供综合配套服务，协助其建立技术创新机制，增强技术创新能力和市场竞争力。中心作为科技中介机构，把为企业服务、为区域的科技创新服务、搭建政府与企业、企业与企业之间的桥梁和纽带、促进科技成果向现实生产力转化作为重要使命，致力于为政府、企事业单位和个人提供全方位的科技服务。很显然，这种城市生产力促进中心所研究的生产力，只是狭义上的生产力，不能解决当今城市生产力发展面临的整体问题和战略问题，而且这种生产力促进中心作为中介机构是难以发挥其整合城市生产力发展的重任的。尤其是改革开放30多年来的城市发展规划重规模、轻质量，重投入、轻效益，重速度、轻协调的总体思路，导致城市生产力的发展虽然在局部方面得到解放和迅速发展，但是城市的整体生产力水平难以提升，其内在可持续发展能力受到严重抑制。因此，我们在开展“促进沈阳生产力研究”这一课题时，需要从城市生产力发展的战略高度和国际视野把握生产力的内涵及其发展规律。准确把握沈阳市促进和提升生产力发展中面临的各种挑战与机遇，为沈阳市“十三五”社会经济发展规划各项目标的实现提供“生产力视域”下的指引和依据。

第一节 背景与意义

一 沈阳生产力发展的时代背景

时代发展到今天，有关发展的标准已步入后 GDP 时代，需要从唯 GDP 标准向新的标准转变，这个标准就是协调共享与可持续发展，从以往重速度规模向重质量效益的方向转变，强调“绿色 GDP”，也就是系统优化的生态型发展理念。于是，生产力作为有别于 GDP 发展速度的概念开始重新受到重视。但是，这里说的生产力到底是指什么？需要结合实际加以研究并重新给予界定，打破传统的生产力经济学对生产力的理解。

2015 年以来，东北三省尤其是辽宁省的 GDP 增速严重滞后，沈阳市的经济发展也面临着巨大的压力，如何面对眼下滑至谷底的增长速度，需要我们重新评估并设计规划经济社会发展中的生产力内涵，从悲观的传统速度中找到我们的希望甚至亮点，一方面深入探究当地经济严重滞后的原因，另一方面还要超越唯速度观念重新找回并进一步挖掘被人们忽视的优势和能力。

在“互联网 +”及信息化、智能化的技术背景下，在“工业 4.0”、“中国制造 2025”以及“十三五”规划内容出台的国内外新型工业化形势下，沈阳市如何打造今后新的社会经济发展优势，需要有新思维和新的生产力创新模式。为此，“促进沈阳生产力研究”就是探讨和确定符合自身情况的未来发展之路。

二 沈阳生产力发展的现实意义

（一）从生产力的角度推动城市社会经济发展，是贯彻落实国家政策方针的根本，是从整体格局上把握城市建设的内容，其现实与历史意义重大

党的十八大明确提出，全面建成小康社会，转变经济发展方式，加

快生态文明建设步伐，实现社会经济的协调发展，改善民生。党的十八届三中全会的主旨是全面深化改革，公平公正，发挥体制改革的牵动作用。十八届四中全会的主旨是依法依宪治国。十八届五中全会的主旨是明确“十三五”规划的十大领域：保持经济增长；转变经济发展方式；优化产业结构；深入实施创新驱动发展战略；加快农业现代化使之与城镇化、信息化、工业化同步；体制机制改革；协调发展；生态文明建设；改善民生；扶贫开发。上述整体社会经济发展目标及各项任务的实现，需要从生产力的角度去把握。生产力自身的含义及其研究边界，能够厘清城市社会经济发展规划的主体内容，对于解决城市发展中的现实和历史问题具有重大的指导意义。

（二）研究促进沈阳生产力发展问题，对于解决和推动历史发展积累下来的沈阳市城市整体社会经济发展问题和进程，具有指导意义

沈阳市是2015年全国副省级城市中发展比较滞后的城市之一，相对于同在辽宁省的大连市，无论是总量增长还是增长速度，都相对落后。面对第十三个五年社会经济发展规划中的预期目标，要想达到预期的成果，需要从生产力的视野全面统筹规划沈阳市的城市经济发展。无论是传统的总量经济指标，还是新提出的城市国民幸福总值指标，其目标的实现有赖于生产力整体发展水平再上新的台阶。研究城市生产力就是指导和帮助沈阳市社会经济发展达到预期的目标，具有很强的实践指导价值。

（三）研究促进沈阳生产力发展问题，对于比较同类城市的社会经济发展，做到知己知彼、取长补短和扬长避短，都具有重大的战略意义

沈阳市的城市生产力建设一直处于国内比较突出的地位，不仅自身的生产力发展水平在历史上曾达到领先的高度，也在东北地区确立了自己的中心城市地位。然而，近些年来，与同类城市相比，尤其跟发展水平更高的国际化大城市相比，沈阳市的城市建设已处于发展滞后的状态。本书就是通过比较分析同类城市和国际上发达国家成熟城市的发展经验，找到沈阳市城市发展的生产力制约因素，谋划从城市生产力角度解决城市未来的发展问题，摸清城市生产力发展的规律及其系统性问题，进而设计好符合沈阳市自身情况的城市生产力发展模式及实现路径。这对于沈阳市城市整体发展战略目标的实现具有深远的历史意义。

第二节 宗旨与目标

一 沈阳生产力发展的宗旨

促进沈阳生产力发展的宗旨，就是提升沈阳市的城市品牌美誉度和市民幸福感满足度，如果用一个国际标准来衡量，就是城市的繁荣与活力。结合沈阳市的自身发展定位，就是创建智慧型生态化国家中心城市。

根据联合国人居署在其《世界城市的发展状况》报告中的有关研究结论，在21世纪衡量一个“美丽”城市一定是以人为本的，能够整合城市繁荣的有形资产和无形资产两方面，摆脱过去城市的无效率、不可持续等问题。联合国人居署在其著名的《世界城市的发展状况》2012—2013年报告中，开始采用令人耳目一新的城市管理评价方法，并且提出以城市的繁荣作为城市生产力研究的最终范式。根据这份报告，“繁荣意味着成功、财富、蓬勃发展的条件、幸福以及自信和机会。一般而言，一个繁荣的城市能够提供丰富的公共产品，制定可持续利用的政策和行动框架以及允许公平地获得公共物品”。

该报告以五个参量对城市的繁荣进行解读：

第一，一个繁荣的城市能够通过提高生产率助力经济增长，高生产率所带来的收入和就业机会能够为全体市民提供足够的生活保障。

第二，一个繁荣的城市通过配置基础设施，如有形资产与便利设施，充足的水、卫生设施、供电、路网、信息和通信技术等来维持人口和经济的发展需要。

第三，繁荣的城市提供社会服务，包括教育、医疗、娱乐、安全保障等来提高人民的生活水平，使个人潜能得到最大化发挥和人民生活丰富多彩。

第四，在某种程度上，一个城市的繁荣是指贫穷和不平等最小化。没有哪一个城市在大量市民还生活在一贫如洗和物质极度匮乏的状态下宣称自己是繁荣的。这涉及降低贫民发病率和避免贫穷的新形式。

第五，繁荣的利益创造和（再）分配不破坏或降低对环境的影响；而就城市的可持续发展而言，城市的自然资产应被保护。

以上五个方面（生产率；基础设施；生活质量；公平公正；可持续发展）作用于城市繁荣的这一主题上，而且它们之间是相互联系和互动支撑的关系，共同构成城市生产力的内容体系。

基于上述世界城市的繁荣标准，结合沈阳市城市生产力发展所面临的实际情况，以“创新、协调、绿色、开放、共享”五大发展理念为指引，针对东北经济发展面临的困难和问题而强调的四个着力点要求，即着力完善体制机制、着力推进结构调整、着力鼓励创业创新、着力保障和改善民生的要求，依据沈阳市国民经济和社会发展第十三个五年规划提出的四大类经济社会发展指标，以及沈阳市“中国制造2025”所提出的智慧沈阳整体框架，我们围绕沈阳市城市生产力发展的宗旨设计了城市生产力“繁荣—智慧”五要素双结构关系模型（见图1－1）。该模型明确了城市生产力发展的宗旨就是繁荣与智慧，繁荣与智慧互为表里。支撑这种城市生产力核心宗旨的是双循环五要素联动结构，既具有世界性的一般规律，表现为五要素的内循环结构，也具有东北地区城市生产力发展尤其是沈阳生产力发展的特殊规律，表现为五要素的外循环结构。双循环之间又是互为促动的关系。

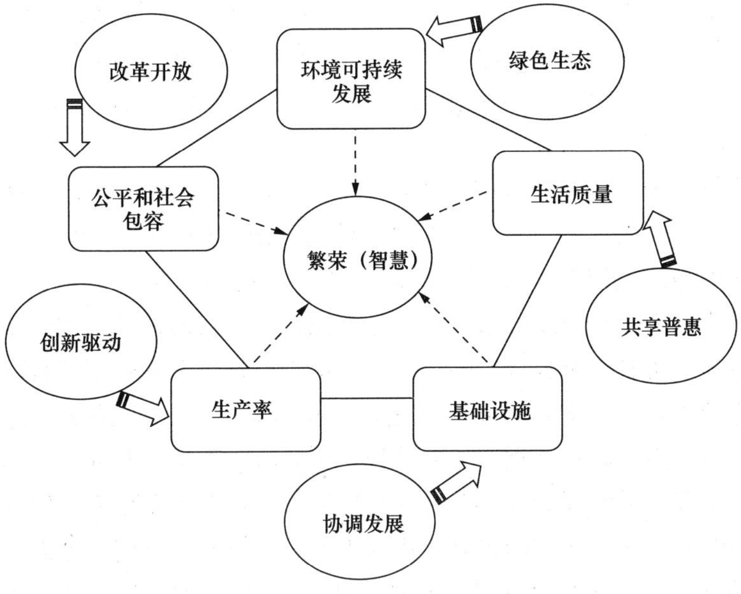

图1－1　城市生产力“繁荣—智慧”五要素双结构关系模型

二 沈阳生产力发展的目标

基于上述沈阳生产力发展的宗旨，遵循城市生产力发展的演进规律和生产力系统的动态结构特征，结合《沈阳市国民经济和社会发展第十三个五年规划纲要》《沈阳市“中国制造2025”实施方案》《沈阳市智慧城市总体规划（2016—2020）》及沈阳市政府工作报告的有关内容，确定促进沈阳生产力发展的总体目标主要包括以下六个方面的内容。

（一）整体协同能力

解放和发展生产力的具体实施和落实主要体现在促进生产力发展的主体内容上，除传统的生产力要素论和结构论之外，根据当今我国社会经济发展的阶段特征及东北老工业基地再振兴的历史使命，针对城市生产力发展问题并结合沈阳市的经济社会发展实际，首要的是健全城市生产力内在体系，表现为构建城市生产力完整内容的八大生产力领域及其互动协同的能力。很显然，城市生产力的发展不仅是一个动态协同的完整体系，更是一个复杂共生的整合过程。这就需要整体上理清作为国家中心城市建设目标的沈阳生产力内容体系，具体包括产业生产力、企业生产力、创新生产力、空间生产力、体制生产力、信息生产力、文化生产力和生态环境生产力，这八大城市生产力的协同发展体现了沈阳市城市生产力的主体目标，构成了沈阳市“十三五”国民经济和社会发展规划及智慧沈阳建设的实质内容，也是解放和发展生产力的具体实施对象。致力于健全八大生产力的协同发展能力，无疑是沈阳市中长期社会经济发展的系统目标。

（二）经济提升能力

要想达成“东北地区国家中心城市”的区域发展定位，并且确保实现老工业基地的全面振兴，首要的就是实现沈阳市的全面经济发展，以扎实的经济发展节奏和整体协调、稳步实施的经济发展举措作为保障。促进沈阳生产力发展就是要首先考虑在经济层面达到预期的规划目标，以体制机制改革释放新的活力，以结构调整和发展转型扭转落后产能，靠统筹规划、盘活存量、引进活力来拉动沈阳市经济能力的再提升。其主导力量就是处理好产业结构、企业活力和空间布局的互动互促的战略格局。因为无论是传统的GDP增长，还是反映增长质量效益的生产率及全要素生产率的提高，都源于产业、企业和空间三方面的战略关系的整体优化和整合提升。其经济能力的核心引擎就是“智造”优势及其能力的提升。

（三）优化创新能力

以创新驱动发展战略引领沈阳市城市生产力的深化发展，以全面创新改革试验区建设为契机，推动以科技创新为核心的创新型城市建设。坚持创新的市场导向和政府引导相结合，尊重市场机制的主导地位；推进产学研合作的深入开展，为创新发展提供平台支撑；激发、整合全社会的创新资源，以企业为主体形成大众创业、万众创新的创新生态环境。全力促进并形成以创新为根本动能的城市生产力完整体系。让“创新驱动”成为沈阳生产力发展各项重点任务的首要任务，靠创新驱动促成沈阳市社会经济的发展转型，实现具备新常态特征的城市生产力发展目标。在实施创新驱动的城市生产力发展模式过程中，以构建“自主创新示范区”建设为契机，建设创新型沈阳，构建起资源配置高效、主导创新领域鲜明、创新引领效果突出的东北创新型中心城市。深化科技创新体制机制改革和环境优化，将沈阳打造成为全国重要的体制机制创新先行区、创新创业要素集聚区、创新驱动经济发展示范区。并在改革中积累老工业城市创新发展经验，在关键领域形成重要的创新成果和可复制、可推广的经验，为东北全面振兴、实现创新引领探索可行路径。针对沈阳市创新发展存在的主要问题，主要是把握好作为创新源头的研发设计、作为创新实体的项目运作、作为创新沟通的管理系统三者之间的互动关系。为此，人才资源开发、投融资机制建设、管理制度变革与管理活力的释放这三者之间实现协同整合，是创新能力得以优化、提高的关键。

（四）持续发展能力

改变以往经济发展中忽视环境保护和生态文明的错误做法，彻底实现社会经济的可持续发展，是“十三五”社会经济发展从国家到地方的核心主题。“生态建设”作为沈阳市“十三五”社会经济发展规划纲要中的十大重点任务之一，其地位十分关键，是各个方面发展目标的聚焦点，它在根本上决定着转型发展的方向和生产、生活的质量水平。生态文明建设中的生态能力即可持续发展能力，主要是实现循环经济和环境友好的绿色生产方式，涉及城市生产力发展的核心关系就是“生产—生活—生态”的三层结构关系，以可持续发展能力为标准的三者之间的良性互动，必须以协调、绿色、共享的发展理念为指导，确保沈阳市城市生产力发展的整体质量和社会效益。

（五）民生和谐能力

城市治理能力一直是衡量城市生产力的一个重要方面，其中作为标志性内容的就是民生福祉满意程度。排除主观幸福感的隐性不确定因素，从可控的现实客观幸福感要素出发，以提升城市市民生活质量水平为基点，着力强化城市治理现代化建设，加大力度实施民生改善和民生保障工作，从社区、街道、区县和城市整体四层系统做实做好民生工程，其中主要是处理好市民、政府和社会三者之间的和谐关系。这种和谐关系正是一个城市民生能力的体现。关注民生是和谐发展理念的落地实施，确保和改善民生的能力是和谐能力的主体内涵，由此形成城市生产力发展的和谐能力更是智慧城市建设的宗旨。

（六）系统共生能力

城市生产力资源的会聚、整合能力及其效率是衡量城市生产力发展水平的关键能力。城市本身就具有很强的资源会聚功能，如何形成这种聚合资源的能力，是城市生产力发展的主要目标。衡量沈阳市城市生产力是否得以解放和发展的重要表现就是资源的汇聚能力是否真正形成，这种资源汇聚能力通过城市生产力的八大领域得以具体体现，最终反映的是城市生产力的共生能力。遵循城市生产力发展的一般规律，承接东北老工业基地再振兴的历史使命，以改革开放作为城市生产力发展的“活水”之源，以创新驱动作为城市生产力发展的动力之源，以文化生产力和信息生产力的建设作为生产力要素相互交流、优化组合、融会贯通的保证，尽快形成沈阳市城市生产力的共生能力。共生是共赢的前提。共生能力实际上包含着资源能力、融合能力等诸多方面。所以，共生能力是沈阳市未来城市生产力发展的重要目标。

第三节 总体任务与实现路径

一 沈阳生产力发展的总体任务

围绕前述沈阳生产力发展的宗旨和目标，根据生产力系统论、城市功能结构论和新经济增长论等的理论认识，结合沈阳市“十二五”社会经济发展的实际成果、现状以及沈阳市“十三五”社会经济发展规划纲要提出的要求和任务，基于“城市生产力指标体系”所体现的经济大数据沈阳，确立了智慧生态型城市生产力发展的总体任务，该任务的内在关系结构就是以创新驱动为根本动力，以智能制造和生态共享为两翼，以八大城市生产力领域为载体，以城市生产力系统的动态协调发展为基准的任务体系。该任务体系也是结合沈阳生产力发展的现实需要而形成的沈阳生产力发展模式，构成该模式的主要任务进一步包括三个部分：

其一，转型升级、激发活力的任务。针对沈阳市面临的结构调整和企业及市场活力的挑战，首先要立足于城市生产力的主要领域，以创新促转型、以改革释活力。

其二，智能生态、健全功能的任务。结合沈阳市智慧城市发展目标和沈阳市“中国制造 2025”实施整体思路以及幸福沈阳建设要求，依据沈阳“城市生产力指标体系”所形成的大数据沈阳的基本态势，以信息生产力和生态生产力为核心，致力于“智慧沈阳”的建设，健全沈阳生产力的整体功能，进而释放其巨大的潜力。

其三，分析评价、系统决策的任务。作为“智慧沈阳生产力发展模式”的大数据基础，以各项城市生产力指标为引导，从决策规划分析的视角沿着指标、数据、评价和决策的顺序最终形成城市生产力的智能决策流程，实现精准决策，“对症下药”，提高城市生产力发展的决策效率。当前侧重从转型发展目标向前推进到城市生产力发展的最终使命，即繁荣与智慧，从立足当前实际的质量效益标准逐步转化为着眼未来的幸福繁荣标准，实现促进沈阳生产力发展在整体思路规划上的两个关键统一：重实际和重未来的统一、重策略和重战略的统一。

综合上述，分析沈阳“智慧生态型城市生产力”总体任务的结构关系大致可以归纳如图 1－2 所示。

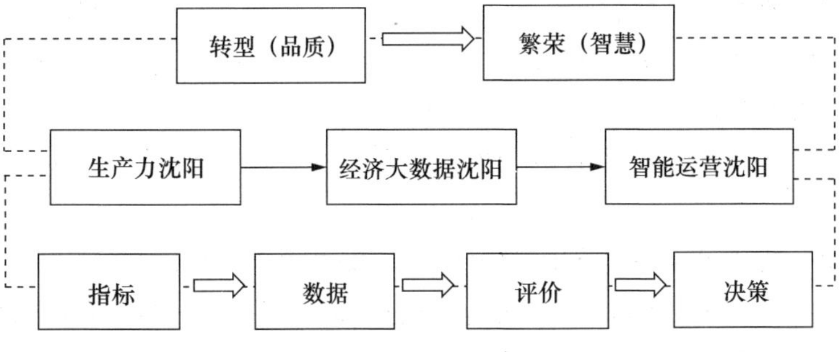

图 1－2　沈阳“智慧生态型城市生产力”总体任务的结构关系

二 沈阳生产力发展的实现路径

沈阳生产力发展的实现路径很多，但是，根本性的实现路径主要有以下三方面：

（一）改革是解放和发展城市生产力的根本路径

从发展生产力的现象上看，科技无疑是发展城市生产力的决定性因素，但是，“科技的活力在改革”这一判断是指改革才是科技进步与自主创新的先决条件和动力源泉，由改革推动科技进步和创新驱动进而才能达到发展生产力的目的。同样，来自企业、产业、空间、文化、信息和生态环境的城市生产力发展主要也是取决于改革的进展和成效。尤其是东北现象的背后根本上还是涉及体制机制的改革问题，唯有改革，才是解决东北老工业基地城市生产力发展的根源，是首要的实现路径。

（二）全面创新是解放和发展城市生产力的关键路径

2015 年以来，国家就把创新驱动发展战略作为“十三五”发展规划乃至实现未来长期发展目标的根本国策。因为只有创新才能真正实现转型发展和适应新常态。创新的突出表现是科技创新和制度创新，这两类创新恰似双轮驱动，推动着各个城市生产力领域的健康发展，并因此不断蓄积新的发展动力。借助沈阳市作为国家全面创新改革试验区和自主创新示范区的发展机遇，以构建生态化智慧型城市为主要使命，实现有利于“双创”的“知识城市”和“宜商宜居城市”，以全面创新为关键路径打造中国“智造之都”。

（三）协调发展是解放和发展城市生产力的主导路径

“十三五”时期，沈阳市根据十八届五中全会提出的新发展理念要求，围绕大力推进高水平小康社会建设和增强市民幸福感的根本目标，强化以人为本，实现经济、社会、生态、文化和城市治理的协调发展。结合沈阳实际，以重点推进以下六个方面的协调发展作为促进沈阳生产力发展的主导路径：

（1）推进城市功能的协调发展，使之成为东北乃至全国的生产力发展中心。

（2）推进城乡一体化协调发展，高质量促进产城融合。

（3）推进人才结构与产业结构的协调发展，优化调整人口结构，强化高端人才的引进和培养。

（4）要推进经济与社会环境资源的协调发展，坚持“底线思维”。

（5）推进全面深化改革与开放共享的协调发展，强化制度创新，形成与国际接轨的制度安排。

（6）推进沈阳市与区域经济的协调发展，提升沈阳经济区的集聚效应。

第四节 指导方针与基本原则

一 沈阳生产力发展的指导方针

贯彻落实党的十八大和十八届三中、四中、五中、六中全会任务部署，深入学习贯彻习近平总书记系列重要讲话精神，按照党中央、国务院决策安排，主动适应经济发展新常态，以实施全面创新改革试验为契机，进一步深化体制机制改革，完善创新创业发展环境，实施创新驱动发展战略，进一步解放、激活社会生产力潜力，推进城市各项事业繁荣发展，营造有利于城市生产力和竞争活力的政策环境和制度环境，增强经济社会发展的内生动力，在新一轮振兴发展中打造新优势、实现新跨越。

二 沈阳生产力发展的基本原则

（一）坚持深化改革、释放体制机制活力的原则

进一步简政放权、放管结合、优化服务，增强生产力发展的制度性供给，完善扶持政策和激励措施，营造均等普惠的制度环境。破解制约城市生产力发展的“瓶颈”问题，打通科技成果向现实生产力有效转化的通道，依靠创业创新促进产业转型升级。

（二）侧重于供给侧结构性改革、突出市场主体地位的原则

以需求为导向致力于供给侧结构性改革，激发城市生产力的活力。尊重生产力发展规律，切实解决城市生产力发展主体的资金需求、信息需求、政策需求、技术需求、服务需求，最大限度释放各类市场主体创业创新活力，开辟市场新空间，拓展发展新天地，解放和发展生产力。

（三）坚持创新驱动、增强发展动力的原则

进一步完善以市场为核心的技术创新体系，围绕产业链部署创新链，依托“互联网+”、云计算、大数据等新兴产业和新兴业态，促进传统产业提质增效，加快培育新的经济增长点。

（四）突出以人为本、强化激励机制的原则

把留住人才放在优先位置，积极引进人才，使科研人员获得与贡献相匹配的待遇和尊严，使城市生产力发展的活力之源——人才建设成为沈阳生产力发展的根基，实现人才社会价值和个人价值的有机统一。

（五）守住生态红线、遵循绿色发展理念的原则

坚持绿色发展理念，培育生态文明成果。尊重自然环境与城市发展的和谐关系，倡导循环经济和环境保护，提倡绿色生产和生活方式，增强节能环保意识。

（六）坚持民生为根、共享发展的原则

坚持追求民生福祉的根本目标，贯彻和谐共享、共生共赢的发展理念，使城市生产力发展在生产率、基础设施建设、社会服务、公平公正和生态文明的互动循环中普惠市民，缩小贫富差距。

第二章　沈阳生产力现状分析

沈阳市的城市生产力综合得分在15个同类城市中处于中等水平。比较分析结果显示，这主要受制于产业生产力和企业生产力的结构性障碍以及转型发展的滞后性。此外，文化生产力和资源生产力处于稳步发展阶段。体制生产力、空间生产力、生态生产力的发展潜力较大，也有较好的积累。环境生产力、信息生产力和创新生产力相对偏低。通过初步分析沈阳生产力的三级指标，我们发现，综合经济生产力指标、产业生产力指标、企业生产力指标和空间生产力指标总体偏低，这与长期以来结构固化、产能过剩、占较大比例的国有企业改革滞后、经济活力不足有关。为此，进一步加大制度性改革力度并不断提高创新能力，是今后沈阳市提升城市生产力水平的两个重点。

第一节　生产力发展基础

从沈阳生产力发展的整体情况看，产业生产力中的制造业，尤其是汽车及零部件、装备制造、电子信息、现代建筑产业、农产品深加工、民用航空是沈阳的优势产业，在全市产业体系中处于举足轻重的地位。空间生产力中的区域协同发展能力及其经济辐射能力比较突出。企业生产力中大型国有企业的规模效应和传统技术优势的支撑力在城市生产力发展的主体功能上不可替代，但是，其中的市场化改革和治理结构优化的任务比较艰巨，民营经济的地位和活力急需改善和提升。创新生产力中来自国家的大项目拉动作用显著，但是，整体创新能力滞后，创新环境有待改善。体制生产力自2015年起有明显提升，但是，致力于解放和发展生产力的深化改革任务十分艰巨而迫切。生态环境生产力表现为环境治理能力有较大提高，但是有关绿色产能和循环经济仍处于起步阶段。信息生产力和文化生产力都有较好的基础，但距离“智慧城市”建设目标的要求仍存在较大差距。作为城市生产力新型基础的信息生产力和作为城市生产力发展灵魂的文化生产力，与其自身新的发展定位和要求仍有着较大的提升空间。近年来，围绕着上述城市生产力各领域的改革措施与发展举措使沈阳的城市建设有了进一步发展，综合实力有所增强，有的甚至接近或达到国际水准，已形成拥有一定特色和优势、具有相当规模和技术能力的生产力基础。但是，由于历史原因形成的体制性、机制性和结构性问题仍比较突出。

一 沈阳生产力在“十二五”结束时的现状与挑战

沈阳生产力的发展虽有一定的基础，但也面临着时代的巨大挑战，主要表现为沈阳市“十二五”结束时的下述四个方面：

（一）工业生产降幅收窄，下行压力不减

工业先行合成指数继续下行，工业下行压力不减。经最新数据修订，2015 年 11 月，工业先行合成指数为 76.93（2004 年 = 100），连续 9 个月小幅回落。统计数据显示，2015 年 11 月构成工业先行合成指数的 8 个指标中 2 个指标回升，5 个指标回落，1 个指标持平，由上述指标构成的工业先行合成指数近几个月持续回落。根据工业一致合成指数与工业先行合成指数之间的变化关系初步判断，未来工业发展下行压力严重。

（二）固定资产投资下行压力增大，增速持续走低

2015 年 1—7 月，全市固定资产投资完成 4043.7 亿元，同比下降 10.8%，降幅比上半年收窄 0.2 个百分点。全市第一产业投资 47.2 亿元，同比下降 34.9%，降幅比上半年收窄 5.8 个百分点；第二产业投资 1643.5 亿元，下降 6.3%，降幅比上半年收窄 0.5 个百分点；第三产业投资 2353 亿元，下降 13.0%，降幅比上半年扩大 0.2 个百分点。全市三次产业投资比例由上年同期的 1.6∶38.7∶59.7 转变为 1.2∶40.6∶58.2，第二产业投资比重提高 1.9 个百分点，第一、第三产业投资比重分别下降 0.4 个和 1.5 个百分点。工业投资占比提高，高技术产业投资保持较快增长。2015 年 1—7 月，全市工业投资 1621.7 亿元，同比下降 6.8%，降幅比上半年扩大 0.3 个百分点，占全市投资的 40.1%，比上年同期提高 1.7 个百分点。在工业投资中，高技术产业投资 169.2 亿元，同比增长 13.9%，占工业投资的 10.4%，比上年同期提高 1.9 个百分点，其中，电子计算机及办公设备制造业增长 65.5%；医疗设备及仪器仪表制造

业增长 41.0%；电子及通信设备制造业增长 2.6%。

（三）财政税收持续下滑，企业实体的经济活力堪忧

2015 年 1—7 月，全市完成一般公共预算收入 393.5 亿元，同比下降 19.9%，降幅比上半年收窄 0.9 个百分点。其中，完成税收收入 303.8 亿元，下降 18.5%，降幅比上半年收窄 2.4 个百分点；完成非税收入 89.7 亿元，下降 24.2%，降幅比上半年拉大 4.0 个百分点。2015 年 1—7 月，全市一般公共预算支出 488.5 亿元，同比下降 7.8%。其中，社会保障和就业支出增长 31.5%，交通运输支出增长 23.9%，医疗卫生支出增长 10.3%。

（四）对外经济下行压力增大，利用外资降幅较大

2015 年 1—7 月，全市实现进出口总额 88.1 亿美元，同比下降 1.7%，低于上半年 3.3 个百分点。其中，出口总额 46.3 亿美元，增长 0.3%；进口总额 41.8 亿美元，下降 3.8%。2015 年 1—7 月，全市新签外资合同项目 77 项，同比下降 11.5%；新签合同外资额 9.8 亿美元，下降 49.5%；实际利用外商直接投资 5.9 亿美元，下降 70.0%。

2015 年沈阳与上海、重庆、广州、武汉和大连六大城市的主要经济指标如表 2－1 所示。

表 2－1　　六大城市 2015 年主要经济指标

	沈阳	上海	重庆	广州	武汉	大连
生产总值（亿元）	7280（3.5%）	24964.99（6.8%）	15719.72（11%）	18100.41（8.3%）	10905.60（8.8%）	7731（4.2%）
固定资产投资额（亿元）	5350（－18.5%）	6352.70（5.6%）	15480.33（17.1%）	5406（10.6%）	7725.26（10.3%）	4559.3（－32.7%）
一般公共预算收入（亿元）	606.2（－22.8%）	5519.5（13.3%）	2155.10（12.1%）	1349.09（8.5%）	1245（12%）	579.90（－25.7%）
社会消费品零售总额（亿元）	3885（8.2%）	10055.76（8.1%）	6424.02（12.5%）	7933（11.0%）	5102.24（11.5%）	3084.3（8.5%）
城镇居民人均可支配收入（元）	36664（7.1%）	52962（8.4%）	27239（8.3%）	46734.60（8.8%）	36436（9.5%）	35889（6.8%）
农村居民人均可支配收入（元）	13498（7.8%）	23205（9.5%）	10505（10.7%）	19323.10（9.4%）	17722（9.7%）	14667（8.3%）
城镇登记失业率	3.18%	4.1%	3.6%	2.20%	3.08%	2.93%

资料来源：各市 2016 年政府工作报告和各市 2015 年国民经济和社会发展统计公报。

二 沈阳生产力的潜力与优势

从沈阳生产力八大领域及其生产力要素的发展潜力和优势上看，主要表现在以下几个方面：

（一）产业生产力基础良好，在结构调整和转型升级方面潜力巨大

沈阳市产业发展整体趋势向好，产业规模稳步扩张，经过多年的产业发展和产业资源流动重组，产业空间布局不断优化，产业转型步伐逐步加快。作为“中国制造2025”的典型示范城市，沈阳市在产业转型升级上已经形成了极具自身特点的产业增长点，全力打造先进装备创新制造国家基地和全国重要的汽车产业基地，致力于在机器人及智能制造业和航空产业占据领先优势，对于基础良好的传统产业加大其转型升级的力度，在新一代信息技术产业、生物医药产业、现代建筑产业、新材料产业和新能源及节能环保产业开始发力。同时针对沈阳市产业结构“逆服务化”（指产业结构演化呈服务业比重停滞甚至下降的状况）现象所反映的服务业短板，大力促进生产性服务业和生活性服务业的发展。结合沈阳市的区位资源优势，整合社会资源推动现代农业的发展。

（二）企业生产力的国家资源优势明显，其改革释放的活力后劲强大

沈阳国有经济比重大，规模以上国有控股工业企业占全部规模以上工业总产值的20%左右。[①] 在国有大中型企业主导的城市企业生态系统中，中小企业主要依赖于国有大中型企业，当地民营经济发展始终没有处于主导地位而且缺乏活力。目前沈阳市的国有企业亏损问题比较严重，去杠杆任务艰巨。与上海、南京等国内发展较快城市相比，企业科技创新投入相对较少，创新能力不足。沈阳大型工业企业、重工业企业员工劳动生产率也较低。而且规模以上大中型工业企业劳动生产率与小微企业差距较大，表明企业规模越大，产生的一系列“大企业病”可能降低了员工劳动生产率。这意味着，加快国有企业改革会从根本上改变沈阳市企业生产力发展的滞后处境，随着市场化改革和相应的体制机制改革的深入，原来依赖国有企业的非国有企业，尤其是中小企业会大大提高其生产效率和市场竞争活力。所以，针对国有企业的市场化改革以及来自国家的有关政策支持，会极大地释放当地的企业活力，企业生

---

① 数据来自《沈阳统计年鉴》（2015）。

产力发展的空间巨大。

（三）创新生产力潜力大，具有很强的后发优势

沈阳市作为我国全面创新改革试验区之一，正处于创新发展的关键机遇期。在对接国家新常态的“中国制造 2025”“互联网 +”行动计划和大数据发展行动纲要等战略部署过程中，创新发展成为沈阳市提升产业核心竞争力、加快经济发展方式转型升级的必然选择。随着东北老工业基地振兴战略的实施，沈阳市依托制造业的雄厚基础和人才优势，借助创新体制改革的不断推进，近两年来已呈现出创新投入持续增加、创新环境逐步优化、技术贸易增加额稳步增长、创新主体意识不断强化的发展态势。当然，还存在科技资源总体规模仍然偏小，整合利用不够，配置结构有待优化；企业特别是国有企业创新主体地位不突出，创新投入不足；科技创新投融资体系还不健全等诸多创新上的不足。但是，在创新的市场化引导潜力、产学研结合的长效机制建设空间、人才结构优化前景及创新环境构建等方面，沈阳市以其优越的资源整合能力和区位有利条件会在创新生产力上发挥自己巨大的后发优势。

（四）空间生产力的整合效果明显，后续拓展前景广阔

沈阳市的产业空间呈“一核五区”的战略格局，较好地体现了生产力功能的整合效果，既发挥了沈阳生产力资源优势，又彰显了沈阳生产力增长极的极化效应。从区域辐射与集聚的角度看，“沈阳经济区”的规划与建设较好地释放并汇聚区域城市生产力资源优势。以沈阳为核心囊括鞍山、抚顺、本溪、营口、阜新、辽阳、铁岭 8 个省辖市构建的大沈阳经济区，地处辽宁省腹部地带，合作城市之间优势互补。自 2010 年起，沈阳经济区获批全国唯一的新型工业化综合配套改革试验区，标志着沈阳经济区上升为国家战略，为沈阳市及周边城市的共同发展提供了新的战略机遇。在不断推进区域城市一体化过程中，沈阳的核心带动、辐射作用充分发挥，整合了更大区域的发展空间，拓展了城市功能，为沈阳市打造世界级先进装备制造研发基地、区域商贸物流中心、金融中心、创新基地等构建更好的空间基础，加速城市生产力资源的整合与要素集聚，为沈阳市新型工业化和智慧城市建设提供新的发展空间与增长点。

（五）体制生产力通过改革的先破后立，产生城市生产力发展的根本动能

沈阳市作为东北城市经济发展的典型代表，其经济困局和发展障碍

很大程度上是由制度性的体制矛盾和结构矛盾积累到一定程度集中爆发所造成的。由于受东北地区社会经济大环境的影响，近年来，沈阳市的社会体制生产力水平相对于全国同级别城市是下降的，但是，从2015年起却出现了一定程度的回升势头。这得益于党的十八大以来确立的转型发展的总体战略。在进入“十三五”发展规划的起步期，沈阳市在制度性创新方面已取得了初步成效，政府职能转变及行政改革稳步推进，国有企业改革和非公经济改革陆续进行，社会治理、金融体系、生态文明及科技创新等体制改革加快实施，大众创业、万众创新的氛围逐渐形成，要素市场体系建设和搭建要素服务平台工作扎实推进。正是由于逐步破除了束缚沈阳生产力发展的体制机制障碍，才在很短的时间里能够看到这种“破而后立”的强大效应。制度是最根本的生产力，制度创新是体制生产力的原动力，破除束缚东北地区城市生产力发展的制度痼疾，其后续的城市生产力发展动能就会源源不断地得以产生。

（六）信息生产力长足发展，其融合与变革的效应明显

近年来，沈阳市政府在大力发展信息产业、推广新一代信息技术的创新应用、加快智慧城市建设等方面做了许多扎实、有效的工作。市政府为了实现信息强市、大数据兴市、智慧融市、创新立市的城市建设目标，全面落实国家的各项信息化政策，整合优化城市的信息资源和数字资源，加强了新常态下信息化与新型工业化的有机融合。相比同类城市的信息生产力发展水平，沈阳市信息生产力还存在诸多不足，如信息产业规模较小，有关人才外流现象突出，人才结构不合理，数据资源的价值未得到有效开发，民生服务的智能化程度有待提高，信息基础设施还相对落后等。但是，正是这种差距也从反面提供了未来发展的广阔前景，如新一代信息技术产业的发展以及信息技术助力于智能制造、商业模式创新、民生服务、智慧城市建设等。

（七）文化生产力要素资源丰富，正处于品牌化发展的战略机遇期

由于沈阳市历史悠久，文化资源积累丰厚，同时又拥有优越的区域地理文化因素，再加上城市高素质人口的文化品位需求，使沈阳市的文化生产力要素丰富多彩。但是，由于社会经济环境的制约以及相关体制机制的障碍，对上述丰富的城市文化生产力要素的整合优化工作未能有

效推进，表现为文化基础服务能力与同类城市相比还存在一定的差距，文化资本能力明显落后，文化产出能力尽管创建了许多规模以上的文化园区及文化产业示范区，但其数量、规模、质量等仍存在较大差距，文化市场的拉动能力也开发得不够，文化消费的转型升级有待引导。正是基于上述现状，品牌化运营沈阳市的文化生产力已经到了战略机遇期，完善文化市场体系，挖掘文化消费的市场潜力，凝聚城市精神，汇聚沈阳市的文化优势资源，打造属于沈阳市自己的文化品牌，无疑会迎来沈阳城市文化生产力的美好未来。

（八）生态环境生产力整体推进有力，深度开发要求迫切

当前，沈阳市生态环境治理能力得到全面贯彻，生态环境工程及示范区建设有序展开，生态环境总体质量得到改善，绿色产业发展势头良好，循环经济示范区建设也已起步，棋盘山生态功能区建设也扎实推进，城乡人居环境进一步优化。但是，污染问题仍不容乐观，绿色产能还未得到有效开发，城市生产力资源的集约化利用水平还不够高，城乡基础设施建设还参差不齐。如何把生态文明理念贯彻于生产力发展的全过程和全领域，促进环境与发展的和谐共赢，人、社会、自然的融洽共生，是今后城市生产力发展的主题。结合沈阳市作为“中国制造”典型代表性城市的发展要求，提高其生态环境生产力的进一步举措就是深度开发、创新应用，如通过节能环保技术和循环经济发展模式助推“智能制造”和“智慧城市”建设等。

第二节 生产力 SWOT 分析

一 优势（Superiority，S）

（一）比较优势

新中国成立后，沈阳是“新中国装备制造业的摇篮”和“中国工业重镇”，形成了工业制造上的资源禀赋与比较成本优势。同时，沈阳的区域地理优势和东北地区的国家中心城市定位，使其又具备了空间延展与供应链整合的优势。而国有企业占主导地位以及制度惯性延续的现实使其制度改革红利和市场化改革的后发效应得以释放。

（二）外部经济与区位优势

由于东北地区在改革开放过程中基本处于滞后发展阶段，其利用外部经济的后发优势一直未能有效发挥。"一带一路"战略以及对接京津冀、长三角和港澳台经济区的战略布局，为沈阳市的生产力发展提供了外部经济的强大助力。利用"辽满欧"铁路线推动沈阳市国际铁路综合货场及沈阳国际物流港海关监管场站的规划建设，深度融入"丝绸之路经济带"通道网络，以沈阳、大连、丹东、锦州和营口为重要节点，积极参与中蒙俄经济走廊建设。加强海陆综合交通枢纽建设，建设以大连港、营口港为起点，经沈阳、长春、满洲里及莫斯科、汉堡的"辽满欧"海铁联运通道，建设面向蒙俄、东北亚及欧洲，连接南北的现代物流基地。以哈沪高铁为纽带对接诸多出海口，深度融入"21世纪海上丝绸之路"通道网络。以浑南临空经济区为纽带搭建通向东盟、中亚和欧洲的空中通道。由此构筑起陆、水、空立体化物流通关体系。要发挥沈阳市在这种空间交流体系中的区位优势，通过打通外部经济的互利合作网络，为沈阳生产力的发展开拓更为广阔的发展空间。

（三）局部领域所具有的潜力与优势

沈阳市制订的"中国制造2025"实施方案就是要发挥承接世界制造业价值链转移的分工优势，形成"沈阳制造"的核心竞争力。以新松机器人和沈飞集团为代表的机器人及智能制造产业和航空产业不仅在国内具有先发优势，而且在国际化产业分工中具有后发优势，潜力巨大，代表着沈阳生产力发展的高度。汽车及零部件产业保持平稳发展的总体态势没变，汽车产业成为沈阳市工业经济名副其实的支柱产业，也是拉动沈阳市经济发展的强力引擎。此外，电子信息产业、现代建筑产业、现代农业和新材料、新能源产业都在转型升级过程中呈现出较强的发展潜力和自身优势。

二 劣势（Weakness，W）

（一）产业尤其是制造业整体素质不高

制造业大而不强；体制机制障碍明显；大企业病和中小企业缺乏活力等问题凸显；重点领域龙头企业少，围绕核心企业的产业生态体系尚未形成；产业发展环境有待优化，围绕产业发展的体制创新力度仍需加强等。

（二）产业结构不合理

三大产业发展不协调，服务类产业占比相对落后；区域产业结构趋同，产业集中度较低；产业协同发展体系尚不完善，企业间的合作发展格局尚未形成等。

（三）城镇化、城市化的一体化发展水平较低，生产力的二元结构依然突出，城乡二元结构尤为突出

农村和城市的差距，除了农村基础设施和农业技术落后外，教育、信息化、文化、医疗保障等也存在较大差距，实际上，农村和城市的差距是生产力水平上的差距。要想缩小农村与城市的差距，最根本的是要大力发展农村生产力，抓住城乡一体化建设取得突破性进展。

（四）信息化水平较低，发展速度缓慢，制约了企业管理水平的提升和产业生产力的发展

沈阳市中小企业信息化应用水平整体处于普及发展阶段，对各类互联网应用能力较为薄弱，小微型企业信息化管理能力差，中小企业电子商务应用水平普遍较低，作为信息化的市场主体其积极性和主动性未调动起来。

三　机会（Opportunity，O）

第一，产业全球化的扩展、知识经济社会及大数据时代的到来，促进了世界范围内的新一轮经济结构调整和产业国际转移，产业结构的软化趋势明显，世界分工越来越细化。比如作为汽车产业因深入参与国际分工而获得新的战略性发展机会。

第二，信息化、智能化和大数据化，带来了资源的重新组合，我们可以利用后发优势选择适宜性创新、协同创新乃至微创新甚至是局部的自主创新，寻求新的经济发展优势和新的经济增长点。

第三，新一轮东北老工业基地振兴战略为沈阳市的生产力发展提供新的机遇，如何摆脱原来的“等、靠、要”，进而以“进取、自立、创造”的精神主动出击，抢占新一轮东北发展的机遇，获取改革红利。

四　挑战（Threat，T）

第一，来自国内的挑战。首先是生产力要素方面的挑战，表现为人才外流、技术创新能力弱、资本市场不发达、资源整合水平低等的挑战。其次是空间地理上的挑战，表现为区域间、同一区域不同集群间的合作与竞争还处于低层次上等。

第二，来自国外的挑战。表现为国际分工体系中的占位竞争弱化；基于要素资源的国际竞争能力较差；市场上的地位之争意识淡薄等。

五 基于SWOT分析的沈阳生产力发展战略选择

（一）S—O战略：通过增长型战略充分发挥优势去利用机会

沈阳要以建设创新型城市为发展目标，实施创新型城市的总体规划，充分发挥自身经济优势和科技优势，改革科技创新体制，优化创新环境，提高创新能力。通过创新能力的提高，加快战略性新兴产业的发展，促进产业结构优化升级，建设具有国际竞争力的装备业制造基地。

（二）S—T战略：发挥优势，规避、转移和削弱挑战的不利影响

采用多元化的发展战略，对沈阳市汽车及零部件、装备制造、电子信息、现代建筑产业、农产品深加工、民用航空等优势产业和重要产业进行全面的推动与发展。

（三）W—O战略：利用机会弥补不足或寻求突破，促进内部素质能力的提升

对沈阳生产力的发展实施转向型战略，主要为响应国家的创新驱动发展战略，由要素驱动转为创新驱动，利用沈阳市内化动力与外部机遇，促进沈阳生产力发展的全面提升。

（四）W—T战略：克服劣势以回避或减轻威胁，寻求突破以应对挑战

针对沈阳市的生产力发展负面影响因素，应采用防御性的战略措施，以创新能力的培养为核心，克服体制机制上的劣势与不足，以改革规避这种劣势因素带来的长期影响。

第三节 制约因素与主要矛盾

一 沈阳生产力发展的制约因素

（一）观念落后，带来发展理念和行为规范上的障碍

在影响生产力发展的诸要素中，思想观念是首要因素，它制约着人的一切经济行为。要进一步解放和发展生产力，必须首先打破旧有思想观念的束缚。

（二）人才外流和教育资源整合不力，造成人力资源的结构不合理与素质不高，人才保障失去根基

改革开放以来，东南沿海及各中心城市迅速崛起，经济发展异常迅猛，给淘金者以梦想和机会，丰厚的待遇导致了沈阳等内地人才的大量流失，导致当地科技型企业发展困难。同时，虽然沈阳市的教育资源优势明显，却存在严重的教育与实践有效对接不足的问题，培养的人才与市场需求有较大差距。

（三）产业基础大而不强，更新换代缓慢，造成技术基础落后

产业技术主要源自国外，沈阳目前还没有形成自主知识产权技术体系，多数行业的关键核心技术与装备基本依赖国外，信息产业中的核心部件、系统软件大量依赖进口。许多在国民经济中发挥重要作用的产业及主导产品的生产，往往不是建立在自主知识产权的基础上，而是依赖外国技术和装备进行生产。

（四）管理机制弱化，造成人才流动障碍和组织潜力无法得到激活，体制机制问题突出

长期以来，企业家个人素质不高和具体制度上的弊端导致企业的管理机制弱化，进而造成多种形式的体制机制障碍与人才资源的流失。

（五）产业集群及其协同创新的整合效应不足，分散割裂，难以形成聚合能力，城市的资源吸引力不足

产业集群是现代产业发展的必然趋势，既是区域经济竞争力的重要来源和集中体现，也是推进工业化向高级阶段发展的重要途径。但是，目前沈阳的产业集群多数为传统产业集群，尚无创新型产业集群，是产业链企业的低层次扎堆和简单集聚，不具备创新体系而无法创造基于新知识、新技术的协同效应。换言之，沈阳的产业集群面临着向创新集群升级的巨大压力。

（六）政府的城市治理能力仍有较大的改进空间，相应的职能转变和优化服务等方面还存在不利于生产力发展的弊端

各级政府需要建立简政放权、转变职能的有效运行机制，给企业松绑，为创业提供便利，营造公平的竞争环境。

二 沈阳生产力发展的主要矛盾

（一）从生产力与生产关系之间的匹配度上，存在生产关系不适应生产力发展的根本矛盾

这里的生产关系主要是制度因素，包括政府职能转变问题、政企关系问题、企业治理结构变革问题等诸多方面。东北地区的经济发展严重受制于制度因素，实质上就是生产关系不适应当今生产力的发展需要。

（二）历史发展中的深厚经济基础与现实发展差距之间的矛盾

东北地区较为深厚的社会经济发展基础一直是不可忽视的优势，但是自改革开放之后，由于市场化改革进程的南北差距，拉开了东北地区与南方的社会经济发展距离，这种差距愈演愈烈。同时，由于南方的改革开放活力吸引了大批优质人力资源从东北流向南方，致使东北的发展更是得不到应有的人力资源保证。本来具备深厚工业基础的东北地区因此落后了。如何重振东北老工业基地一直是国家关注的战略问题，并于十年前就已制定、落实有关振兴政策，但至今仍成效有限。这次国家再度实施东北老工业基地振兴战略，旨在解决原有基础与现实问题之间的矛盾，作为东北地区中心城市和老工业基地的沈阳急需转变这种不平衡状态。

（三）生产力规划上的“高、大、上”与生产力落实上的“矮、小、低”之间的矛盾，即规划与落实之间的矛盾

比较沈阳市第十二个五年规划的落实情况可以看出，当初的规划可谓雄心勃勃、势在必得，但是到头来的实现水平却可圈可点。其主要问题表现为两个方面：一是规划时的不够客观科学，缺乏足够的调研分析，有“好大喜功”之嫌；二是规划后的执行能力不足，要么缺乏落实的具体措施和实施保障，要么是执行能力本身有缺陷，不扎实、不认真。

（四）城市生产力系统的整体提升与生产力组成部分的各自为政之间的矛盾，表现为部分与整体的协调性较差，城市生产力的管理水平有待提高

生产力是个大的系统，其各个部分也自成子系统，内部关系错综复杂。这就需要运用系统工程思维和充分的市场化运作机理来调控、指导及管理，需要城市中上至政府决策人员、下至市民个体的协同参与，需要决策的民主化和统一协调。但现实中，共生共享与各自发展之间出现了矛盾。

第三章　国内外典型城市生产力发展模式分析

城市生产力发展取决于一个城市生产力发展的现状及其生产力标准的确定，而确保一个城市生产力实现其发展目标的根本性选择就是城市生产力发展模式。这里针对国内外典型城市的生产力发展模式做比较分析，归纳出不同类型的城市生产力发展模式，旨在思考沈阳生产力发展模式的选择与构建问题。

第一节　城市生产力发展模式的内涵

城市生产力发展模式的内涵不仅仅是以通常意义下的“全要素生产率”为核心的生产力的评价，还要从实际出发，把实现“繁荣”和“活力”作为城市发展的目标，充分考虑到经济发展、基础设施建设、居民生活质量、社会公平公正以及可持续发展等多个方面，这些要素综合构成了一个复杂、多层次的系统，即城市生产力发展模式。鉴于此，将城市生产力发展模式的内涵划分为五个维度，分别为生产力（产业）结构、基础设施、生态环境、民生建设和政府建设。进一步对城市生产力发展模式进行细化，相应地，可以分成以下八大子生产力，依次为产业生产力、企业生产力、创新生产力、信息生产力、体制生产力、文化生产力、空间生产力和环境（生态）生产力。城市生产力发展模式大致如图 3－1 所示。

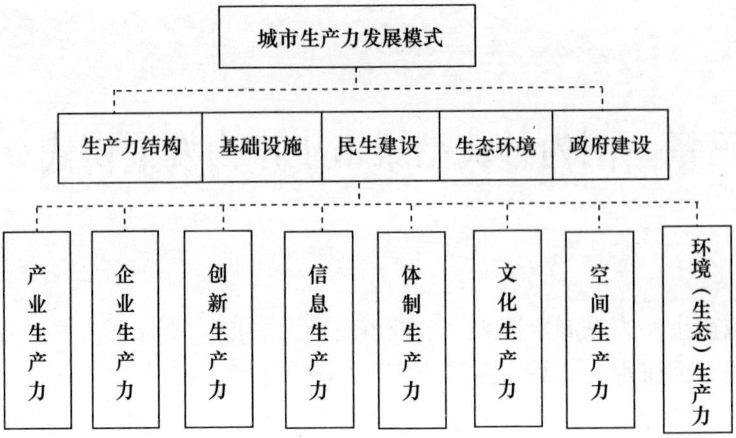

图 3－1 城市生产力发展模式

第二节 国外典型城市生产力发展模式

这里选取德国鲁尔工业区、英国伯明翰、美国“锈带”及匹兹堡、日本北九州四个国外典型城市，重点是梳理归纳各个城市转型升级的成功经验和相关措施，为解决当前沈阳生产力发展面临的困境提供有益的参考。这里按照发展历程与问题、生产力发展模式、对策经验、保障措施等方面进行论述。

一 德国鲁尔工业区

（一）发展历程与问题

1. 发展历程

鲁尔工业区一般是指鲁尔煤管区规划协会所管辖的地区，位于德国西部、莱茵河下游支流鲁尔河与利珀河之间的地区。其面积 4593 平方公里，占全国面积的 1.3%。区内人口和城市较为密集，人口达 570 万，占全国人口的 9%，核心地区人口密度超过每平方公里 2700 人；区内 5 万人口以上的城市 24 个。19 世纪中叶，鲁尔工业区是典型的传统工业地域，被称为“德国工业的心脏”。

鲁尔工业区依靠丰富的煤炭资源、充沛的水资源、便利的水陆交通、巨大的德国和西欧市场以及临近铁矿区的区位优势建立了以煤炭、钢铁、机械制造业等为主导产业的传统产业体系，同时大力发展服装、纺织、啤酒工业等关联产业。20 世纪 50 年代以后，鲁尔工业区遭遇衰落危机，此后，鲁尔工业区寻求转型之路，以文化旅游业替代和接续传统产业，同时大力培育新兴产业，构建了一个以多产业融合发展的复合式绿色生产力发展模式，最终实现成功转型。

2. 问题

在鲁尔工业区的衰落时期，主要存在的问题包括以下五个方面：

（1）产业结构单一。鲁尔工业区以煤炭工业为基础，钢铁工业为主导，形成了煤炭、钢铁、电力、机械、化工五大传统工业部门。其产业生产结构单一，过于依赖自然资源，同时支柱型产业存在高能耗、高污染、不可持续等弊端。

（2）钢铁过剩危机。20 世纪 50 年代以后，产钢和出口钢的国家越来越多，世界范围内钢铁市场竞争越发激烈，市场需求量相继下降。此后，随着钢产品的替代产品的广泛使用，加剧了世界性钢铁过剩的危机，直接导致了鲁尔工业区钢铁工业生产的萎缩。

（3）煤炭能源地位下降。20 世纪 50 年代以后，随着石油和天然气的广泛使用，煤炭的能源地位在世界能源消费构成中所占比重逐渐减少，从而直接导致煤炭的市场需求量的下降，种种连锁反应导致鲁尔工业区生产衰落。

（4）新技术革命的冲击。随着 20 世纪 50 年代第三次技术革命的到来，鲁尔工业区工业企业传统的生产和组织方式不适合时代发展的要求，这也是鲁尔工业区衰落的根本原因。

（5）发展趋于饱和状态。鲁尔工业区传统重工业企业集聚带来了环境污染、用地紧张、交通拥挤等问题，迫使许多企业的经济活动纷纷向德国南部地区转移，也使鲁尔工业区的工业发展难以为继。

（二）生产力发展模式

鲁尔工业区选择以文化产业替代和接续传统产业的战略，通过培育新兴产业，加强统筹规划和资金扶持，改善产业环境，完善基础设施建设等，实现城市绿色转型。鲁尔工业区实现转型的关键是实现供给侧“去产能”：一是以“经济、生态、社会协调发展”作为调整经济结构的指导思想；二是提出“多市场、少国家”的偏向供给侧的经济政策；

三是注重产研结合；四是施行煤炭企业重组。总结其生产力发展模式，大致可以概括如图 3－2 所示。

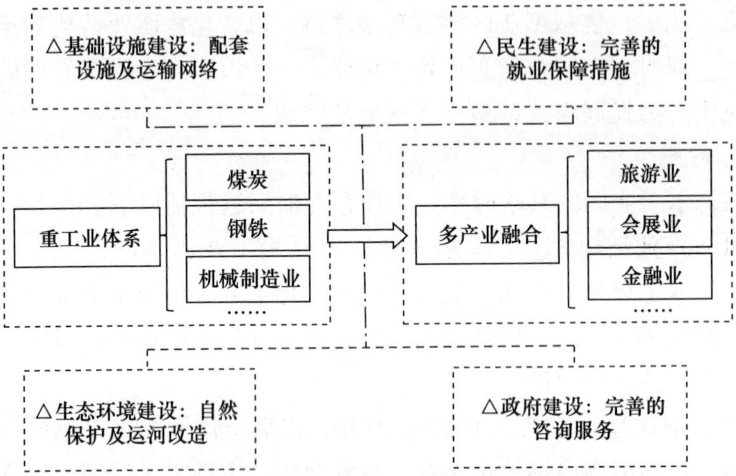

图 3－2 鲁尔工业区生产力发展模式

（三）对策与经验

鲁尔工业区在产业结构、基础设施、民生建设、生态环境建设、政府建设等方面进行了全面转型，相关的对策经验有以下几方面：

1. 产业结构

鲁尔工业区将原有依靠煤炭钢铁的单一重工业产业结构调整为多产业融合的复合式结构：

（1）文化旅游业：充分挖掘现有文化遗产；对传统工业区进行改造提升；建设现代自然景观公园。

（2）配套服务业：鼓励发展各种类型的服务型社会组织和中介机构；建立各种产业发展基金会、研究院所、技术培训机构；大学设立“技术转化中心”。

（3）新能源产业：建立光伏发电厂；开发清洁、可循环利用的煤化工和天然气化工产品；建立新能源（核电）系统。

2. 基础设施建设

（1）进一步完善运输系统，建立了立体化的运输网络体系，包括高速公路、铁路、水运内航道和航空运输。

（2）推进现代通信技术的普及和应用。

3. 民生建设

（1）设立完善的社会保险制度，包括养老保险、医疗保险、失业保险（补贴）、职工病假工资等。

（2）建立完备的再就业服务体系。

4. 生态环境建设

（1）加强供水、排水、供电、供气等基础设施建设。

（2）加强对废弃矿区的环境治理，加强重污染区域有害地表的生态修复。

（3）建立了欧洲领先的环保技术中心。

（4）鼓励企业采用循环经济模式，安装有害气体及灰尘回收装置。

（5）加强节能和新型能源技术创新。

5. 政府建设

（1）鲁尔工业区专门成立了主管部门、协会，如鲁尔工业区煤管协会等。

（2）简化政府审批手续。

（3）为新建企业提供低息贷款或部分无偿援助。

（4）引入竞争机制，鼓励外国企业投资发展。

（四）保障措施

（1）德国政府在鲁尔工业区改造振兴中先后制定了《联邦区域整治法》《煤矿改造法》《投资补贴法》等。1920 年，德国政府颁布法律，成立了鲁尔煤管区开发协会，作为鲁尔区最高规划机构。这个权力机构的成员中 60% 是市、县政府代表，40% 是企业代表，具有广泛代表性，利于其决策顺利贯彻落实。20 世纪 60 年代，该机构提出了鲁尔工业区整体发展规划，包括“鲁尔发展规划”、“北莱茵—威斯特法伦规划”和“鲁尔行动计划”等，在这个总体规划里所体现的鲁尔工业区综合整治的基本原则是以煤、钢为基础，发展新兴工业，改善经济结构，拓展交通运输，消除环境污染。随后，在 20 世纪 90 年代末，提出的《鲁尔地区结构改造计划》等政府政策，有意识地通过提供经济和技术方面的资助，逐步在当地发展新兴产业。

（2）鲁尔工业区开发协会将鲁尔工业区 26 家煤炭公司重组并成立鲁尔煤炭公司，实行统一集中部署。蒂森钢铁公司通过兼并多家钢铁公司，形成德国最大的蒂森钢铁财团。1981 年联邦德国政府就钢铁工业采取了四项拯救措施：一是提供额外补贴。二是改善钢铁企业的利润。三是继续加强科研工作。四是增加投资补贴。1983 年联邦德国政府提供资助 30 多亿马克，北威州政府也拿出 1.5 亿马克，对煤炭工业也加以税收优惠和补贴。

（3）在保障就业方面，联邦德国政府规定：一是每创造一个就业岗位就提供给企业 5 万马克。二是政府资助全部工人的转岗培训费用。

（4）鲁尔区采取“自上而下”与“自下而上”相结合的方式推进转型项目实施。许多工业废弃地的改造都是在政府或相关部门、机构的领导下以“自上而下”的模式推行，包括项目的发起、核心机构的组建以及主要资金来源等。而各个项目的具体实施运作却是通过“自下而上”的草根方式推进，在不同的范围里，通过组织项目招标竞争来获取最优方案。

（5）为了更好地利用土地进行转型复兴，联邦政府通过建立不动产基金和引入公私合伙制模式来盘活废弃棕地（注：“棕地”即污染地）。政府利用不动产基金对纪念性建筑进行保护和维护，以州政府的名义购买棕地，并对其进行开发并出售。在城市复兴项目实施过程中，由政府机构与专业的房地产管理公司成立一个公私合伙制公司来进行运作。

二 英国伯明翰

（一）发展历程与问题

1. 发展历程

伯明翰是英国第二大城市，为全英主要制造业中心之一，位于英格兰中部、伦敦至利物浦的铁路干线上。伯明翰以重工业为主，是世界最大的金属加工地区，拥有庞大的汽车工业规模，有“英国底特律”之称。伯明翰是全世界最大、最集中的工业区。英国 25% 以上的出口产品是在伯明翰区域制造的，目前经济正向第三产业转移，金融业和旅游业发展迅速。伯明翰既是现代冶金和机器制造工业的创始地，同时也是全国主要铁路、公路干线和运河网的交汇点。

后工业时代制造业的衰退使得伯明翰一度陷入危机，20 世纪 70—90 年代，伯明翰制造业失去了近 10 万个就业岗位。从 20 世纪末开始，伯明翰开始致力于转型，如今重新焕发了活力，经济增长点由依靠制造业转向服务业和新兴产业，制造业转型原则是高科技、新兴化和可持续。

2. 问题

在伯明翰的衰落时期，主要存在的问题包括以下三个方面：

（1）资源枯竭：随着煤炭、石油、钢铁等资源的枯竭，以汽车等传统制造业为主的伯明翰面临挑战，大量的制造业受到严重冲击。

（2）国家经济地位衰落：第二次世界大战后，英国经济地位急剧衰落，经济衰退导致就业岗位锐减，大量人口外迁，而英国政府推行的"清除贫民区计划"又进一步强化了人口外迁的趋势。这导致伯明翰随即陷入经济衰败。

（3）战争伤害：第二次世界大战期间，伯明翰遭遇了严重的轰炸，城市基础设施、城市产业受到了严重的破坏。

（二）生产力发展模式

伯明翰在保留部分具有发展潜力的传统产业基础上，利用老工业基础设施建设的优势，大力发展第三产业，尤其是发展会展、旅游、金融业等服务产业。伯明翰通过改变产业结构和利用市场对传统产业进行了逐步淘汰，实现了由矿业资源型城市向以服务业为龙头的城市转型。归纳总结其生产力发展模式如图 3 –3 所示。

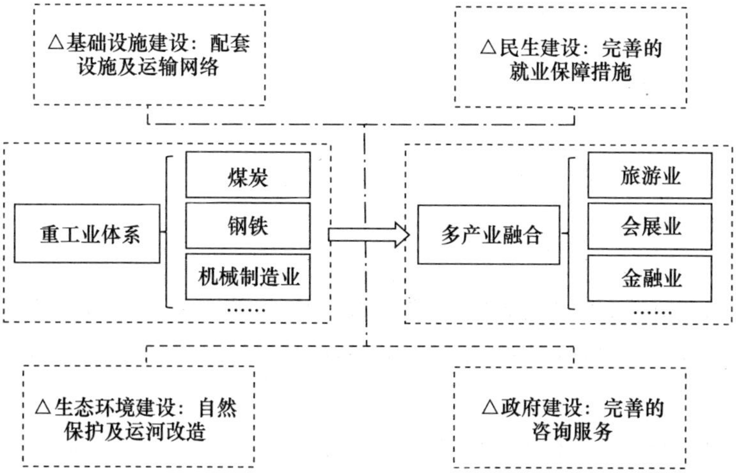

图 3 –3　伯明翰生产力发展模式

（三）对策经验

伯明翰从产业结构、基础设施、民生建设、生态环境建设、政府建设等方面进行了全面转型，相关的对策经验如下：

1. 产业结构

转型前伯明翰依靠丰富的煤、铁等资源形成了以冶金、机械制造等为主的产业体系，之后伯明翰集中力量发展会展、旅游业，提高传统制造业的科技含量。

（1）会展：伯明翰政府斥资修建了国家展览中心、国际会议中心等会展场馆，并建立了专门网站以提供参展信息服务。

（2）旅游业：伯明翰不断拓展新商务旅游市场，并且重点对斗牛场等历史文化遗迹做了保护，形成了当地的旅游特色。

（3）食品加工和汽车制造业：伯明翰对传统产业进行了科学的取舍，加大对食品加工和汽车制造业投入力度，并形成了融合众多中小企业的产业链。

2. 基础设施建设

1976 年，伯明翰建成了国家展览中心，1984 年修建了伯明翰国际机场，伯明翰交响音乐厅等大型综合娱乐休闲配套设施也于 1991 年落成。2003 年 9 月，伯明翰耗资 5 亿英镑在老城区市场兴建了一个集购物、娱乐与观光为一体的斗牛场商务中心。与此同时，新建了环城街道和商业区。

3. 民生建设

（1）伯明翰政府对失业工人进行补贴。

（2）通过发展旅游业、金融业、会展等服务性产业，提供大量的就业岗位。

4. 生态环境建设

（1）运河改造是伯明翰改善城市环境的重要工程，伯明翰将运河两侧的工厂、仓库改建成画廊、咖啡厅、展览馆等，并对运河进行了净化。

（2）通过发展创意文化产业，从原有高污染，高能耗的重工业转向了绿色的新兴产业。

5. 政府建设

（1）解除公司设立壁垒及公司活动中的限制条款，推行新的税后优惠政策，刺激家庭、企业和个人参与经济活动。

（2）金融扶持，打通融资链条。

（3）政府做好咨询服务，对企业发展进行指导。

（四）保障措施

1. 由政府牵头，寻找合作商，积累经验，以此逐步扩大复兴项目

1983年，伯明翰市议会与BW（British Waterways）联合开始着手运河改造。BW与许多机构建立了合作伙伴关系，其中包括私人参与者、公共机构参与政府部门、志愿者和慈善机构。这使得开发更具灵活性，兼顾了社会利益、经济利益，实现了经济效益和社会效益相协调。此后，伯明翰市积累了许多运河沿线开发的成功案例，以此将复兴项目拓展到国际会议中心、交响乐厅等大型会展及文化建筑，并成功吸引了私营地产商，各种会展场所和宾馆相继出现。

2. 为了提升转型后城市的吸引力，伯明翰成立了营销伯明翰办公室

在营销伯明翰办公室耗资约100万英镑建设的网站上，伯明翰人向全世界的商人提供前来参展的信息服务。营销伯明翰办公室还致力于创意推广。伯明翰市甚至拥有了自己的城市标识。在这个城市标识中，所有的文字都由营销伯明翰办公室所独创的一种圆润而有亲和力的字体所表现，这种字体是现有的计算机英文字库中所没有的，被称为“伯明翰字体”。

3. 政府政策和财政的重点放在扶持新兴产业上，如微电子、生物制药等

伯明翰政府为推动文化创意产业的发展，成立了文化产业区，如伯明翰媒体地区和卡迪夫的艺术综合体地区以及珠宝产业园区等。伯明翰政府充分利用伯明翰大学理论科学和应用科学研究的优势，促进产学研的结合。伯明翰于1986年成立研发园，园区至今孵化企业30多家。

三 美国“锈带”及匹兹堡

（一）发展历程与问题

1. 发展历程

美国“锈带”主要是指中西部一带的老工业区，通常包括伊利诺伊州、印第安纳州、密歇根州、俄亥俄州以及宾夕法尼亚州等地区。“锈带”曾经是美国经济的引擎，但随着交通运输、产业结构、环境压力、贸易需求的变化，“锈带”由盛转衰。其中以匹兹堡为例，匹兹堡位于美国宾夕法尼亚州西南部，在奥里格纳河与蒙隆梅海拉河汇合成俄

亥俄河的河口。

匹兹堡曾是美国著名的钢铁工业城市，有“世界钢都”之称。但是，20世纪70年代之后，匹兹堡开始遭遇到严重的非工业化。匹兹堡经历三次复兴，由单一的钢铁产业，现已转型为以医疗、金融及高科技工业为主，实现了从“钢都”向以服务业和高技术产业为主导的绿色城市转型，是美国“锈带”老工业城市中城市改造的一个典范。

2. 问题

“锈带”及匹兹堡衰落的原因主要包括以下三个方面：

（1）世界性钢铁过剩：20世纪50年代以后，随着世界钢产量大增，市场竞争日益激烈以及钢材替代产品的广泛应用，导致世界性钢铁过剩现象蔓延，促使匹兹堡钢铁业生产严重受挫。

（2）环境污染严重：由于匹兹堡的重工业生产产生了严重的污染，并爆发了大规模的污染事件，导致经济大幅下滑。

（3）技术落后、企业老化：随着技术革命的到来，匹兹堡地区的企业大都发展迟缓，落后的技术无法满足市场需求，导致匹兹堡地区迅速走向没落。

（二）生产力发展模式

匹兹堡通过建立各级基金会和社会发展委员会，大力支持并发展高技术经济，形成了以高技术产业为主导的多元经济体系；并且匹兹堡充分利用卡内基·梅隆等研究型大学的科研优势，发展教育和培育人力资本。归纳总结其生产力发展模式如图3-4所示。

（三）对策与经验

匹兹堡从产业结构、基础设施、民生建设、生态环境建设、政府建设等方面进行了全面转型，相关的对策经验如下：

1. 产业结构

转型前：匹兹堡依靠储量丰富的煤矿资源以及铁路、水运交通的便利，成为典型的“煤铁复合体”式工业城市。

转型后：匹兹堡全方位打造服务业、高技术产业和文化产业。

（1）服务业：匹兹堡利用其基础雄厚的非营利部门优势，进一步培育原已存在的服务业，发挥非营利部门在经济振兴中的作用。

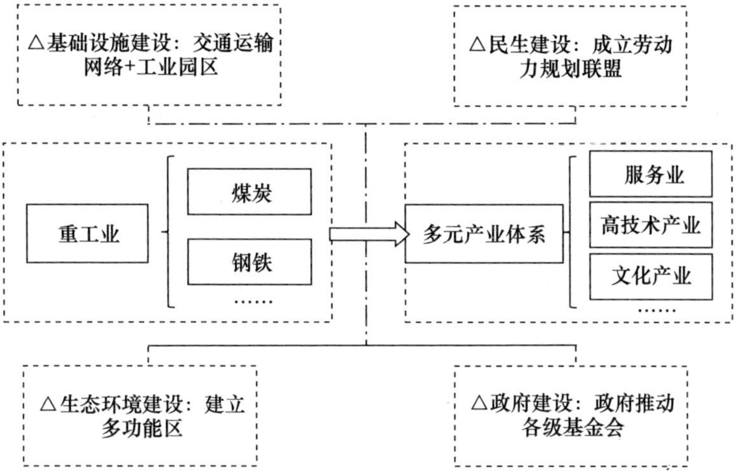

图 3－4　匹兹堡生产力发展模式

（2）高技术产业：确定的匹兹堡制造业发展规划着重发展高新技术，重视轻工业，使企业规模变小、技术更先进；特别是重点发展生物医药、信息通信、环境产品和服务以及化学/高级材料四大领域。

（3）文化产业：卡内基基金会、匹兹堡文化信托基金会等社会组织成为以文化促进经济发展的先锋。在中心商业区建起科学、教育、艺术、娱乐多项并重的“文化区”，为中心商业区的经济复兴做出了贡献。

2. 基础设施建设

匹兹堡于 1985 年专门成立了“交通改善指导委员会”并指导修建了机场和高速公路。匹兹堡为吸引大企业，建立了环境良好的工业园区，实现了每个县区都有工业园区的布局。

3. 民生建设

（1）协同工作联盟与匹兹堡地区联盟联合制订劳动力发展计划，重视本地人才的应用。

（2）匹兹堡修建了多功能区，大力改善娱乐休闲设施。

4. 生态环境建设

为了减轻烟雾污染，匹兹堡多次出台烟雾控制法令，并实行了一系列更新改造，如办公楼群、豪华公寓、运动场馆、会议中心的建设以及破旧住房的清除。工业园地设施的改善使匹兹堡面貌一新。

5. 政府建设

（1）政府推动各级基金会建立。

（2）政府成立专项部门，负责各个方面的治理和改善任务。

（3）政府做好咨询服务，对制造业企业进行升级指导。

（四）保障措施

政府先后进行了三次复兴，第一次复兴的核心任务是整治城市环境污染；第二次复兴的核心任务是加强文化、社区建设；第三次复兴的核心任务是实现经济多元化发展。

匹兹堡政府通过在匹兹堡大学和卡内基·梅隆大学设立高科技产业孵化地实现产学研合作，为社会提供大量的就业机会。同时，一批帮助小公司建立和成长的组织和基金也逐渐成立，如匹兹堡种子基金、CEO风险基金、小工商业发展中心。以非营利组织领导下的新的公私合作模式是匹兹堡成功的一个关键因素。这些非营利公司联合地方政府、金融机构、技术部门、大学及其他非政府组织，围绕产业重建和城市再生建立了新的合作关系，通过与其他公共部门与私人机构合作，在开发利用废弃厂房与其他设施、为企业提供从研发、金融到营销管理等方面的各种服务支持、创建工业园区等方面发挥着重要作用。

四 日本北九州

（一）发展历程与问题

1. 发展历程

北九州位于日本福冈县，面积488.78平方公里，人口93万，是日本主要的工业城市和港口城市。北九州工业发达，以钢铁、化学为主，还有机械化工、食品加工、陶瓷等产业。北九州在城市发展过程中同样遭受过衰落危机，日本政府为推动经济转型，用了10年左右的时间，采取了一系列重要政策和相关配套措施，对北九州地区煤矿实行全面退出的关闭政策，将该区域转换成高新技术产业区，这是国际上重工业城市转型比较成功的一个案例。

2. 问题

北九州在衰退时期，面临的问题主要包括以下两个方面：第一，能源资源的枯竭。随着煤炭、钢铁等能源资源的日益紧缺，北九州原有的重工业产业受到严重冲击，导致经济急速下滑。第二，严重的环境污染。北九州曾经是日本污染最严重的城市，环境遭到很大的破坏，危及居民的生活和城市的发展，成为北九州衰落的主要顽疾。

（二）生产力发展模式

北九州政府提出环境政策与产业振兴政策统合的“三位一体”战略，以生态工业园为载体，将“教育—基础研究”“技术—实证研究”和“产业化”有机结合，促进新技术向产业化迈进，进而带动全市经济的整体发展。归纳总结其生产力发展模式如图3-5所示。

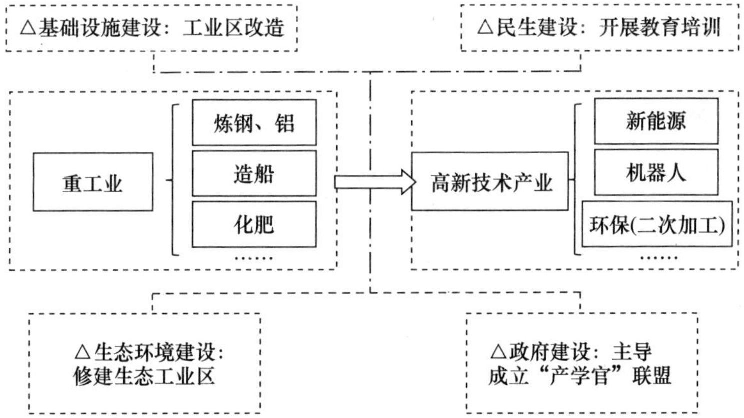

图3-5 北九州生产力发展模式

（三）对策与经验

北九州在产业结构、基础设施、民生建设、生态环境建设、政府建设等方面进行了全面转型，相关的对策经验如下：

1. 产业结构

转型前，北九州产业体系由炼钢、炼铝、造船和化肥等构成。北九州通过摒弃高能耗、重污染产业，大力发展旅游业和高新技术产业，实现城市发展转型。

（1）旅游业：北九州将原有的工业厂区改造成为旅游景点，并通过治理环境，促进旅游业发展。

（2）高新技术产业：北九州引进并建立了大量生产机器人和环保电机的企业，同时，通过政府的引导，北九州工业园区及企业采用循环经济模式，开展了多项可再生项目。

2. 基础设施建设

对原煤炭生产场地进行复垦改造。将关闭的煤炭生产矿井，改造成旅游景点、科普教育场地，使之继续发挥作用。废弃的矿场复垦改造为良田。矿山旧址同周边旅游资源密切结合。依托原有工业资源，进一步修建公路铁路等交通运输体系，并着力打造生态工业园区。

3. 民生建设

对失业煤炭工人实行免费培训，培训后帮助其介绍再就业。对开发区内安置煤炭工人及其子女就业的企业给予补助，视用人比例的高低给予差别优惠。加强环保宣传，编写中小学综合环境教育辅导教材。

4. 生态环境建设

北九州市政府联合企业、科研机构和民间团体对环境进行治理，包括企业采取清洁生产与末端处理；政府加强控制与检测，完善公害防治条例，采取建设下水道、处理生活垃圾等一系列措施。市政府、企业及大学联合成立了“北九州市环境产业推进会”推进生态工业园项目的建设。

5. 政府建设

政府在北九州发展中起着主导作用，一方面出台《煤炭产业合理化临时措施法》《煤炭离职人员临时措施法》《煤炭对策大纲》等法规，领导环境治理工作；另一方面鼓励高校、科研机构与企业结盟，为企业提供科技服务平台。

（四）保障措施

（1）为实现北九州城市发展转型，北九州市政府发挥了主导作用。先后采取了一系列措施，如主动立法，创建公害对策部门；设立公害动态监视中心；开展“官、产、学、民”的联合模式。政府出资设立专门机构——（财团法人）北九州产业学术推进机构（FAIS），促进企业与大学、研究院所的合作。

（2）开展国际合作。1980 年，北九州市政府与产业团体联合设立（财团法人）北九州国际技术协力协会（KITA），通过派遣专家到发展中国家进行实践与交流，以及接纳研修员等方式，将城市治理过程中积累的经验与国际分享，实现互助互补。北九州政府进一步开展了国际城市网络计划，建立了亚洲环保合作城市网络、东亚经济交流推进机构（环境分部）和北九州环保倡议合作网络。

（3）为了实现产业生产的绿色可持续，北九州着力打造循环经济模式，严格执行“3R 原则”，即减排、再利用、循环利用。目前，北九州市已建立了世界上最先进的环保体系。北九州建立了综合环保联合企业区（该区域旨在通过将循环企业集中在一个区域进而创造能源和材料的循环利用体系）、响滩循环利用区（该区旨在通过以对中小循环企业提供贷款而将其集中在该区域进而整体升级为环保产业）、实证研究区（该区旨在通过吸引和鼓励多种类、多领域的研究机构集聚，重点研究资源循环利用和垃圾处理技术，促进对尖端环保技术的研究和发展）和北九州学术研究城（该区是广义上的生态工业园区组成部分。依托北九州学术城的产业孵化作用，建立起以企业为主体的循环经济技术体系）。

五 国外典型城市生产力发展总结

上述四个典型的工业城市生产力发展模式，从产业结构、基础设施、民生建设、生态环境和政府建设五个维度探讨了城市转型及生产力升级的不同的模式。各个城市取得成功转型的经验及其有关措施不尽相同，从实际情况中可以清晰发现，这些成功案例中蕴含了“三去一降一补”的思想及具体举措，并且尤以“去产能”“降成本”“补短板”为主，紧紧围绕着打造绿色可持续发展城市这一主题进行发展。对德国鲁尔工业区、英国伯明翰、美国匹兹堡、日本北九州这四个城市生产力发展模式及成功经验进行总结，大致归纳如表 3-1 所示。

表 3-1　四个城市生产力发展总结

	鲁尔工业区	伯明翰	匹兹堡	北九州
产业结构	文化旅游业、新能源产业、服务业	旅游业、会展业、金融业	文化业、高技术产业、服务业	高新技术产业、环保产业
基础设施	立体化交通网络	配套设施建设	工业园	老工业区改造
民生建设	完善社会保障制度	提供就业岗位	建立劳动力规划联盟	开展教育培训
生态环境	修建自然保护区	运河改造	修建多功能区	修建生态工业园
政府建设	建立专项部门	完善咨询服务	推动各级基金会	主导“产学官”联盟

续表

	鲁尔工业区	伯明翰	匹兹堡	北九州
转型措施	去产能：产业结构调整，煤炭企业重组	去产能：产业结构调整，多元化发展	去产能：市场机制调节降成本：技术创新	补短板：注重科技创新去产能：注重人员安置
复兴关键	"自上而下"+"自下而上"双向模式	制造业智能化、科技化定位	非营利组织引领下的公私合作机制	开放式的官、产、学、研模式

第三节 国内城市生产力发展模式

这里选取上海、深圳、南京和大连这四个国内典型城市为案例，通过对2015年度各个城市生产力发展状况（产业生产力、企业生产力、创新生产力、体制生产力、环境生产力、信息生产力、文化生产力、空间生产力）进行量化，其中空间生产力主要是产业空间生产力，这里把空间生产力融合到产业生产力里（下同），以及从各个城市在其生产力发展中突出领域或特色方面进行经验介绍，为沈阳生产力发展提供横向对比，总结各自有益的经验，做到取长补短。其中量化部分的指标体系请见附表1。

一 上海市

上海市是国家中心城市，拥有中国大陆首个自贸区——中国（上海）自由贸易试验区。上海是中国经济、交通、科技、工业、金融、贸易、会展和航运中心。

（一）上海生产力发展

2015年，上海市生产力发展中各子生产力（产业生产力、企业生产力、创新生产力、体制生产力、环境生产力、信息生产力和文化生产力）发展情况如图3-6所示。

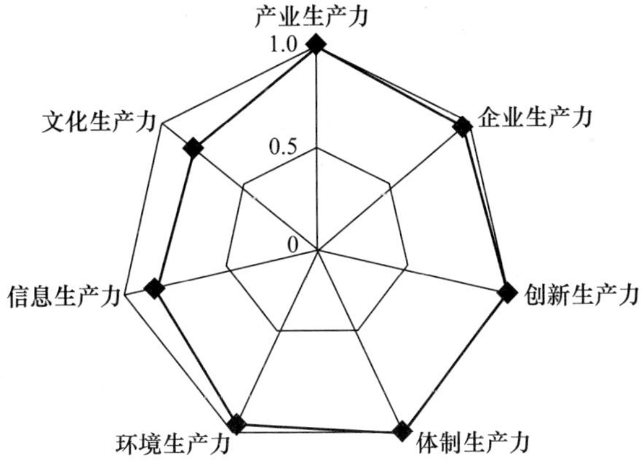

图 3－6　2015 年上海市各子生产力发展情况

资料来源：课题组根据《上海统计年鉴》（2015）和《2015 年中国城市竞争力排行榜》研究报告制作。

上海产业生产力排名第 1 位，二级指标产业规模指数和产业结构指数均为 1，产业效率指数为 0. 398，相比落后于其他二级指标。三次产业结构调整为 0. 5∶34. 7∶64. 8，其中，第三产业增加了 1. 6 个百分点。企业生产力排在第 3 位。上海市国内生产总值为 24964. 99 亿元，比上年增长 6. 8%，其中人均生产总值为 9. 73 万元。信息生产力排在第 3 位，其中基础设施建设投资为 1057. 25 亿元，基础设施投资指数为 0. 696，排在第 5 位。交通设施指数为 0. 599，排在第 5 位。体制生产力排名第 1 位。具体来看，社会公平保障指数、社会治安指数、医疗保健指数、社会管理、社会体制竞争力均为第 1 位。生态环境生产力排在第 2 位，环境改善投入、自然区位优势、交通区位优势以及经济区位优势较为明显。创新生产力排在第 2 位，科技投入指数排在第 1 位，全年用于研究与试验发展（R&D）经费支出 831 亿元，相当于上海市生产总值的比例的 3. 60%。科研成果转化指数和科研机构指数均排名前列。文化生产力排在第 2 位，文化意识指数和城市营销能力指数均排在第 1 位，文化设施指数排在第 2 位，城市文化竞争力排在第 2 位。

（二）上海生产力发展模式的经验

1. 调整产业结构，加快第三产业的发展

上海市将原来的“二三一”产业发展顺序调整为“三二一”发展

顺序，即优先发展第三产业，积极调整第二产业，稳定提高第一产业。同时，三大产业内部结构也作了相应调整。第三产业发展以金融、商贸、交通、通信等为重点；第二产业的发展则从过去主要依靠传统工业支撑转向主要依靠支柱产业和高新技术产业支撑；第一产业大力提高农业产业化、集约化、现代化水平，实现从城郊型农业向都市型农业的转变。在产业结构调整中，上海积极推进国际金融、贸易、航运以及经济中心建设。在四个中心建设中，金融中心建设处于核心地位，带动具有全球资源配置能力的国际航运中心及国际贸易中心建设，增强经济中心的集聚辐射功能。

2. 培育支柱产业，调整第二产业结构

上海为培育支柱产业确定了六大产业领域，分别为轿车、电子和通信、电站设备、钢铁、石化和精细化工、家用电器。上海市采取了一系列扶持措施：一是由市主要党政领导分头挂帅，成立领导小组，集中全市力量支持支柱产业的发展；二是加大调控力度，增大资金投入，采取“政府支持、财税优惠、立法保障”三管齐下的发展措施。上海经济增长对投资依赖较低，创新驱动力更强。2013 年和 2014 年，上海仅以 3%—5% 的投资增速支撑了 7%—8% 的经济增长率。相比之下，全国要用 15% 以上的投资增速才能支撑 7%—8% 的经济增长率。在上海制造业中，新兴产业成为新的动力引擎，其中机器人制造相关企业、飞机制造业、集成电路制造产业发展迅速。在产业结构转型中，上海发展“四新”经济，将科技创新从技术维度的单一创新，转向“新技术、新产业、新业态、新模式”的集成创新。上海还提出，围绕“四新”经济，不强求做顶层规划，也不锁定发展目的，不规定统计口径，也不固定推进的模式、方法，更加依赖市场方式配置资源。上海信息服务业鼓励龙头企业和培育“四新”经济双线并举，拓展产业发展新空间。

3. 鼓励创新创业，扶持新企业成长

上海市大力鼓励并扶持创新创业活动，以此解决就业问题，激活草根经济，构筑新的经济增长点。2015 年，上海市完善并提出了“6 + 6”的创业扶持政策措施，6 条创业新政，主要着眼于适应当下大众创业、互联网创业潮流，支持初创期创业、社会创业服务发展；6 条完善政策，主要着眼于缓解传统的融资难、场地缺、能力弱的“瓶颈”矛盾，调整完善现有创业政策。

6 条创业新政具体包括人才引进居住证积分政策、初创期创业社会保险费补贴政策、优秀创业项目奖励政策、电商创业融资支持政策、创业孵化基地补贴政策和高校创业指导站经费补贴政策。其中，对符合一定条件的创业人才及其核心团队，直接赋予居住证积分标准分值；对经由市场主体评价且符合一定条件的创业人才及其核心团队，居住证转办户籍年限可由 7 年缩短为 3—5 年；对获得一定规模风险投资的创业人才及其核心团队，予以直接入户引进。

新的政策规定，青年大学生在沪创办 3 年以内的小微企业、个体工商户、农民合作社、民办非企业单位等创业组织，新招用上海市劳动者并按规定缴纳社会保险费的，可按新招人数申请社会保险费补贴。补贴标准为上海市上年职工月平均工资 60% 作为缴费基数计算的单位缴纳社会保险费的 50%，补贴期限最长 3 年，每个创业组织每年最多补贴 2 万元。

同时，还将结合上海市产业发展规划，通过组织创业计划大赛、创业新秀评选等方式，在新能源、新材料、生物医药、电子信息、节能环保等战略新兴产业以及文化产业、现代服务业、创新创意产业、互联网、物联网、现代农业等领域中遴选一批优秀创业项目并给予重点扶持。对获得创业计划大赛、创业新秀优胜的创业者，给予一定金额的创业启动金或助力发展金扶持。

对于已进行工商注册登记的网络创业者，可同等享受上海市各项创业就业扶持政策。对于未进行工商登记注册，但在网络平台实名注册、稳定经营且信誉良好的网络创业者，可按规定享受申请最高 15 万元的创业贷款担保及贴息政策。

6 条完善政策具体包括：进一步扩大创业担保贷款和贴息对象范围；进一步扩大个体工商税收减免对象范围；进一步扩大创业培训见习补贴对象范围；进一步扩大创业场地房租补贴对象范围；进一步提高创业担保贷款免担保额；进一步提高创业见习代缴费补贴。

新的政策规定，创业担保贷款对象范围扩大到上海市户籍创业者以及上海市高校在校及毕业的非本市户籍 35 岁以下青年大学生。符合条件对象在沪创业并吸纳上海市劳动者就业的可以按规定申请个人最高 50 万元、法人最高 200 万元的创业贷款担保。商业银行或小额贷款公司 200 万元以下贷款利息补贴的对象，从 3 年内的小微企业扩大到所有小微企业、个体工商户、农民专业合作社和民办非企业单位。

政策还规定，已接受过创业教育的大学生，可直接参加创业模拟实训内容的培训。鼓励高校、培训机构、社会组织开发适合青年大学生的创业培训项目。将政府补贴创业培训的对象范围从上海市高校毕业学年学生扩大到上海市高校在校学生。将青年创业见习补贴政策对象范围扩大到上海市高校毕业学年学生。

二 深圳市

深圳，位于珠江三角洲东岸，是改革开放以来设立的第一个经济特区，是中国改革开放的窗口，中国南方重要的高新技术研发和制造基地，中国重要的经济和金融中心，现已发展为有相当影响力的国际化城市。

（一）深圳生产力发展

2015 年，深圳市生产力发展中各子生产力（产业生产力、企业生产力、创新生产力、体制生产力、环境生产力、信息生产力和文化生产力）发展情况如图 3 - 7 所示。

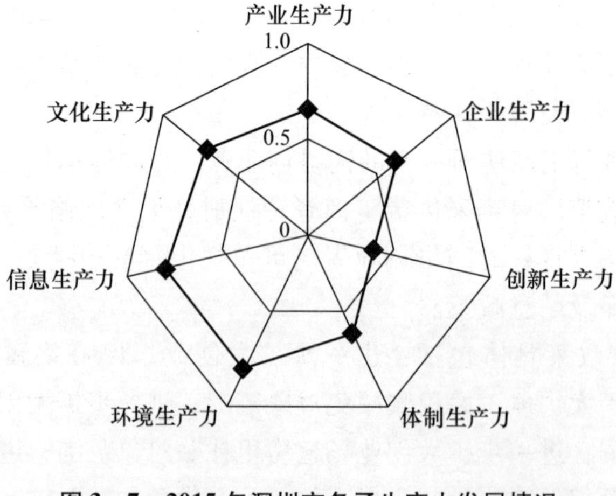

图 3 - 7 2015 年深圳市各子生产力发展情况

资料来源：课题组根据《深圳统计年鉴》（2015）和《2015 年中国城市竞争力排行榜》研究报告制作。

深圳产业生产力排名第 3 位，三次产业结构调整为 0.03 : 42.64 : 57.33，产业结构指数为 0.981。企业生产力排在第 4 位，全年生产总值

16001.98 亿元，比上年增长 8.8%。人均生产总值 149497 元，增长 7.7%，2014 年深圳居民人均可支配收入 40948 元，名义增长 9.0%。居民人均消费支出 28853 元，名义增长 10.1%。信息生产力排在第 4 位，体制生产力排在第 4 位，生态环境生产力排在第 4 位，区位指数、自然区位优势度、政治区位优势度均排名前列，全市建成区面积 890.04 平方公里，建成区绿化覆盖率 45.1%，生活垃圾无害化处理率 100%。创新生产力排在第 5 位，科技人力指数数值为 0.455，排在第 3 位；文化生产力排在第 3 位，文化资源指数稍显逊色。

（二）深圳生产力发展模式的经验

1. 发挥高新技术产业集群效应

深圳城市生产力模式以打造创新型城市为核心，构建以“高新技术、先进制造、现代服务”三足鼎立的现代产业体系。随着国际市场竞争加剧，土地、资源、环境等因素的制约，原有的产业结构难以为继。深圳市政府决定将产业发展方向的着力点放在高新技术产业上，将自主创新和引进相结合，推动高新技术产业链的不断完善。产业链不断延伸促进了产业集群的形成，高技术产业集群网络中企业间的横向联系促进跨行业的技术融合，推动产业技术不断升级。深圳拥有全国上市企业集聚第一区——南山区，其中高新技术企业占企业总数的 80%，实现了知识技术的集群效应。新形成的计算机及外围设备、通信设备制造、充电电池、平板显示、数字电视、生物制药与医疗器械 6 个发育形态比较成熟的高新技术产业集群，构成了推动深圳经济发展的新动力。近几年，深圳市将以技术引进为主转变为依托本土企业为主发展高新技术产业的政策调整，极大地推动了企业自主创新能力的提高。

2. 尊重以市场为导向的经济规律

深圳利用市场机制的强大作用冲破束缚，驱动自主创新和高新技术快速发展。具体表现在：

（1）创新要素流动由市场决定。90% 以上的科技投入由企业根据市场需求确定投向。创业投资机构成为配置创新资源的重要载体，高科技企业的融资能力越来越强；科研成果奖励、高新技术入股等知识资本化的市场激励机制，吸引了大批高精尖科技研发人员参与创新和产业研究。

（2）企业生存发展由市场“优胜劣汰”机制决定。创新企业基本上是民营和股份制企业，其产生源于市场需求，其发展取决于市场竞争，市场的“优胜劣汰”竞争规则成为企业的生存法则。

（3）产业结构优化升级由市场牵引。市场决定创新要素配置，市场决定企业生存发展，因而也就最终决定产业发展方向。深圳切实遵循市场经济规律，把“创新什么”和“谁来创新”的决定权及控制权交由市场。市场利用其资源配置功能，将机构、人才、技术、土地、资金、金融、项目等要素聚集到生产符合市场需要的产业及企业，而企业则利用这些资源进行下一步的技术创新，从而构建一个良性互动的综合生态创新体系，促进本地产业的持续创新与升级。

3. 打造“产学官”一体化优势

深圳自主创新的基本目标就是要发展高新技术产业，实现产业的优化升级，使科学技术转变为现实生产力。围绕这一基本目标，深圳一直坚持走“产学官”紧密结合的道路。主要表现在：

（1）随着信息技术的发展和创新形态的演变，政府在开放创新平台搭建和政策引导中的作用以及用户在创新进程中的中心地位进一步凸显。

（2）积极寻求与市外高等院校、科研机构的合作。深圳市政府与清华大学合作创办了深圳清华研究院，与北京大学、香港科技大学合作建立深港产学研基地，同时与国内外40多所著名大学合作建立了虚拟大学园。

（3）大力推动资本与科技的融合，努力推进科技中介服务体系建设。市政府通过贷款贴息、融资担保、资金匹配等措施，引导各种资本流入深圳。同时，除积极建设以“高交会”为中心的技术成果和技术产权交易平台外，推动科技企业孵化器的建设也是重要举措。根据深圳自主创新的现状，政府努力营造技术开发成果有效转移和企业充分应用的环境，确立企业在自主创新环境中的重要地位，支持创新平台、技术平台的建设，把政府资源配置的重心放在市场机制失效的环节。

三　南京市

南京市，江苏省省会、副省级城市。南京市是国务院确定的首批中国历史文化名城和全国重点风景旅游城市。位于长江下游沿岸，是长江下游地区重要的产业城市和经济中心，中国重要的文化教育中心之一，华东地区重要的交通枢纽。

（一）南京生产力发展

2015 年，南京市生产力发展中各子生产力（产业生产力、企业生产力、创新生产力、体制生产力、环境生产力、信息生产力和文化生产力）发展情况如图 3－8 所示。

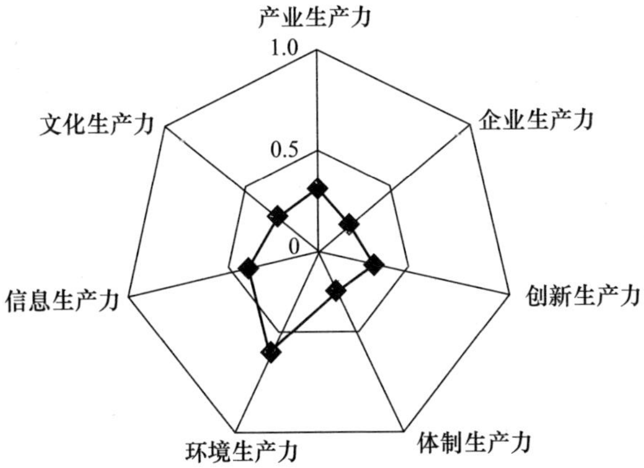

图 3－8　2015 年南京市各子生产力发展情况

资料来源：课题组根据《南京统计年鉴》（2015）和《2015 年中国城市竞争力排行榜》研究报告制作。

南京市产业生产力排名第 13 位，产业集群指数排名较高，其中规模以上工业企业工业总产值增加了 636.6 亿元，比上年增长 5.07%。企业生产力排在第 14 位，全年实现地区生产总值 8820.75 亿元，比上年增长 10.1%。信息生产力排名第 11 位，其电子信息产业还处于产业价值链的加工制造环节，其中南京市全年共优化调整 95 条公交线路、新辟公交线路 54 条、67 条公交线路延长服务时间。体制生产力排在第 21 位，社会公平保障水平指数 0.454，排在第 45 位，社会管理指数排在第 13 位；政府机构规模指数增长 36.5%。生态环境生产力排在第 7 位，环境资源水平指数为 0.811，排在第 4 位。创新生产力排在第 9 位，拥有各类专业技术人员 117.68 万人，新增高技能人才 3.53 万人。政府出台鼓励科技创新创业“1＋8”系列政策、“科技九条”等，加大创业创新人才培养引进力度。文化生产力排在第 8 位，文化设施指数 0.376，排在第 6 位，一年内剧院数增加 7 个；

文化意识指数0.379，排在第9位。

（二）南京生产力发展模式的经验

1. 以信息技术促进空间资源配置的高效率

城市经济空间是南京生产力发展的载体。南京城市发展进入现代商业阶段，新商业模式不断涌现。南京城市经济空间形成“大集聚，小分散”，各级经贸中心陆续形成，小型商业网点沿道路、靠社区散布全城。其中的信息技术得以广泛应用，使城市生产力要素得以优化配置，促使战略资源的作用得以有效发挥，使人们能更高效地从事社会经济活动，从而推动传统产业不断升级，提高社会劳动生产率和社会运行效率。南京市大力建设信息基础设施，推动功能性信息服务平台建设，实现利用信息技术来合理分配资源的目的，增强城市的信息生产力建设。

2. 以科技创新支撑产业结构的调整

南京市把第三产业留在发展相对较好的主城区，这样有利于第三产业的蓬勃发展。南京市充分认识到科技和教育对产业转型的重要性，不断改革科技、教育体制，进一步提高人力资本质量和技术创新能力，为促进经济长期稳定增长和转型升级创造条件。南京市坚持科技支撑发展，创新引领未来。在新常态下，南京市以科技创新、技术进步为动力，注重提高经济质量和效益。为了解决科技创业企业的资金难题，南京市提出设立科技创业发展基金，首期出资2亿元，每年增加1亿元，至2020年总规模不少于5亿元。据介绍，基金将以直接股权投资为主、参股设立合作基金为辅的方式，支持科技型中小微企业。单笔投资一般不超过300万元，投资期一般为3年。对于本地企业，在境内上市的企业分阶段补助200万元，在境外上市的企业一次性补助200万元；在新三板正式挂牌的企业一次性补助30万元，挂牌企业完成首发上市后追加补助至200万元。

3. 以创新人才激活企业竞争力

南京将改进事业单位岗位管理模式，建立动态调整机制。鼓励高层人才到企业担任“技术副总”。南京全面实施“创业南京”英才计划。对科技顶尖专家在宁实施的重大技术创新项目给予最高1000万元资金支持，为符合条件的人才提供不少于200平方米的专家公寓，在宁购房的给予最高200万元安家补贴。对培养入选“千人计划”（长期创新类）特聘专家、“万人计划”科技创新领军人才的在宁企业，给予100

万元项目资助。对入选的高层次创业人才，在区（园区）给予不少于50万元初创扶持的基础上，由市财政再给予100万元资金扶持，并提供100平方米创业场所和100平方米人才公寓，免费使用3年。①

四　大连市

大连是中国15个副省级城市之一，5个计划单列市之一，中国14个沿海开放城市之一。大连是中国东北对外开放的窗口，东北地区最大的港口城市。

（一）大连生产力发展

2015年，大连市生产力发展中各子生产力（产业生产力、企业生产力、创新生产力、体制生产力、环境生产力、信息生产力和文化生产力）发展情况如图3－9所示。

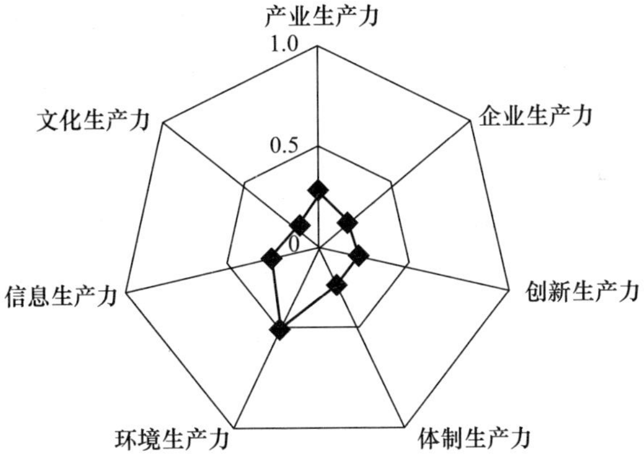

图3－9　2015年大连市各子生产力发展情况

资料来源：课题组根据《大连统计年鉴》（2015）和《2015年中国城市竞争力排行榜》研究报告制作。

大连市产业生产力排在第25位，产业效率指数0.456，排在第77位。企业生产力排在第17位，财政预算内收入651.13亿元和财政预算内支出734.94亿元。体制生产力排在第18位，社会公平保障指数为0.455，排在第11位；基尼指数为0.926和社会保障覆盖率超过90%。

① 《关于印发〈南京市争当江苏省产业科技创新中心排头兵和建设国家创新型城市若干政策措施〉的通知》，http：//www.njkj.gov.cn/23955/23960/201609/t20160908_4145277.shtml。

创新生产力，排在第 16 位，科技人力资本指数为 0. 286，排在第 21 位；大连市拥有“国家高新技术企业”和“国家技术先进型服务企业”企业数量合计达到 679 家，占辽宁省同类企业数量的 40. 8%，位居东北各市之首。生态环境生产力，排在第 12 位，区位指数为 0. 605，自然区位优势度 0. 9 和交通区位优势度 0. 8，均排名前列。文化生产力排在第 20 位，文化设施指数为 0. 248，排在第 27 位。

（二）大连生产力发展模式的经验

1. 充分利用市场机制，建设城市品牌

大连市以市场引导为主，合理利用资源优势，在完善资源定价基础上调整产权分配制度，不断提高资源利用率。大连市一直重视品牌经济效应，扶持品牌企业的发展，实施品牌战略，重视龙头企业，集中力量建设重大项目；重视招商引资，推进信息化建设，实现区域内强强联合，提升主导产业整体水平；利用原有产业基础，扩大主导产业的前向、后向和侧向效应，增强主导产业科技创新能力和核心竞争力，在高效生产的同时重视深加工，延长产业链，使整个产业资源得到充分的开发和利用。在实施创新驱动战略上立足市场运行规律，充分利用自身和区域创新资源，面向产业转型升级需求，积极推进沈大国家自主创新示范区建设，加快构建市场导向的创新创业体制机制，全力打造优良的创新创业环境，提升综合服务功能，激发各类主体的创新创业活力，以创新活力培植城市品牌。

2. 加大环境治理，构建循环经济

大连市坚持节约资源和保护环境的基本国策，实施节约优先、保护优先、自然恢复为主的方针，紧密围绕大连建设国家生态文明先行示范区的目标，加强生态环境综合治理，着力推进绿色循环低碳发展，维护好自身独具特色的自然环境优势。大连市一直加强大气综合治理，全力实施“大气污染防治行动计划”，着力推进治气治霾，改善空气质量，推进实施“气化大连”工程，全面实施清洁生产，逐步淘汰能耗大、污染严重的工业企业及工艺设备。大连市也一直致力于推进资源节约循环利用、环境的综合治理与生态保护和修复，致力于构建循环经济发展模式，并取得了初步效果。大连市以核心企业为引擎，渐次拓展全方位循环战略和延伸工业共生系统。建立了“企业—小循环”“园区—中循环”“社会—大循环”的循环经济模式，并通过工艺改革、产品创新、功能和系统更新，不断发掘和利用各产业之间的互补与共生关系。

3. 激发企业活力，营造良好创新环境

大连市为进一步改善创新发展环境，增强企业发展活力，全面实施“育龙计划”，培育一批创新型龙头企业，催生一批创新型中小企业集群，促进企业转型发展。2015 年，大连市政府推出了支持企业创新的各项优惠政策，具体包括：今后三年，每年新认定高新技术企业 100 户。推广中关村 6 项试点政策，进行科技成果使用处置和收益管理改革、科研项目经费管理改革；落实扩大研发费加计扣除范围、职工教育经费税前扣除、股权和分红激励、非上市中小企业通过股权交易市场进行股份转让和融资等政策。适当放宽对战略性新兴产业领域创新能力强、研发投入大的创新创业型企业，在销售收入和研发人员数量上的认定条件。对新认定的国家、省、市级企业技术中心分别给予 200 万元、100 万元、50 万元的资金扶持；鼓励本市企业与高校、科研院所组建产业技术创新战略联盟，对新认定的市级工程技术研究中心、重点实验室给予 50 万元补助。同时开展企业专利“护航”专项行动等。加快推进小微企业发展基金运作，市财政每年安排 5000 万元，五年内发展基金规模达到 2.5 亿元。由政府出资与金融资金合作设立周转性融资贷款平台，为中小企业提供周转性贷款。促进中小企业与风险投资、私募股权投资等机构进行战略合作，拓宽融资渠道。建立大连市科技创新型企业、服务机构资源库；完善“科技指南针”公共服务平台，重点建设大型科研仪器共享等 8 个子平台，提供全方位服务。实行科技创新券制度。采取多种形式免费为企业提供政策培训，鼓励有资质的中介机构为企业提供咨询服务。科技型中小企业使用创新券向全市高校、科研院所、科技服务机构购买服务，使用大型科研仪器共享平台、研发费加计扣除咨询等服务的补助最高为 30%，科技创新为 50%，科技政策培训为 100%。进一步支持中小企业开拓市场。在满足机构自身运转和提供公共服务基本需求前提下，应当预留本部门年度政府采购项目预算总额的 30% 以上，专门面向中小企业采购，其中预留给小型和微型企业的比例不低于 60%；支持中小企业“走出去”公共服务平台载体建设。

第四节 沈阳生产力发展模式

一 沈阳生产力发展及横向对比

沈阳是辽宁省省会，中国 15 个副省级城市之一，中国七大区域中心城市之一，中国特大城市，东北地区政治、经济、金融、文化、交通、信息和旅游中心，也是中国最重要的以装备制造业为主的重工业基地。

（一）沈阳生产力发展

2015 年沈阳生产力发展中各子生产力（产业生产力、企业生产力、创新生产力、体制生产力、环境生产力、信息生产力和文化生产力）发展情况如图 3－10 所示。

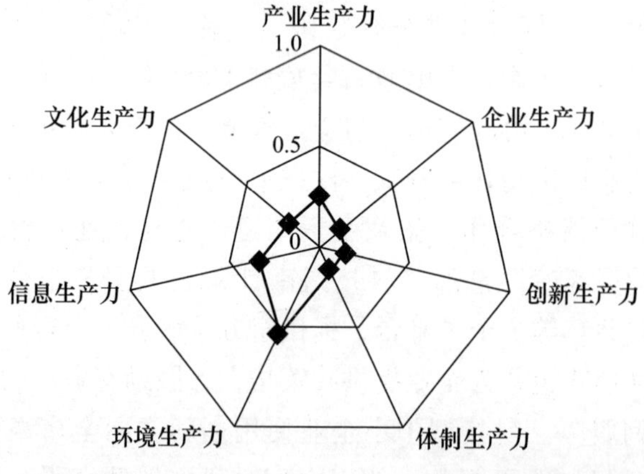

图 3－10 2015 年沈阳市各子生产力发展情况

资料来源：课题组根据《沈阳统计年鉴》（2015）和《2015 年中国城市竞争力排行榜》研究报告制作。

沈阳市产业生产力排在第 19 位，产业结构指数 0.431，排在第 16 位，其中，实现规模以上工业增加值 3614.89 亿元，增长 4.9%；固定资产投资 6564.06 亿元，增长 2.8%。企业竞争力排在第 20 位，实现生产总值 7098.7 亿元，增长 4.9%。城市居民人均可支配收入 31720

元，增长9.1%；人均消费支出24223元，增长8.9%。信息生产力排在第12位，基础设施供应水平指数0.33，排在第21位。体制生产力排在第39位，社会公平保障指数为0.356，排在第79位，社会管理指数0.303，排在第49位。生态环境生产力，排在第11位。创新生产力排在第15位，科技人力资本指数0.268，排在第18位。文化生产力排在第15位。

（二）横向对比

将上海、深圳、南京、大连和沈阳的生产力发展情况（产业生产力、企业生产力、创新生产力、体制生产力、环境生产力、信息生产力和文化生产力）进行对比，结果如图3－11所示。

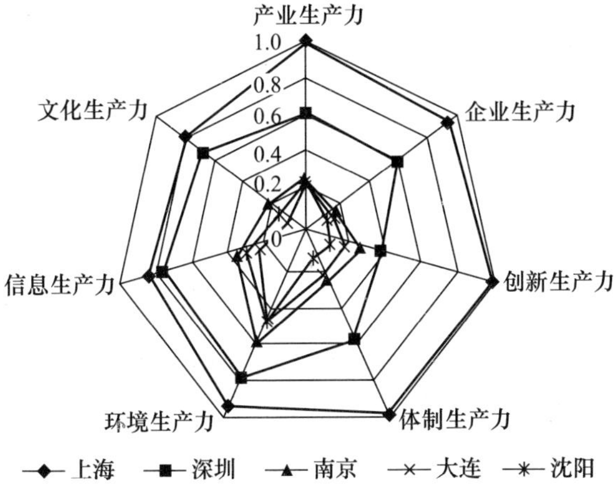

图3－11　2015年五个城市生产力发展情况对比

资料来源：课题组根据前文整理而成。

从横向对比的结果来看，沈阳生产力发展全面落后于上海、深圳两大一线城市，与同为副省级城市的南京有较小的差距，与同省的大连水平相当。沈阳生产力发展中，产业、企业、创新等方面的生产力发展较为滞后，也充分反映了东北老工业基地经济落后的主要方面，产业中大量国有企业的存在是导致沈阳生产力滞后的原因之一，这也意味着国有企业改革急需提上日程并付诸实践。当然，沈阳生产力发展也有其自身的优势和机遇，工业基础雄厚，交通运输体系较为发达，城市基础建设较为完备，具有潜力巨大的区位优势。此外，沈阳城市文化底蕴浓厚，人文精神突出，这也有利于未来生产力的发展和城市建设。

二 沈阳生产力发展模式构建

（一）生产力（产业）结构

沈阳未来生产力（产业）结构发展将“围绕一大主题，突出两大动力，推进三个转变，坚持四个发展，采取五大策略”，紧紧围绕“打造先进制造业产业体系”这一主题，坚持把智能制造作为主攻方向，推动传统产业智能化改造；以改革引领和创新驱动为动力，进一步深化体制机制改革，切实转变政府职能，健全技术创新的市场导向机制和政府引导机制，促进科技创新成果产业化；坚持“融合发展、高端发展、绿色发展、协同发展”的新理念，努力推进沈阳制造向沈阳创造转变，推进沈阳产品向沈阳品牌转变，推进生产型制造向生产服务型制造转变。通过构建制造业创新网络、加快网络基础设施建设、建设现代产业园区、开展示范试点和培养工业文明精神来实现沈阳生产力的跨越式发展。

（二）基础设施建设

按照创新驱动、转型发展、内涵提升、以人为本的要求，围绕建设创新城市、智慧城市、生态城市和宜居城市，加快信息化与城市化融合，不断提升基础设施建设和公共管理水平。加强“互联网 + 公共服务”的建设，推进便民服务平台建设；推动“互联网 + 城市管理”，加强政务信息资源整合，加快推进国家级互联网骨干直联点、宽带沈阳以及移动通信网络建设。加强城市交通系统建设，推进机场、客运专线、高速路等重大工程建设，构建全方位辐射的对外交通格局。提升市政基础设施承载力，全面部署供水、排水、能源、通信、环保、防灾等各项市政公用设施。优化城际连接带空间布局，以沈抚连接带、沈本连接带、沈铁连接带、沈辽鞍营连接带和沈阜连接带为重点建设项目，完善城际间路网建设。

（三）民生建设

坚持共享发展，着力保障改善民生，全力解决好人民最关心、最直接、最现实的利益问题，努力提升人民幸福感。加大扶贫开发力度，突出精准扶贫、精准医疗。促进充分就业，加快发展服务业，多渠道开发就业岗位，不断扩大就业容量。继续深化收入分配制度改革，逐步提高居民收入占国民收入分配的比重、劳动报酬在初次分配中的比重，增加低收入群体收入，提高中等收入群体占比，规范调节高收入群体收入。健全社会保障体系，继续扩大基本养老保险覆盖面、发展职业年金、企业年金、商业养老保险。提高教育质量，优质均衡发展义务教育，缩小城乡及校际教育差距，大力发展现代职业教育，推进教育信息化，扩大优质教育覆盖面。健全公共安全保障体系，提高全民健康水平，系统推进涵盖医疗、卫生、养老等在内的健康产业制度和服务体系建设。

（四）生态环境建设

坚持绿色发展，实施“青山、碧水、蓝天”工程和绿化工程，划定农业空间和生态空间保护红线，推进绿色发展、循环发展和低碳发展，建设资源节约型和环境友好型社会，打造生态型智慧城市。着力推动资源集约节约利用，深入推进节能减排，推动低碳循环发展。以提升环境质量为核心任务，全面开展雾霾治理行动、实现水环境质量达标以及加强环境基础设施建设。同时，注重生态保护与修复，进一步保护生态绿地系统，加强辽河、浑河、蒲河、白塔堡河等河流生态建设和治理。健全制度保障，致力于生态文明制度、自然资源产权制度、资源有偿使用和生态补偿机制的建设。

（五）政府建设

深入推进行政体制改革和机制创新，激发和释放发展动力和市场活力，建设符合生产力发展规律的创新型政府，打造宜商、宜居、宜业的软环境。实施市场准入负面清单和公开政府权力清单，进一步厘清政府与市场、社会的关系，明晰部门权责，优化工作流程。实施审批与监管分离，推进行政许可权改革试点，建设综合审批联动平台，提高审批效能。进一步简化事前审批，加强过程监管，严格事后验收。健全政府投融资机制，拓宽投资领域，进一步放开价格管理权限，完善市场价格形成机制，创新公共事业和公益性服务价格管理。加快公共财政体系建设，加大政府购买公共服务力度，建立透明的预算制度，稳步推进政府预算、部门预决算、财政专项转移支付以及“三公”经费等信息公开。深入开展国家优化金融生态改革试验，积极发展金融租赁、互联网金融和融资租赁等。

三 沈阳"智慧城市"发展框架

在沈阳生产力未来发展模式构建中，依托于体制、信息生产力等领域，构建"智慧城市"成为当前最重要的议题。以沈阳市经济社会发展的实际需求为导向，以改革创新为动力，以释放数据红利为核心，加快推进智慧沈阳建设。"智慧沈阳"构建框架包括基础、内核和中心，发挥智惠、智治和智业功效。具体如图3-12所示。

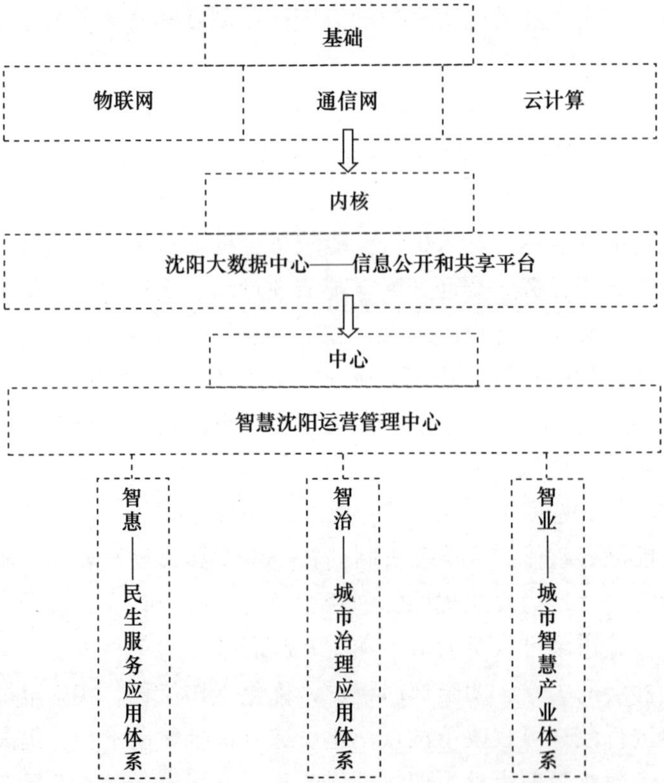

图3-12 "智慧沈阳"构建框架

根据国内外现有评价体系，以及借鉴上海"智慧城市指标体系1.0"和"智慧南京"评价指标体系，将"智慧沈阳"指标体系分为4个一级指标，分别为智慧基础设施、智慧人文环境、智慧政务建设和智慧可持续发展，以及19个二级指标。具体如表3-2所示。

表 3-2　　智慧沈阳评价指标体系

一级指标	二级指标	参考值
智慧基础设施	家庭光纤可接入率	≥99%
	无线网络覆盖率	≥95%
	WLAN 无线网络覆盖率	≥99%
	平均无线网络接入宽带	≥5MBPS
	家用电脑使用量	≥2 台/户
	传感网络建设占社会固定资产投资比重	≥1%
	主要场所视频监控覆盖率	100%
智慧政务建设	行政审批项目网上办比重	≥90%
	政府非涉密公文网上流转率	100%
	政府公务行为电子监察率	100%
	市民与政府网络互动率	≥60%
	企业与政府网络互动率	≥80%
智慧人文环境	人均可支配收入	≥5 万元
	大专以上学历占总人口比重	≥30%
	智慧产业规模	≥7000 亿元
	相关宣传培训人员占总人口比重	≥8%
智慧可持续发展	环境质量自动化监察比率	100%
	重点污染源监控比率	100%
	碳排放指标（较前一年下降）	40%

第四章　沈阳生产力发展规划分析

第一节　战略分析

一　战略依据

2003年国家首次提出东北老工业基地振兴战略。2014年，国家发改委再次提出并组织实施新一轮东北老工业基地再振兴政策，旨在破解发展难题，进一步推动东北经济的转型升级。

2012年年底召开的中央经济工作会议上指出，要实现全面建成小康社会的目标，从历史发展和现实国情及国际经验比较来看，未来10年乃至更长时间，新型城镇化将成为我国现代化建设进程中的大战略，也就是城市生产力转型发展战略将成为推动各区域甚至全国经济持续健康发展的主要动力。党的十八大进一步提出了实施创新驱动发展战略，强调科技创新是提高社会生产力和综合国力的战略支撑，必须摆在国家发展全局的核心位置。2015年国家“十三五”发展规划纲要中着重强调要实施创新驱动发展战略，把发展基点放在创新上，并随后印发了《国家创新驱动发展战略纲要》，成为自党的十八大提出实施创新驱动发展战略以来，中央为实施创新发展战略制定出台的纲领性顶层设计文件，是对中国今后一个时期实施好创新驱动战略进行系统谋划和全面部署的根本依据。

2016年3月，《辽宁省国民经济和社会发展第十三个五年规划纲要》（以下简称《纲要》）正式印发实施，这是辽宁省在经济发展进入新常态后制订实施的第一个五年规划，也是深入学习贯彻习近平总书记系列重要讲话精神，认真落实党中央、国务院关于新一轮东北地区等老工业基地全面振兴战略决策部署，如期实现全面建成小康社会奋斗目标的一个重要规划。《纲要》强调，要着力鼓励创新创业，大力实施创新驱动发展战略。2016年4月，《中共中央国务院关于全面振兴东北地区等老工业基地的若干意见》正式制定并加以实施，明确东北振兴的战略目标，重点在于转变经济发展方式和结构性改革，强调提质增效和以改革促发展的内在动力机制的建设。

新一轮全面振兴东北老工业基地政策的实施，创新驱动发展战略的深化，《“十三五”社会经济发展规划的制定与实施方案》，以及《“中国制造2025”实施方案》和《沈阳市智慧城市总体规划（2016—2020）》，成为沈阳市城市生产力发展规划的战略依据和基础。

二　战略内涵

针对沈阳生产力发展的主要矛盾及其宗旨，本着普遍性与特殊性有机结合的生产力发展原则，确定三个主要的沈阳生产力发展战略。

（一）全面创新改革驱动的城市生产力发展战略

这里以沈阳创建国家级全面创新改革试验区和自主创新示范区为契机，发挥创新和改革的动力作用机制，使东北老工业基地的城市生产力发展获得持续的根本动能。该战略包含两个基本含义：

（1）未来城市乃至国家的发展要靠科技创新驱动，而不是传统的劳动力以及资源的驱动。进一步说，是质量驱动，即提质增效，而不是速度驱动和外力驱动。

（2）创新的目的是提升经济主体的竞争能力，体现市场规律。要紧紧围绕解放和发展生产力这个中心任务，解决制约经济社会发展的关键问题，尤其是明确提出要建立以企业为主体、以市场为导向、产学研结合的创新体系，让企业成为创新主体。这也是区别于以往以GDP为唯一标准的发展模式。

（二）城市生产力集约发展战略

旨在实现两个转变：规模速度型转向质量效益型；扩张增长型转向繁荣智慧型。当前在新常态下的转型发展旨在要以“创新、协调、绿色、开放、共享”发展理念为指导，在优化结构、创造品质、提高效益、降低消耗的基础上，进行城市生产力的整体布局和优化，以确保经济和社会事业的可持续发展能力。

（三）以“繁荣”为宗旨的智慧生态型城市生产力发展战略

城市战略实施的系统目标是实现生产率、基础设施、社会服务、公平公正、生态文明之间闭环互动、良性循环，从而使沈阳生产力中的经济能力得到提升，创新能力得以优化，可持续发展能力得以稳固，和谐共生能力得以加强，民生共享能力得以保障，让沈阳市以繁荣为主题，激发城市的活力，确保公民生活的幸福感具有真实的可获得性。

第二节 布局分析

一 生产力布局的依据

（一）沈阳生产力布局与其所在地区有着密切关系

沈阳市不同区域之间地理位置、基础条件、环境建设状况以及经济社会发展水平有很大不同，生产力布局受各地区具体条件影响很大。各地区之间自然资源和社会经济资源的地域差异使各地区相应取得排他性优势，从而使生产力布局具有鲜明的地域特点。进行沈阳生产力布局时，必须与所依托地区的资源环境、经济社会发展状况相适应。各种投资活动及要素的分配应优先投入具有较好发展环境和比较优势的区域，这样不仅能够尽快地取得相应的经济效益，而且也能快速地发挥其对周围区域的辐射和带动作用。这也是实施生产力布局中强调因地制宜的重要依据。

（二）城市功能的规划与优化要求

沈阳市对不同区域的功能有具体的规划和设计，因此不同区域所具备的生产力能力也有区别。从经济角度来看，对生产力的合理布局，也是优化生产力，提高区域生产力贡献度的过程，可以充分发挥地区极化效应，直接带动地区经济增长，强化区域之间的协作共赢；从生态效益来看，生产力合理布局对自然资源特别是再生资源的保持、保护，对生态系统平衡都有着重要影响。所以，合理布局沈阳生产力、优化整合其城市功能定位，是促进地区经济增长、提高沈阳市可持续发展能力的重要保证。

（三）沈阳生产力发展空间大

沈阳生产力发展处于初步阶段，也使其生产力发展的空间扩展余地很大。随着城市生产力的整体规划和实施，生产部门、生产环节、生产要素的空间组合会日趋复杂和多样化，使支配生产力分布发展变化的基础规律发挥作用，结合生产力要素流动的趋势，在沈阳市范围内，基于市场机制对城市社会的生产力资源进行优化组合，并借助政府等决策机构的科学引导，合理调整、匹配要素对接和能力协同，使各个地区以及地区内各组成部分产生协同效应，促进各地区各生产要素的协同发展。

二　生产力布局的内涵

（一）核心圈生产力布局及其要素集成、功能定位

核心圈生产力布局，主要体现城市生产力资源的凝聚和集成，一般以现代服务业为核心的商圈模式呈现。在当代中国城市发展阶段，这种核心圈生产力布局是一种主导趋势，并且会持续一段时期。其优势是城市主流消费的先导区、创新创业的引领区、大数据开发的主脑区和以人气汇聚为特征的文化区，它是城市生产力各类主体、科技资源、人才、信息等的集聚区域，是城市发展的心脏。其标志就是CBD、研发基地和新兴服务业等。它高度集中了城市的经济、科技、文化的力量，具备金融、贸易、服务、展览、咨询等多种功能，同时配套完善的市政交通和通讯条件，是城市的核心。

沈阳生产力布局中的核心圈就是“金廊”——沈阳中央都市走廊。主要以所处的沈河区和和平区两区为主体为重点形成现代服务业核心区，并辅以中街、太原街、北站等重点市级区级商圈配合，服务沈阳周边城市，辐射东北地区。“金廊”核心区旨在形成一个汇集金融、商务、商贸、会展、科技、文化、体育等多个前导产业为一体的现代服务业产业群，通过逐步的开发和改造，使其成为建筑标志化、环境生态化、道路景观化的现代服务业产业聚集区，国际大都市的形象展示区，东北中心城市的核心辐射区，成为沈阳充满活力的生命中轴和创造新世纪辉煌的黄金走廊，也是沈阳生产力发展中的核心部分。被确定为优化开发区域。

（二）内圈生产力布局及其要素集成、功能定位

内圈生产力布局，是城市生产力发展的主体部分，是区分于核心圈心脏功能的主干功能，体现了城市生产力的主体架构。体现为城市生产力发展的主支撑点和主要经济增长点，是城市经济社会主体功能的区划与配置，它以特定的主体业态为核心汇聚相关的生产力资源要素，形成产业集聚区和配套资源整合区。其主体以龙头企业或主导产业为标志，既是城市生产力发展特色及核心竞争力的体现，也是城市生产力品牌建

设的主导力量。它往往以规划的城市主体功能区出现，一般围绕在核心圈周围，与核心圈之间构成分工协作、互为支撑的关系，与核心圈一同打造城市生产力的繁荣与活力。

沈阳生产力布局中的内圈就是“五大功能区”——西部依托铁西区为发展主体的先进装备制造业及现代物流产业区，依托中德装备产业园、中德环保产业园及沈阳国际物流港加快智能制造和绿色制造能力。成为沈阳市最重要的工业聚集区。南部依托浑南区为发展主体的高新技术产业和临空产业区，重点发展机器人等高技术产业，创建国家自主创新示范区。东部依托大东区为发展主体的汽车及零部件产业区，重点发展整车及零部件产业，建设全国重要的汽车生产、研发基地。北部依托沈北新区为发展主体，重点发展新兴产业与农产品深精加工集聚区，并结合城镇化和新农村建设，建设现代农业新兴产业区。棋盘山生态功能区依托沈抚同城建设，保护性开发棋盘山风景旅游区，打造集生态保护、旅游休闲、健康科技于一体的产业创新区。可见，当前沈阳市主体功能区产业布局已基本成型，也属于优化开发区域。

（三）外圈生产力布局及其要素集成、功能定位

外圈生产力布局，主要是城市生产力边界内部围绕内圈的区域格局，是城市生产力系统中非主体区域的广大组成部分，一般以县域经济和城镇化建设区域为主，其所占城市生产力的区域面积较大，资源分布比较分散，以生态资源保护为核心，强调农业综合生产能力和基于当地自然资源的特色产业发展，重点对自然保护区、风景名胜区、森林公园、文物保护区、生态保护地、基本农田保护区的保护性开发。绿色生产是其主导生产方式。外圈布局的目标是建成地域生产综合体，它包括特定产业布局和特定区域基于优势资源的生产力布局。它既是核心圈和内圈在自身领域的自然延伸，也对内圈和核心圈起着支撑与补充的作用。一般属于限制开发和禁止开发的区域。

沈阳市的外圈城市生产力布局主要就是县域经济格局。依托新民市和辽中区两个省级重点开发区，重点培育县域主导产业，形成县域核心竞争力，协调推进工业化、信息化、城镇化和农业现代化的同步发展。以康平、法库的八大重点开发城镇为载体，重点保护耕地，发展现代农业和特色工业，增强农业综合生产能力。借助沈阳市的市场拉动能力，在县域经济中打造现代农业和生态旅游融合发展的高端业态，同时承接

内圈产业链的分工要求，以地域优势发展与内圈主体产业相衔接的配套工业、物流业、新材料产业、通用航空产业及陶瓷产业等，推动产城融合发展。

（四）辐射圈生产力布局及其要素集成、功能定位

辐射圈生产力布局，是城市生产力对外辐射和联动的域外区域格局，是城市生产力圈与外部接壤并密切分工合作的区域部分。这类辐射圈一般是指以核心城市为主体的周边市级及以上层级的城市群落。辐射圈以城市群的协调发展为宗旨，以完善区域合作机制和利益协调机制为保证，形成生态环境责任共担、资源集约共享、市场开发共惠的协同发展局面，形成核心城市的更为强大的区域竞争力，打造具有较强竞争力和影响力的城市群，将大大提升核心城市生产力空间布局的战略地位。

沈阳生产力布局中的辐射圈主要就是“沈阳经济区”。沈阳市是辽宁省乃至东北地区的国家中心城市，具有雄厚的产业基础和强大的辐射功能。早在 2007 年，辽宁省政府确定了以沈阳为中心构建大沈阳经济区，其辐射的鞍山、本溪、营口、抚顺、阜新、铁岭和辽阳 7 个城市都是全国城市化程度较高的城市群，而且各个城市的产业各具特色，具有较强的互补性。2010 年，沈阳经济区获批全国唯一的新型工业化综合配套改革试验区，标志着沈阳经济区上升到国家战略。正是靠沈阳的核心带动及其辐射功能的充分发挥，整合了更大区域的发展空间，拓展了城市功能，为沈阳市打造世界级先进装备制造研发基地、区域商贸物流中心、金融中心、文化中心等构建更优的空间基础，加快城市生产力资源的有效整合和生产力要素的集聚，为沈阳新型工业化和智慧城市建设提供了新的空间与动力。

（五）生产力布局各圈层的关系

核心圈布局占据核心位置，内圈布局处于主体地位，外圈布局起着承接补充的作用并处于自主性特色开发的地位，辐射圈布局是城市生产力布局的延伸和扩展，处于对外传导及命运共同体的地位。

内圈是把外圈布局和辐射圈布局上升到城市品牌竞争力的主体环节。内圈布局既受辐射圈布局和外圈布局的影响、制约，又对辐射圈布局和外圈布局具有反作用，影响其决策。

辐射圈布局是外圈和内圈布局的前提和基本依据。该层次的布局决策是否科学、合理，不仅决定着核心城市甚至区域经济布局总体框架的

优劣、思路的合理性，而且关系到外圈、内圈布局决策基本取向的正确性。因此，它是生产力布局三个层次中的战略性环节。深入研究并正确地把握辐射圈布局变化的客观规律，做好辐射圈布局决策，是实现城市生产力布局合理化需要首先解决的问题。

第三节 结构分析

一 生产力结构优化的依据

（一）基于城市生产力发展的战略定位及其主体特征

沈阳生产力发展战略依据东北地区及沈阳的实际发展状况及国家整体布局要求，确定为全面创新改革驱动的城市生产力发展战略、城市生产力集约发展战略和以“繁荣”为宗旨的智慧生态型城市生产力发展战略。以这三大战略为依托，在实施新一轮全面振兴东北老工业基地的国家战略以及贯彻落实沈阳市“十三五”规划纲要的背景下，需要着重考虑沈阳生产力在历史发展中存在的主要问题，原有城市生产力发展中的经验教训，创新改革过程中的有利和不利条件，以及未来发展规划的制约因素和对发展趋势的准确预判等。这些问题既是战略实施的现实表现，也是战略执行结果的特征因素。只有基于战略定位及其贯彻执行中体现的主要特征，科学确定并确保城市生产力的内在结构，使其得到不断的优化，才能使战略执行与现实条件相匹配进而推动经济的良性发展。

（二）基于空间布局的状况及其演化趋势

沈阳生产力发展的空间布局状况主要是由生产力系统主导因素的流动性以及资源分布和系统运行的不平衡性所决定的，在遵循生产力自身演化升级的客观规律过程中，不同的区域及发展阶段有其特殊性，需要通过结构优化进行适应。此外，沈阳各区域内部资源分布存在不平衡以及系统运行中存在着不平衡，必然会出现优势或薄弱的环节或部位，也需要生产力结构的调整来取长补短，继续发挥沈阳经济发展中关键因素的作用，及时弥补沈阳经济发展中的短板，使经济平稳发展。

（三）基于生产力结构与经济增长、创新融合的关联性要求

沈阳经济增长过程主要取决于生产力结构的聚合效益，即生产力

间和生产力内各领域间通过合理关联和组合，使组合后的整体功能大于单个生产力领域的功能之和。生产力结构优化升级是增强各产业聚合效应的重要手段，同时经济增长也为生产力结构优化升级提供了相适应的物质基础，实现生产力结构优化升级与经济增长的互利共存的良性循环。

二 生产力结构优化的内涵

（一）沈阳生产力总体结构优化

第一，沈阳生产力结构系统整体特征和整体定位。以企业生产力结构的优化为主体，以产业生产力结构的优化为核心，以体制生产力的优化为根本，以创新生产力结构优化为动力，整合空间生产力结构、信息生产力结构、文化生产力结构及生态环境生产力结构，使城市生产力整体结构得以优化，并致力于智慧生态型城市生产力的发展目标。

第二，沈阳生产力内部子系统之间及其与整体系统的关系特征与目标优化标准等。按照生产力要素及其系统演进规律，八大生产力的循环继起性和整体结构性本着企业、体制、创新、产业、空间、文化、信息、生态环境的结构顺序进行循环优化，突出企业的市场主体地位和生产力的基本单位内涵。

（二）各生产力子系统的结构优化

八大城市生产力子系统各自都有其自身的优化目标和特征。企业生产力系统优化的根本在于对其市场主体地位的确立以及对这种主体地位的充分保障。只有企业生产力中的基本单元——企业充满活力，才能够打造具有较强竞争力的企业生产力体系。体制生产力传统上属于生产关系领域，但是，从系统动力角度看，体制机制的改革与创新恰恰是生产力发展的根本，所以，体制生产力需要首先得以改进和完善，它是确保企业充满活力的基本保证。创新生产力日益成为城市生产力发展中的动力之源，创新要素具有极强的整合作用，更是生产力发展的根本动力，它是企业乃至产业发展的最终推动力。产业生产力和空间生产力能够汇聚城市生产力资源，形成城市生产力的发展亮点和经济优势，是城市生产力发展的重要载体。文化生产力是城市生产力发展的灵魂，是生产力深化发展的制高点，对城市生产力起着引领作用并将从实质上打造城市品牌形象。信息生产力是城市生产力的血液，对整个生产力的发展起着基础的、融合的、促进的作用，它的生产力整合价值不可替代。生态环境生产力是城市生产力发展的最终标志，是当前尤其是今后生产力发展的基本标准，它的生产力统领作用日益明显。

（三）生产力结构优化的关键点与新增长点

空间结构的科学化和结构发展权重的合理化是进行沈阳生产力结构优化的关键点和新增长点。具体而言，就是“一核五区”为代表的空间结构优化特点，抓住其中的优化重点就抓住了生产力结构的枢纽。而八大生产力各自在城市生产力结构中的权重地位需要协调推进，各有侧重，凸显特色与优势。

空间各区域是相互联系、相互影响的，以资源条件为基础的科学化布局是各区域内和各区域间生产力协调发展和保持最高效率的保证。沈阳生产力的空间布局要以实施主体功能区战略为统领，以“多规合一”为重点，统筹各类空间性规划，发挥主体功能区的基础作用，促进其他各空间的合理开发利用，逐步形成人口、经济、资源环境相协调的空间开发格局，生产力空间结构逐步趋于合理，有助于提升对经济社会发展的承载能力。

结构发展权重合理化是指各区域发展权重要有所衡量，不能齐头并进，也不能偏废其一，要使权重合理化。可以形成优化开发、重点开发、限制开发和禁止开发的层级结构，做到有的放矢，这样，才能保证资源配置最优化和宏观经济效益最大化，尤其能够打造凸显特色和优势的新增长点。

生产力空间结构科学化和结构发展权重的合理化是实现生产力结构高级化的前提条件，如果生产力结构长期处于失衡状态，或者结构发展上避重就轻、顾此失彼就不可能有生产力结构高级化的发展。生产力结构高级化是生产力结构从一种合理化状态上升到更为高层次合理化状态的发展过程，因此，生产力结构高级化是生产力结构优化的最终目标。

第四节 动力分析

一 生产力发展动力的来源

创新驱动是沈阳生产力发展的根本动能。以全面创新改革国家试验区和国家自主创新示范区的建设为引领，以“双创”的实施落实为手段，蓄积沈阳生产力发展的不竭动力。

体制创新和全面改革既是沈阳生产力发展动能的根本保证，也是释放生产力活力的根源。制度性障碍是东北社会经济发展的最大制约因素，改革红利无疑是今后沈阳生产力发展的又一重要动能。

各种政策优势及其应用所产生的能量会成为沈阳生产力发展的重要支撑力量，对于东北尤其是沈阳而言，政策红利的潜力巨大。

新常态下衡量城市生产力发展的除了传统的 GDP 外，越来越重视人类发展指数及幸福指数，来自多方面城市发展获得感的民众认同指标，已成为城市生产力发展的多元动力支撑。

二　生产力发展的动力结构

沈阳生产力发展的动力结构主要分为政策驱动力、经济驱动力和知识驱动力。按照生产力系统中内在主导主体和外在协同主体又可以划分为内生动力和外生动力。

内生动力：生产要素驱动力、产业结构驱动力和创新发展驱动力属于生产力发展的内生动力。内生动力是生产力发展的根本和基础。

外生动力：对外开放驱动力、体制改革驱动力、政府效能驱动力、协同发展驱动力、高技术引领驱动力属于生产力发展的外生动力。外生动力是生产力发展的助力和催化剂。具体如图 4－1 所示。

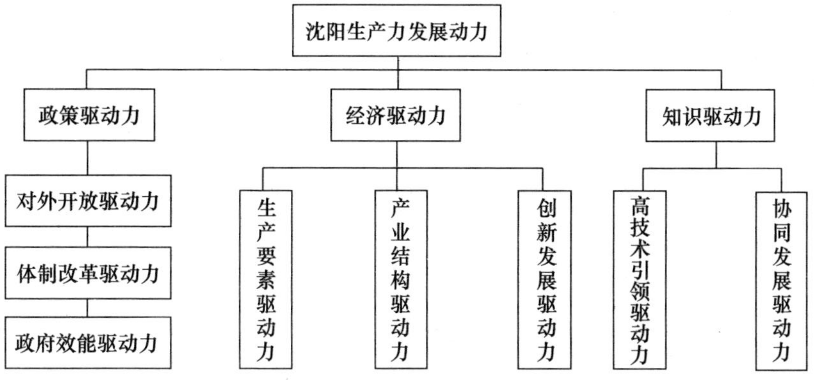

图 4－1　沈阳生产力发展动力结构

第五节 功能分析

一 生产力功能的依据

沈阳市国民经济发展要一直保持稳定增长，未来规划中将在继续保持经济平稳性增长的基础上有所提升，达到同类城市增长速度的平均值，为此需要通过城市生产力的整体提升加以确保，其中优化生产力功能，实现增长方式转变、调整结构、提质增效，是兼顾增长速度的主要途径。

沈阳市针对产业结构偏重的问题抓紧促进产业结构调整，三次产业结构将得到优化，各产业转型升级明显，目前已合理确定重点地域的产业发展定位，构建“一核五区”的各具特色、协调发展的产业空间布局。

城市建设和管理不断科学化、合理化、现代化。沈阳市未来将增强智慧城市规划，制定了实现“中国制造 2025”的战略目标和具体任务，完善城市各项功能都要以生产力功能的优化为前提，才能不断提高城市发展质量和社会运行效率。

沈阳城市规划中进一步加快建设沈阳作为东北区域金融中心的步伐，巩固、扩大商贸流通中心功能，到 2020 年，服务业增加值比重达到 50% 左右。“智慧沈阳”建设全面推进，城市基础设施逐步完备，服务性能将进一步提高，沈阳市城市服务功能将得以全面完善。

二 生产力功能的内涵

（一）沈阳生产力的生产功能

沈阳生产力的生产功能既包括物质产品的生产，也包括智慧产品的生产。生产力最基础的功能自然是生产满足社会需求的各种物质产品的能力，但是，随着社会生活水平的提高，相应的智慧产品（知识密集型产品）会日益处于核心地位，其中包括人才培育和开发、服务质量和服务水平的提升、创意文化产业的崛起等，这些将成为生产力生产功能高级化的重要体现。

（二）沈阳生产力的经济功能

通过生产力结构与布局的优化使经济结构改革取得实质性进展，确保沈阳经济发展的平衡性、包容性和可持续性，使经济质量和效益明显提升。激发经济发展活力是生产力经济功能的集中表现。

（三）沈阳生产力的服务功能

沈阳生产力的发展促进了沈阳市基础设施建设体系的现代化。当生产力水平提高时，会加快城市智能化、精细化管理的进程，带来的是城市服务水平的增长。

（四）沈阳生产力的承载功能

沈阳生产力中承载了大量的关于沈阳市各个方面的数据信息，累积的大数据资源将提升城市生产力的载体功能。

（五）沈阳生产力的传播功能

生产力中涉及的科技、文化、经济、政治等方面的信息内容，随着生产力的发展会进一步传播与扩散，这种信息分享与扩散又进一步促进了沈阳生产力的发展。

（六）沈阳生产力的优化功能

生产力结构的不断优化也促进了沈阳市各个方面的优化：专项改革不断有所突破，产业结构、供需结构、城乡结构日益改进，人民的生活水平得以提高，资源环境、宜居环境得以改善，沈阳制造向沈阳创造转变的创新能力正在提升等，这种生产力的优化作用十分明显。

第六节　重点任务分析

一　重点任务的依据

（一）沈阳生产力发展的战略使命

国家新一轮东北振兴战略的深入实施是沈阳市迎来的最大机遇，中央把沈阳市确定为全面创新改革试验区和自主创新示范区，“智慧城市”建设和沈阳“中国制造 2025”建设任务的推进，为沈阳老工业基地转型升级和扩大对外开放提供了最为有利的内外部条件，也为生产力的进一步提高提出了现实要求。

（二）社会经济发展现状及其主要矛盾

随着经济发展步入新常态，沈阳市经济发展方式正在加快转变，呈现速度变化、结构优化和动力转换三大特点，但依然存在产业结构转化慢、创新驱动乏力、体制机制不适应发展要求的问题，造成社会经济现状与生产力发展存在矛盾，沈阳市经济发展不平衡、不协调、不可持续问题仍然突出。

沈阳市在新常态转型战略的引领下，各产业转型任务迫切，优势产业生产力面临继续做大做强的压力，引领作用巨大的新兴产业亟待发展壮大，生产力区域结构、城乡结构、市场供需结构的调整依然急迫。

（三）城市社会经济发展规划中的重点和难点

转型期解决产业结构不合理的问题，突破体制机制的障碍、资源环境的“瓶颈”和创新能力的制约，最大限度地化解生产力发展矛盾，促进区域协调发展等任务，依然是沈阳市社会经济发展规划中的重点和难点。

二 重点任务的确认

第一，了解沈阳生产力系统整体特征和整体定位，继而掌握各生产力子系统的发展现状，在此基础上找出各生产力子系统与整体系统之间的关联关系和结合点，以协同整合的视角分析生产力子系统发展与整体生产力布局存在的矛盾点和相悖点，及时采取合理的对策措施，保证生产力之间构建相辅相成的发展态势。坚持协调发展既是沈阳生产力持续健康发展的内在要求，也是促进沈阳整体经济平稳发展的内在要求。这是沈阳市更好地统筹规划经济布局，优化经济结构，完善城市功能，提高城市管理质量和运行效率的前提。

第二，明确创新是引领发展的第一动力，深入实施创新驱动战略，把创新作为沈阳生产力发展的主导动力，并将大力提升创新能力作为长期重要任务，以全面创新改革试验区和自主创新国家示范区的建设为抓手，以实现创新驱动发展转型为目标，推动以科技创新为核心的全面创新，加快建设创新型城市。

第三，以新常态下的转型战略为依据，坚持转型发展，寻找并落实沈阳生产力结构优化的关键点与新增长点。着力推进以产业生产力为主要代表的各生产力的布局规划和结构调整，形成以战略性新兴产业为引领、一般制造和高端制造互为补充、信息化和工业化深度融合、现代服务业和传统服务业相互促进的现代产业发展体系，走出一条质量更高、效益更好、结构更优、优势充分释放的发展新路。切实把调整比例、补齐短板、优化结构作为发展沈阳生产力的重大任务来落实，以达到进一步明确沈阳市经济转型方向、优化经济结构的效果。

第四，基于沈阳生产力现状充分发挥市场、政府及社会力量在资源配置中的作用，着力推进各领域改革，进一步完善影响生产力发展的体制机制，在重点领域和关键环节取得决定性进展，形成同市场完全对接，充满内在活力的体制机制保障，使生产力的发展与制度创新相得益彰。

第二篇

生产力分论

第五章 沈阳产业生产力

从第二篇的本章开始将从产业生产力、空间生产力、企业生产力、创新生产力、文化生产力、体制生产力、信息生产力以及生态环境生产力这八大领域具体解析沈阳生产力的发展。其中，各部分对应的生产力评价指标体系详见附录（城市生产力发展评价指标体系）。

第一节 现状与问题

一 沈阳整体产业生产力发展现状分析

沈阳作为老工业基地，通过十几年的振兴发展，产业基础日益壮大，新的经济增长点不断涌现。沈阳新型工业改革示范区建设、“互联网+”行动计划、“中国制造 2025”、“一带一路”及中蒙俄经济走廊建设等国家战略，为沈阳市产业生产力的发展提供了有利的外部条件和战略机遇。

自 2005 年以来，沈阳市产业规模稳步扩张。工业总产值从 2005 年的 2084 亿元增加到 2014 年的 7098 亿元，整体保持较快的增长。2014 年以来，由于受经济放缓和沈阳老工业基地产业结构落后的影响，沈阳市经济发展速度放缓，在全国处于较低水平。但是，经过多年的产业发展和产业资源流动重组，沈阳市产业空间布局不断优化，初步形成“一核五区”的产业格局。作为“一核”的“金廊”带已形成一个汇集金融、商务、商贸、会展、科技、文化、体育等多个前导产业为一体的服务业产业群。依托沈阳老工业基地长期积累的工业基础，“五区”容纳了铁西装备制造业和大东汽车城两大产业基地，智能制造和航空产业两大产业制高点，新一代信息技术产业、生物医药产业、现代建筑产业、新材料产业和新能源及节能环保产业五大新兴产业，两大制高点和五大新兴产业引领着沈阳产业的未来发展方向，促进沈阳传统优势产业的加速转型升级。与此同时，沈阳市产业结构进一步优化，三次产业结构由2010年的4.6∶50.4∶44.9发展到2014年的4.1∶48.5∶47.5。工业实力不断增强，十几年的振兴积累，为沈阳市的新型工业化提供了重要的基础支撑，蓄积了强大的发展后劲。

二 沈阳市产业发展中存在的突出问题

（一）产业结构“逆服务化”特征明显

沈阳市近十年经济整体规模实现增长，但产业结构并没有发生根本性变化。服务业整体发展滞后，产业结构服务化趋势不突出，产业结构长期维持“二三一”格局，服务业产值占GDP比重一直不升反降（见表5-1），第三产业对经济增长拉动率总体呈现下降趋势，表明沈阳市服务业发展亮点不多，发展不足。

表5-1 历年沈阳市三次产业结构及对经济增长拉动率 单位：%

年份	第一产业		第二产业		其中工业		第三产业	
	占GDP比重	对经济增长拉动率	占GDP比重	对经济增长拉动率	占GDP比重	对经济增长拉动率	占GDP比重	对经济增长拉动率
2000	6.8	1.2	38.0	53.8	33.4	50.3	54.0	45.0
2005	6.1	3.3	43.5	58.4	37.7	51.3	50.4	38.3
2006	5.4	1.5	45.2	57.7	40.0	55.4	49.4	48.0
2007	5.3	1.6	47.5	59.9	42.7	57.4	47.3	38.5
2008	4.9	2.3	49.3	54.1	44.6	52.4	45.8	43.6
2009	4.9	2.3	49.8	56.9	45.1	50.9	45.3	40.8
2010	4.6	1.8	50.4	53.7	45.5	48.2	44.9	44.5
2011	4.7	2.5	51.2	57.4	46.1	51.9	44.1	40.1
2012	4.8	2.3	51.2	57.8	46.1	53.3	44.0	39.9
2013	4.7	2.3	51.8	59.7	46.8	53.5	43.8	38.0
2014	4.6	—	49.9	—	44.5	—	45.5	—

资料来源：有关年份《沈阳统计年鉴》。

（二）沈阳市工业对第三产业发展产生“挤出效应”，服务业发展相对滞后

从近年来三次产业间劳动生产率的比较看（见表5-2），沈阳市第二产业劳动生产率一直高于第三产业，且两者之间的劳动生产率差距在不断拉大。服务业相对于第二产业，从产业规模、产业劳动生产率及比

较劳动生产率都相对滞后。这与沈阳市雄厚的工业基础及2003年以来老工业基地振兴政策引导大量投资投向工业企业有关。第二产业优势突出，对第三产业的资金、人才流入产生较大的“挤出效应”。第二产业与第三产业间劳动生产率之比由2005年的1.46∶1拉大到2014年的2.01∶1。特别在2006年之后连续九年，沈阳市第三产业比较劳动生产率低于1。出现这种情况的原因与沈阳市原有雄厚的工业基础及近十年的东北老工业基地振兴战略对第二产业的倾斜政策带动有关。可见，在相当长一段时期内，以先进装备制造、运输装备等为主导的第二产业还将是沈阳市经济发展的最重要支撑，第二产业对资金、人力资源的吸引力将不断增强。从经济发展阶段和工业化进程看，沈阳市处于工业化中期向后期转变阶段，工业还将是未来沈阳市经济发展的最重要的支撑力量。未来沈阳市经济的一个重要核心将是如何围绕第二产业优势，强化高端生产性服务业的配套，促进优势工业的转型升级，提高整体质量和竞争力，在相关发展战略制定时一定要把握这样一个事实。基于上面的分析判断，沈阳市服务业发展与发达国家、地区的发展路径似乎有异，按照常规发展路径很难达到预期效果。

表5-2　　　　沈阳三次产业劳动生产率及比较劳动生产率

第一产业					
年份	GDP	产业增加值	就业人数（万人）	劳动生产率（万/人）	比较劳动生产率
2005	2084.13	126	80.3	1.6	0.3
2006	2519.63	135	79.5	1.7	0.3
2007	3159.69	166	79.0	2.1	0.3
2008	3780.87	183	80.0	2.3	0.2
2009	4268.51	207	76.0	2.7	0.3
2010	5017.54	232	77.0	3.0	0.3
2011	5915.71	279	76.5	3.6	0.3
2012	6602.59	315	76.2	4.1	0.3
2013	6768.12	321	74.6	4.3	0.3
2014	7098.71	325	73.1	4.4	0.3

续表

第二产业					
年份	GDP	产业增加值	就业人数（万人）	劳动生产率（万/人）	比较劳动生产率
2005	2084.13	906	110.5	8.2	1.5
2006	2519.63	1139	113.0	10.1	1.5
2007	3159.69	1555	115.0	13.0	1.6
2008	3780.87	1864	116.5	16.0	1.7
2009	4268.51	2127	114.0	18.7	1.7
2010	5017.54	2529	117.0	21.6	1.8
2011	5915.71	3026	119.2	25.4	1.8
2012	6602.59	3383	122.0	27.7	1.8
2013	6768.12	3414	124.0	27.5	1.7
2014	7098.71	3541	127.0	27.9	1.7
第三产业					
年份	GDP	产业增加值	就业人数（万人）	劳动生产率（万/人）	比较劳动生产率
2005	2084.13	1051	186.3	5.6	1.0
2006	2519.63	1245	191.7	6.5	0.9
2007	3159.69	1499	196.0	7.6	0.9
2008	3780.87	1732	200.0	8.7	0.9
2009	4268.51	1934	210.0	9.2	0.9
2010	5017.54	2254	221.0	10.2	0.8
2011	5915.71	2609	224.3	11.6	0.8
2012	6602.59	2904	227.8	12.7	0.8
2013	6768.12	3031	229.4	13.2	0.8
2014	7098.71	3232	231.9	13.9	0.8

注：比较劳动生产率即用具体产业的劳动生产率和整体劳动生产率相比，反映具体产业部门的相对劳动产出优势。正常产业比较劳动生产率低于1，说明该产业中劳动产出能力较低，对资源、人力资本吸引、吸纳能力不强。比较劳动生产率指数越高，表明产业效率、竞争优势越明显。具体计算公式为：产业 i 的比较劳动生产率 =（i 产业的国民收入/国民经济总收入）/（i 产业就业人数/国民经济就业总数）。

资料来源：根据《沈阳统计年鉴》（2000—2012）相关数据整理计算。

（三）沈阳市产业结构竞争力弱

从纵向比较看，沈阳市产业优化不足；从与其他同类城市横向比较看，沈阳市工业为主体的产业结构特征突出。从表5－3中数据可看出，在六个副省级城市中，沈阳市工业对经济的贡献率最高，而第三产业对经济增长的贡献率最低。

表5－3　2014年主要副省级三次产值及比重比较　单位：亿元、%

排名	城市	第一产业		第二产业		第三产业	
		产值	比重	产值	比重	产值	比重
1	广州	218.70	1.31	5590.97	33.47	10897.20	65.22
2	深圳	5.5778	—	6812.02	42.6	9184.22	57.4
5	杭州	274.35	3	3845.58	41.8	5086.24	55.2
6	南京	214.25	2.4	3623.48	41.1	4983.02	56.5
8	大连	441.8	5.8	3697.4	48.3	3516.4	45.9
10	沈阳	325.29	4.6	3541.15	49.9	3232.27	45.5

资料来源：各城市2014年统计年鉴。

从三次产业的产业贡献率和经济拉动率看（见表5－4），沈阳整体产业发展潜力不足，对经济拉动率有待提升，表明沈阳市近年产业发展较为低迷，还未形成拉动未来产业发展具有突出引领的产业新亮点。

表5－4　2014年主要副省级城市三产贡献率及拉动率比较　单位：%

排名	城市	第一产业		第二产业		第三产业	
		贡献率	经济拉动率	贡献率	经济拉动率	贡献率	经济拉动率
1	广州	0.2	0	31.5	2.7	68.3	5.9
2	深圳	—	—	39.8	3.5	60.2	5.3
5	杭州	1.6	0.2	33.6	3.2	64.8	6.2
6	南京	2.6	0.2	21.7	2.0	75.7	7.0
8	大连	0.9	0	35.7	1.9	63.4	3.4
10	沈阳	2.2	0.1	45.7	2.8	52.1	3.1

资料来源：各城市2014年统计年鉴。

（四）创新还未成为引领产业增长的核心力量

2014年，沈阳市规模以上工业企业新产品产值为7325066万元，比上年减少 17.76%；新产品销售收入为 6892130 万元，比上年减少 13.90%。自 2012 年起，沈阳市规模以上工业企业新产品产出情况日趋衰退（见图 5-1）。虽然新产品产值逐年有所增长，但增长率却在下降，科技创新和科技成果转化的原动力不强，对科研成果转化的支持力度不够，融资渠道单一、经费短缺，尚未形成全链条、贯通式的有效平台。自主创新人才短缺，且缺少有效的激励机制。

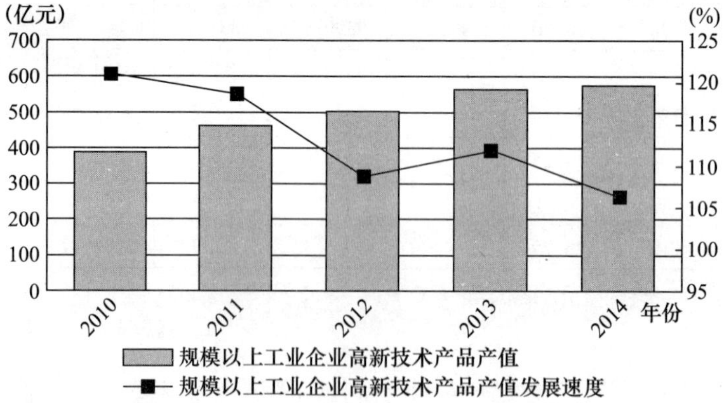

图 5-1 沈阳市规模以上工业企业高新技术产品产值和发展速度

资料来源：《沈阳统计年鉴》(2011—2015)。

（五）战略新兴产业体量小，产业新亮点不多

沈阳市整体经济仍以传统工业为主，新兴产业发展缓慢，高附加值、高科技含量的产业占比少，战略新兴产业发展缺乏新亮点，对未来产业发展拉动力不足。高新技术产业集聚效应尚未充分发挥，没有成为有力的经济增长点。通过统计数据可以发现，2012—2014 年包括节能环保、科学技术、金融保险、信息传输、软件和信息技术服务等在内的新兴产业产值平均增长迟缓，在沈阳市总产值中所占比重偏低，节能环保和科学技术产业三年来的比重几乎没有变化，发展动力不足。

三 沈阳市具体产业现状与问题的分析

（一）沈阳市农业发展情况分析

1. 沈阳市农业发展现状

（1）传统农业稳步增长。2014 年农林牧渔业总产值为 655.4 亿元，

比上年增长3.8%。其中，种植业产值为253.7亿元，林业产值为12.2亿元，畜牧业产值为339.4亿元，渔业产值为26.1亿元，农林牧渔服务业产值为24亿元。全市农作物播种面积为64.8万公顷，其中粮食作物播种面积为48.5万公顷。粮食总产量为359.9万吨，实现了连续十一年粮食生产丰收。

(2) 特色农业发展势头良好。沈阳市不断加快农业特色产业带建设步伐，蒲河生态经济带形成了上游生态景观、中游新型工业及现代服务业、下游生态旅游及现代农业的产业发展格局。沈康现代农业示范带已发展32个农业科技园、10个休闲农业园、32个千亩以上特色种植村。辉山自营牧场等全产业链项目正加快建设。环城都市农业产业带开工建设都市农业项目34个，完工23个，形成了4条精品旅游线路和一批观光农业景点，年接待游客达140万人次。沈阜现代农业示范带以现代农业为主题，以沈阜开发大道为依托，以高效、绿色为着眼点，以研发孵化、标准化生产、精深化加工、规模化经营、信息化营销为重点，建设现代农业生产示范基地、农业科技产业园区、生态农庄、新品种新技术孵化平台、原产地贸易平台，旨在展示现代农业全产业链发展模式，为中国北方现代农业综合发展树立样板。辽蒲休闲农业示范带以休闲养生为主题，以辽河蒲河水系为依托，以产业规划、产业带建设、旅游产品策划与推介为重点，为中国农业旅游产业发展提供典范。

2. 沈阳市农业发展的问题

沈阳市现代农业发展面临的主要问题是：传统经营模式仍处于主导地位，不利于规模化和产业化发展。农产品精品少，市场占有率低，品牌效应不突出。都市农业的发展项目缺乏市场导向，政府主导性强。农业生产经营的主体规模普遍偏小，管理落后，农民组织化程度不高，优势产品的市场竞争力不强。

(二) 沈阳市工业产业发展情况分析

1. 沈阳市工业产业发展现状

(1) 工业规模总量持续扩张，内部结构不断优化升级。2014年，全市规模以上工业完成产值14020.7亿元，增长3.9%，“十二五”前四年年均增长10.4%。2014年，规模以上工业完成工业增加值3614.9亿元，增长4.9%，“十二五”前四年年均增长11.7%。目前沈阳市已基本形成了以装备制造业为主、门类较为齐全的工业体系（见表5-5），工业对全市经济发展发挥较强的推动和支撑作用。工业发展持续多年支撑全市经济发展的格局没有改变，依然是沈阳市经济发展中最重要的支撑力量。在此基础上，新兴产业呈现良好发展势头，机器人、民用航空、IC 装备、手机及移动终端、导航及位置服务等产业领域方兴未艾。

表 5-5　2014 年沈阳市工业主要产业所占工业总产值比重

行业	占工业总产值比重（%）
装备制造业	51.80
其中：机械	32.4
汽车	15.8
电子	3.4
航空	0.2
农产品加工	18.2
石化	5.2
冶金	5.1
医药	1.9
其他	10.9

资料来源：沈阳市工业“十三五”发展报告。

沈阳市重点工业领域的总体情况是：

第一，机械装备制造业对全市工业发挥了稳定支撑作用。2014 年，机械装备制造业完成工业总产值 4540.6 亿元，同比增长 4.6%，占全市比重的 32.4%；完成工业增加值 1147.8 亿元，同比增长 5.8%，占全市比重的 31.8%。开发出一批世界级产品，骨干企业主导产品的高端化比重显著提升，机械装备制造业成为我市工业经济保持平稳健康发展的重要力量，沈阳市建设具有国际竞争力的先进装备制造业基地项目，在国家装备制造业整体格局中发挥着举足轻重的作用。

第二，汽车产业“十二五”期间继续保持良好的发展势头。2014 年，全市共生产汽车整车 108.7 万辆，汽车及零部件产业实现产值 2218.1 亿元。形成了自主品牌华晨汽车、中外合资品牌华晨宝马和上汽通用北盛为核心的三大乘用车体系，产业集中度在 90% 以上，三大乘用车成为沈阳市汽车产业的坚实根基，形成了相对完整的汽车零部件配套产业链。已成为全市工业经济名副其实的第一支柱产业，成为拉动全市经济和社会发展的强力引擎。

第三，航空产业被国家发改委批准建设成国家高技术产业基地。在沈阳民用航空产业国家高技术产业基地之下，设立了浑南航空产业园、沈北航空产业园、法库通航产业园。2014 年，航空产业完成产值 272 亿元，占全国航空航天制造业总产值的 10.5%。自主创新能力不断增强，沈飞公司、沈飞民机公司具备承接大型国际合作项目的能力和水平，民用飞机大部件研制水平居国内领先地位，通航产业已奠定良好的发展基础。

第四，电子信息产业规模不断发展壮大。2014 年，电子信息制造业实现主营业务收入 714.1 亿元。机器人产业骨干企业居国内领先地位，代表我国机器人研发和生产的最高水平；数字医疗产业发展水平居全国领先地位；视听产业总体规模居东北领先；手机产业已发展成为东北最大的移动终端制造中心。

（2）工业大项目增多，对工业投资支撑作用明显。“十二五”时期，沈阳市工业大项目逐年集中，平均投资强度增大。2011—2014 年，全市总投资 5 亿元以上的工业大项目达到 347 个，计划总投资 5721 亿元。一批重大工业项目陆续开工建设，一批项目已建成投产或形成生产能力，为沈阳工业持续稳定发展奠定了基础，形成了新的支撑。

（3）先进装备制造业、智能制造等以龙头企业为主导的产业体系不断完善。沈鼓集团、北方重工、沈阳机床集团、特变沈变公司、远大、东软、新松等一批行业龙头企业凭借自身优势积极吸收、重组资源，兼并重组壮大实力，技术创新水平不断提高，为高起点走出去奠定坚实的基础。围绕着龙头企业进行全产业链布局、生产体系进一步完善。如围绕新松公司打造机器人产业集群、围绕中德装备园打造高端装备制造业产业集群，围绕北方重工、沈阳机床等骨干企业打造重型装备产业集群等。随着产业集群的壮大，产业集聚的区位优势吸引东北亚区域乃至全国全球优势企业加盟，进而打造出更高水平的新技术集群，如沈阳浑南国家电子商务示范基地吸纳了包括阿里巴巴、京东、苏宁等电商巨头在内的 300 余家国内外知名电子商务企业及相关服务型企业集聚入驻，电子商务发展环境和支撑体系不断完善，产业集群的引领和带动作用日益凸显。新技术集群不但形成沈阳市产业发展新增长点，而且对沈阳现有产业发展是重要的扶持与支撑，不断完善以主导产业为核心的产业体系。

另外，传统工业两化融合实现新进展。2011 年，沈阳市被工信部批准为“国家级信息化和工业化融合试验区”。通过几年的努力，沈阳市形成了以三十六户示范企业、十大公共服务平台、重点产业集聚的五个市级试验区为引领的整体推进、重点突破的发展格局。“中德装备制造产业园”是国务院批复的第一个以装备制造为主题的中德合作平台，已上升到提升装备制造业的国家战略层面，将成为“中国制造”与“德国工业 4.0”合作实验区和创新驱动、绿色发展的示范区。依托沈阳浑南国家电子商务示范基地、沈阳国际软件园、沈阳三好街电子产业集聚区等载体，沈阳市信息产业、与互联网相关战略产业快速发展，并在拉动工业发展中发挥越来越重要的作用。在第二批国家级两化融合试验区验收评比中，沈阳市列全国 8 个试验区的第一名。

（4）工业区域布局日臻完善。从区域布局来看，沈阳市工业产业空间布局日臻完善，基本呈现东西两侧核心区、南北两部延伸扩展区，工业产业呈现集群、组团发展势头。工业资源空间内进一步优化整合，围绕主导产业不断完善产业分工、协作体系，打造全产业价值链条。铁西先进装备制造业产业基地和大东区汽车及零部件产业基地已初具规模，经济支撑、引领作用凸显。铁西装备制造业聚集区发展到 70 平方公里，形成了以机床及功能部件、通用石化装备、重矿及煤机装备、电气及新能源、汽车制造等支柱产业为代表的门类较多、规模较大、具有一定技术水平的装备工业体系。重大技术装备创新能力显著增强。大东汽车城被授予“国家新型工业化产业示范基地”，产业规模不断壮大，整车产值占规模以上工业总产值比重由 2010 年的 48.3% 提高到 2015 年的 83.4%。浑南地区依托高技术开发区及航高基地成为航空制造业及高新技术产业基地，沈北新区成为光电通信产业基地。而“两大产业配套区”分别包括于洪、辽中两个产业配套区，承接来自铁西、大东等核心区域的产业配套，促进构建更加完善的产业体系。而新民市包印产业集群、法库县陶瓷生产及研发基地都各具特色。从区域层面看，沈西工业走廊、大东区汽车城、浑南高新区和沈北新区已形成各自定位鲜明、主导产业突出、引领作用较强的区域产业分工布局。

2. 沈阳市工业发展中面临的问题

（1）沈阳工业整体效益有待进一步提升。沈阳市大中型国有企业比重过高，机制不灵活，产品创新升级缓慢。特别是受经济放缓及后金融危机等外围经济因素影响，工业整体增长放缓，部分企业产值下滑严重，亏损企业比重较高。以沈阳市装备制造业为例，2014 年沈阳装备制造企业总体亏损率为 18.2%。无论是与发达的东南沿海地区城市相比，还是和本省份的大连市相比，沈阳市装备制造业发展均存在一定差距，主要体现在装备制造业的规模较小（整体企业数量少），产业体量不够大，盈利能力偏低，竞争力较弱等方面。装备制造业虽然是沈阳最重要的支柱产业，但与发达城市相比，还有相当大的差距。从产业规模上看，沈阳装备制造业产值不及上海、深圳的 1/8，相当于广州的1/4，南京、大连的 1/2。沈阳市整体工业还处于较低的技术水平，高新产品比重过低，创新还未成为引领沈阳工业转型升级的引擎。沈阳总体科技创新能力与其自身的经济规模、科技资源不相匹配，企业创新产出绩效有待进一步提升。

（2）中低技术产业比重过高，产业结构整体升级有限。当前沈阳市制造业集中在中低技术制造业（见表 5－6），其能源消耗量达到 59.51%，超过一半以上。目前能耗量占比较大的中低技术制造业面临转型升级的压力，高消耗低产值的恶性循环必须终结，强化中低技术制造业的技术创新支持力度，实现产业技术的优化升级。

表 5－6　2014 年沈阳规模以上按工业行业分能源消费量占制造业消费量比重

行业	细分行业	能耗量比重（%）	合计（%）
高技术制造业	医药制造业	3.16	4.25
	计算机、通信和其他电子设备制造业	0.42	
	仪器仪表制造业	0.15	
	铁路、船舶、航空航天和其他运输设备制造业	0.52	
中高技术制造业	通用设备制造业	5.52	21.35
	专用设备制造业	2.77	
	汽车制造业	4.96	
	电气机械和器材制造业	5.20	
	化学原料和化学制品制造业	2.90	
	化学纤维制造业	—	

续表

行业	细分行业	能耗量比重（%）	合计（%）
中低技术制造业	橡胶和塑料制品业	5.15	59.51
	非金属矿物制品业	38.25	
	黑色金属冶炼和压延加工业	3.46	
	有色金属冶炼和压延加工业	1.47	
	金属制品业	3.03	
	石油加工、炼焦和核燃料加工业	8.15	
低技术制造业	农副食品加工业	7.03	14.64
	食品制造业	1.26	
	酒、饮料和精制茶制造业	1.58	
	烟草制品业	0.07	
	纺织业	0.36	
	纺织服装、服饰业	0.75	
	皮革、毛皮、羽毛及其制品和制鞋业	0.16	
	木材加工和木、竹、藤、棕、草制品业	1.00	
	家具制造业	0.58	
	造纸和纸制品业	1.25	
	印刷和记录媒介复制业	0.31	
	文教、工美、体育和娱乐用品制造业	0.29	

资料来源：表中数据根据《沈阳统计年鉴》（2015）计算得出。

最后，装备成套和基础配套能力不足。沈阳市装备制造业有一批具有一定大型装备成套能力的骨干企业，但尚未形成装备成套的市场优势，与能够提供全系统服务的世界级装备巨头相比还有较大差距；装备制造业配套能力及产业链体系建设较先进城市相对落后，本地配套率与国际产业集群本地配套率标准有很大差距。本地中小企业配套网络不健全，加大了生产成本，也不利于带动本地企业成长。沈阳装备制造业缺乏行业领军型企业，对行业带动力不足，沈阳机床、沈鼓集团、沈重集团、沈变集团等，虽然产品高端、名冠全国，但产值规模都在100亿元，这些企业合计产值尚不及海尔集团或三一重工等一个企业的规模。

（三）沈阳市现代服务业发展情况分析

1. 生产性服务业发展现状

（1）近十年来，生产性服务业发展较快。生产性服务业增加值由2006年的670.51亿元提高到2014年的1960.61亿元，平均增速14.3%。2014年生产性服务业增加值占第三产业比重约60%，约占地区生产总值（GDP）的28%。同时，生产性服务业内部结构不断优化，以交通运输、金融保险、信息服务和商务服务等为代表的生产性服务业占全市服务业的比重逐步提高，会展、物流、服务外包等产业快速发展，新兴的信息、计算机服务及软件业、科研和综合技术服务业等繁荣发展，已成为沈阳市现代服务业的核心和产业升级的重要推动力。

（2）产业发展日益多元，新兴业态逐步显现。全市金融机构和金融服务机构总量达到726家，沈阳经济区优化金融生态改革试验上升为国家战略。沈阳国家高新技术产业开发区与北京中关村、上海张江、天津滨海一同成为国家首批科技服务业试点区域。信息技术产业蓬勃发展，2014年沈阳成功地入选国家电子商务示范城市，浑南电子商务基地被商务部确认为首批国家电子商务示范基地之一，辽宁畅通数据等6家企业的电子商务项目被列为工信部电子商务集成创新试点工程；物流业实现稳步增长，商务会展业的品牌影响力持续扩大，中国北方会展中心影响力逐步形成。文化创意产业不断提升，全市共建成规模以上的各类文化产业园区10余个、文化产业基地40余个。健康养老、电子商务、“互联网+”等新兴产业初步形成，医疗保健、健康咨询、康复护理等健康服务产业方兴未艾，智能化养老产业和养老园区建设步伐加快，体育基础设施日趋完善。

（3）生产性聚集区初步形成，区域布局日趋合理，辐射能力不断增强。铁西区生产性服务业集群和沈阳市金廊工程稳步推进，沈北新区总部经济集聚区、沈河区金融商贸开发区、苏家屯区商贸物流商务会展产业带、于洪区沈阳国际物流港等一批新兴生产性服务业产业园区建设已具备一定规模。其中，铁西区现代服务业集聚区按照建设“具有国际竞争力的先进装备制造业集聚区、现代建筑产业核心区、国家级生产性服务业发展集聚区”的目标，基本形成了装备制造、现代建筑和现代服务业互动、互促的发展格局。

（4）骨干制造业的生产性服务业剥离取得阶段性成果。机床集团、沈鼓集团、特变电工沈变集团、北方重工、远大集团、三一重工等一批重点工业企业通过设立专业的生产性服务业企业，已率先将研发设计、检验检测、人才培训、生产物流、销售物流、产品营销等业务分离，实现资源整合和效率的提高，为全市制造业发展提供坚实基础和强力保障。

2. 制约沈阳市生产性服务业发展的问题分析

（1）市场机制不完善，制约着生产性服务业资源的有效配置。作为受计划经济影响深远的老工业城市，市场机制在资源配置中的作用发挥有限，有效竞争不足。从目前的情况看，沈阳市除了餐饮业、商贸业、普通居民服务业等传统行业市场化程度较高之外，金融、房地产、信息、科技、新闻出版、广播电视等服务行业都保持着较为严格的准入条件。一些服务行业对于民营资本、外资资本没有完全放开，企业对政府政策、垄断经营的依附仍然比较严重。国有企业比较多，国有资产产权界定、变动及处置方法等方面的管理模式制约了国有企业改革、资产重组。传统国有企业内部运作模式导致现代服务业分化、发展缺乏成长的土壤。2015 年全国服务业企业 500 强排名，沈阳只有盛京银行（144 名）和中兴商业大厦有限公司（479 名）两家企业入围，入围企业排名较低，且均为国有企业。无论从进入企业的数量还是质量上看，都与沈阳市作为东北经济、文化中心的定位及全国中心城市的地位不符。

（2）制造业价值链低端化导致制造业向服务业延伸有限。沈阳市作为老工业基地，大型制造企业规模大而不强、产品种类多而技术能力弱，大量制造企业处于简单的生产制造环节，只能赚取低廉的加工费用，高服务化能力较弱。大量制造企业价值链低端锁定，导致向上、下游高端服务价值环节延伸有限。以沈阳机床为例，沈阳机床主导业务是机床生产制造，该环节产值占全公司总产值的 70% 以上，而德国、日本的机床企业，大部分营业额来源于技术、图纸等非实物产品的输出，实物产品所占比重较小。

（3）工业企业分离发展生产性服务业面临政策衔接空当。工业企业分离发展生产性服务业，是加速发展生产性服务业的重要举措，但是相关政策配套衔接还存在薄弱环节。一是税费衔接，剥离生产性服务业导致企业税费负担增加。二是产业金融缺乏良好互动机制，生产性服务业企业融资困难。生产性服务业企业大多注册资本规模小、固定资产投资少，通常以拥有知识产权、人力资本等无形资本为主，企业办理银行贷款时难以提供固定资产抵押，知识产权等又无法进行质押，获得银行贷款非常困难，因其规模和抵押物的限制，即使获得银行贷款，贷款额度也不高，贷款利率通常要在基准利率基础上上浮，增加了融资成本。三是市场准入环节，由于僵化的金融环境和过高的市场准入政策等限制，很多生产性服务业企业难以成立。以沈阳机床为例，计划以沈阳机床为龙头，为其他企业搭建服务融资平台，筹备建立企业型的金融租赁公司，开展机器设备回收融资业务，但大多数金融租赁类的企业都是以金融机构为主体，银监会有资产负债比率的市场准入要求，工业企业资产负债率往往达不到金融类企业的标准，这对沈阳机床为主体成立金融租赁公司形成了障碍。

（4）外资进入限制，不利于生产性服务业结构优化升级。沈阳市生产性服务业许多领域受行业垄断和进入壁垒限制，导致生产性服务业吸引外资有限，无法深度参与国际化合作与竞争，制约了生产性服务业内部结构的优化升级。沈阳市现代服务业总体利用外资有限，且服务业内部外资分布不均衡，这使得部分行业无法得到国外比较先进的技术和管理经验。

（5）高素质生产性服务人才严重缺乏。服务业特别是生产性服务业已由劳动密集型逐渐向知识密集型产业发展，具有了高技术和高附加值的特点，在其发展过程中需要高素质人才支撑，高端人才是获取高端服务业竞争优势的核心要素。沈阳市批发零售业、交通运输以及仓储邮政业等传统生产性服务业的人才比重较大，而信息传输、计算机服务业和软件业、金融业等现代生产性服务业人才比重较低。生产性服务业的人才需求缺口相当大，特别是懂技术、善管理的高层次、复合型人才严重不足，结构性人才矛盾严重制约了沈阳市现代服务业发展。

（四）沈阳市生活性服务业发展情况分析

“衣食住行”等生活性服务业作为为居民提供各类与生活密切相关的各类服务产品的基础性产业，一方面是地区经济繁荣的重要支撑，另一方面其供给的规模与质量也直接影响到当地居民的生活质量。而且作为劳动密集型产业的代表，生活性服务业承载着吸纳劳动力就业的功能。“十二五”期间，沈阳市生活性服务业一直保持稳中有升的态势。

1. 生活性服务业发展现状

（1）服务水平日益提高，吸纳劳动就业能力增强。“十二五”期间，沈阳市主要的生活性服务业一直保持稳中有升的态势。2011—2014年，全市商贸流通业（即批零住餐业）增长43.7%，由584.2亿元提高到839.3亿元，年均增长14.5%，占GDP的12%，占服务业的26%，对全市经济贡献率由13.4%提高到19.5%。2005—2014年沈阳市社会消费品零售总额年均增长率为29.01%，平均增长速度达16.3%；人均社会消费品零售总额年均增长率为21.6%，平均增长速度达14.5%。2014年沈阳市全年社会消费品零售总额3570.1亿元，比上年增长12.1%。第三产业吸纳从业人员数量持续攀升，劳动力转移规模稳步扩大，城乡居民增收渠道进一步拓宽。2013年，全市第三产业从业人员229.4万人，占全市从业人员的53.6%。房地产市场主要指标在副省级城市中位次仍位于前列，房地产开发投资在副省级城市中排名保持第1位，商品房销售面积排名保持第2位。旅游产业规模不断壮大，初步形成了城乡一体、跨界发展的大旅游产业格局。社区服务体系建设取得长足进步，全市各类社区商业网点达到4.6万余个，社区商服中心180个，其中省级社区商业示范中心11个、国家级社区商业示范中心4个，服务社会和改善民生的功能显著增强。

（2）居民消费对经济增长的拉动作用进一步凸显。随着居民收入水平的不断提高，居民的消费能力进一步加强，居民消费增长在整体经济增长中的比例进一步加大，对经济增长的拉动作用越发明显。2006—2013年沈阳市居民消费对经济增长的贡献率由15.91%增加到了43.84%。

（3）商业零售产业呈现稳中有进、稳中有快的整体特点。统计数据显示，2005—2014年沈阳市社会消费品零售总额年均增长率为29.01%，平均增长速度达16.3%；人均社会消费品零售总额年均增长率为21.6%，平均增长速度达14.5%。“十二五”以来，受世界经济复苏缓慢，国内经济增速放缓，CPI上涨及相关政策出台等因素的影响，2014年沈阳市消费品市场增长态势弱于去年，全年社会消费品零售总额为3570.1亿元，比上年增长12.1%。

2. 沈阳市生活性服务业存在的问题

（1）市场供求错位，制约了居民消费水平的提升。随着人口红利的结束，传统的消费需求趋于下降，需求升级趋势明显，特别是随着人民生活水平和消费能力提升，人们消费的差异化、个性化、定制化需求突出。但是，消费需求并未得到满足，原因在于有效供给不足和供求错位。目前，沈阳市消费结构中传统商品消费增长趋于平缓，市场上缺乏热点商品，造成消费市场供需的错位。一方面大量消费者的各类需求特别是高端需求在本地无法充分满足，造成了消费能力流失；另一方面本地消费大量趋同造成竞争激烈、利润低下。为了扩大消费需求，沈阳市急需培育新的消费热点，不断拓宽消费领域，引导居民消费结构转型，鼓励在文化娱乐、休闲旅游、信息服务、新型养老等方面消费，形成有效、持续的消费热点，进一步激发市场活力。

（2）本地文化、旅游等现代生活性服务产业发展滞后，相关产品供给缺乏吸引力。沈阳市作为东北地区的中心城市和历史名城，旅游资源较为丰富，作为前清文化发源地具有丰富的文化旅游资源；新中国成立后，作为国家最重要的装备制造基地，工业旅游基础雄厚。但因沈阳旅游资源整合不足，旅游定位特色不突出，导致沈阳市旅游吸引力不足。旅游业的规划发展没有充分考虑居民当前旅游需求，导致部分休闲旅游向周边城市外流。沈阳市会展业发展滞后，与沈阳中心城市的定位不符，承办会展活动层次较低，规模和辐射力不足。旅游业和会展业发展滞后既制约了沈阳市及周边消费者旅游消费可选择的空间，又导致本地优势产业、企业宣传不足，品牌影响力有限。

（3）医疗养老规模与差异化供给不足，无法满足多元化养老需求。作为老工业城市，沈阳市面临比其他城市更为严重的老龄化压力，养老需求迅速增加，需求呈多元化发展。截至 2015 年年底，沈阳市 60 岁以上老龄人口为 161.4 万人，占人口总量的 22.1%，按照国际老龄化社会的标准，沈阳市已进入深度老龄化社会，并且在未来 20 年内不断加重。据相关统计，到 2050 年，沈阳市总人口将降低到 540 万，而 60 岁老年人口将达到 232 万，占人口比重超过 40%。随着老龄化社会的到来，围绕老年人医疗、养老、老年服务等产业将成为未来消费的热点领域。沈阳市养老供给不足、业态提升有限，在一定程度上限制了沈阳市养老相关产业消费。从沈阳市养老产业发展看，还处于以政府为主导的发展阶段，养老机构发展缓慢，与其他较为发达城市相比，围绕养老产业的服务供给发展缓慢。

（五）沈阳市新兴产业发展情况分析

随着全球经济进入知识经济、信息经济时代，技术创新速度加快，新兴技术不断涌现并推动着全球竞争格局变化。围绕着信息技术、电子技术、互联网技术等出现一大批新兴产业，并推动着产业业态、商业模式的重大变革。这些新兴产业将是未来国家、城市竞争的重点产业领域，并将成为引领现代生产、生活与经济发展的重要推力和调整经济结构、转变经济方式的重要途径。

1. 沈阳市新兴产业发展现状

（1）面对经济发展新常态，培育多个未来新兴产业增长点。为了顺应电子信息、互联网等新兴业态的发展需要，沈阳市重点谋划多个新兴产业发展园区，抢占战略新兴产业先机。如浑南国家电子商务示范基地的建设，管理部门依赖当地产业环境、制度环境和政策环境等多重优势，短短几年已吸纳包括阿里巴巴、苏宁、京东等300多家知名电子商务企业及相关服务企业入驻。孕育出禾丰牧业“逛大集”、蓝平台汽车、买卖城中俄跨境电商等一批本地领军电子商务企业。通过大家创业孵化、人才培训、呼叫中心、云计算数据中心和投融资服务五大平台，吸引在孵企业近300家，吸引天使投资超5000万元。2015年实现电子商务交易额600亿元，比2012年增长了近10倍。天猫、京东在沈阳的业务量实现年100%的增长。电子商务等新兴产业发展，也催生新运营模式。如禾丰牧业2015年成立逛大集电子商务有限公司，致力打造“农资下乡、农产品回城”的闭环服务模式。运用“互联网+”整合优化行业资源，采取O2O模式在农村乡镇销售各类农资产品，并谋划构建网上特色农产品的“B2B”“B2C”的销售模式，减少中间环节，让利于民。

（2）“互联网+”产业发展迅速，新业态不断涌现。互联网对传统产业渗透、加快业态升级，促进新型业态不断出现，成为未来沈阳新兴产业增长点。结合沈阳装备制造业中心的定位，“互联网+工业”潜力巨大。搭建全球生产制造商线上销售公司，建设“工业品国际网络供销交易平台”，推动沈阳先进装备制造产品的生产与销售。“熙康”东软集团在健康服务领域的标志品牌，借助移动互联和云平台技术打造“互联网+医疗健康”的新模式，东软熙康通过信息技术与各省市卫计委、众多知名三甲医院和医生、专家合作，打造互联网上的医联体，放大医疗资源数量，优化医疗资源。基于互联网和大数据技术的健康医疗行业延伸出多款智能健康监控产品，未来发展潜力巨大。

（3）新兴服务业发展态势良好。2014年，沈阳市新兴服务业和现代服务业占60.3%，现代服务业比重由2010年的53%增至2014年的54%。其中，金融业增加值实现443.1亿元，占全市GDP的6.2%；科技服务、信息服务、商务服务等服务业稳步发展，国家级科技企业孵化器9家，省部级以上重点实验室285个，省级以上工程技术研究中心226个，科技公共服务平台71个，各级产业技术创新战略联盟33个。物流业增加值实现321.3亿元，年均增长12.95%，占全市GDP比重达4.5%。电子商务、健康养老等新兴产业快速发展。

（4）新兴产业发展格局基本形成，辐射能力显著提升。沈阳市新兴产业发展主要集中在铁西先进装备制造业基地、浑南高新区和沈北新区三大核心区域，形成了功能定位明晰、产业优势互补、区域协同错位、集聚效应明显的新兴产业发展格局。浑南新区主要包括浑南国家电子商务示范基地、航高产业园、大学城，新兴产业集中在电子商务、高端软件与信息产业、集成电路等。铁西新区重点建设“中德先进装备制造产业园”“沈阳先进装备制造产业基地”，集中于传统优势工业核心技术的研发与产业化，同时也是两化与传统工业融合示范区。沈北重点发展智能终端、移动互联网、工业互联网、大数据等相关产业，建成东北重要的智慧产业基地。

2. 当前沈阳市新兴产业存在的问题

首先，新兴服务业发展基础差，技术储备不足。缺乏自主创新能力是沈阳新兴产业发展的障碍之一。装备制造企业长期停留在制造、装配等低端环节，研发能力有限，特别是关键环节、核心技术缺失，新兴产业的孕育成了无源之水，缺乏支撑基础。以云存储、云计算等产业代表的智慧产业，代表着未来产业发展方向的制高点。众多城市将其定位为未来重要的接续产业，并制定各类优惠政策促进智慧产业发展。与北京、上海、深圳等城市相比，沈阳市在智慧产业领域技术储备不足，在信息产业领域的技术优势不突出。

其次，市场化不足不利于新商业业态、商业模式的孕育发展。阿里巴巴、京东等新兴产业业态引导者，能够孕育发展，与所处地域成熟完善的市场制度、敢于冒险的创新氛围等软环境关联密切。沈阳市作为传统的老工业城市，在市场机制完善性、竞争公平性、创新意识与创新氛围等方面，与南方城市相比，还有较大差距，这些因素不利于沈阳市新业态、新商业模式的孕育与推广。

第二节 分析、规划与目标

一 沈阳产业生产力发展中存在的问题成因分析

(一) 市场机制不充分，机制体制问题较为突出

沈阳市作为我国最典型的老工业城市，计划经济影响深远，市场经济发展不充分。政府在经济发展中干预力过强，国有企业比重过高，民营经济发展不足。在经济下行的背景下，深藏在经济运行内部的体制、机制等问题凸显，成为阻碍沈阳产业发展的内在因素。沈阳市产业结构调整缓慢，历史遗留问题较多，大量国有企业对政府扶持过度依赖，还未成为真正市场竞争主体；而市场也存在垄断、官商勾结等不良现象，民营中小企业缺乏成长的土壤和平等竞争环境。

(二) 高端人才流失是制约沈阳产业发展的重要因素

由于沈阳国有企业比重较大，机制体制僵化，导致沈阳市大量高端人才外流。人才流失导致沈阳市产业特别是高端产业发展缺乏人才支撑，技术创新缺乏原动力。人口老龄化加上高端人才流失，造成产业创新能力滞后。沈阳市产业正经历由传统劳动密集型向技术密集型转型的关键阶段，老工业基地振兴、传统产业转型升级、新兴产业发展都离不开高端人才的支持。

(三) 产业成长环境恶化，阻碍了产业结构优化和产业转型升级

与国内发达城市相比，沈阳市整体市场环境发育不足，政府干预经济较多，市场机制运作不规范，使民营经济发展缺少自由市场环境和创新精神，导致经济发展投资拉动依赖，民营企业孕育、发展不充分，一些代表未来发展方向的战略新兴产业发展不足，没有产生产业内部孕育、成长的驱动力。

二 沈阳市未来产业发展规划及目标

(一) 沈阳市未来重点产业规划

1. 一个主题：打造中国智能制造的沈阳模式

以绿色环保为发展理念，以技术创新为引领，以“提质增效”为

目标，全面提升现有装备制造产业的丰厚度和竞争力，推动“智能制造”、“两化融合”对传统制造产业的改造升级的引领，深挖沈阳市产业潜力，推动沈阳市产业的健康、高效和可持续发展。

2. 两个抓手：优化现有产业存量与引入外部优质产业增量

未来沈阳市产业发展应立足沈阳市现有基础，积极整合资源，围绕沈阳市先进装备制造业、航空航天制造等优势产业基础，深挖现有产业存量的发展潜力。另外，要积极引入和培育战略新兴产业，引入国内外优势的产业资源增量，形成沈阳市未来产业发展新亮点。

3. 三大产业板块：“传统优势制造业 + 现代生产性服务业 + 战略新兴产业”

传统制造业作为产业发展的基础，以装备制造优势企业和产品为中心构建分工明确、特色突出、竞争优势明显的全国装备制造中心。现代生产服务业作为沈阳未来产业生产力释放的最重要动力，提高沈阳市作为国家核心城市的辐射功能，加快金融、科技研发、信息软件、现代物流、商贸会展等领域的发展，逐渐优化沈阳市产业格局。以沈阳及周边城市工业的优势资源为基础，通过生产性服务业与工业的融合，反过来促进传统工业的升级改造，形成第二、第三产业间良性互动，进而做大沈阳市的整体产业规模与质量。战略新兴产业作为沈阳市未来产业生产力构建的主导产业，需多元化布局，重点推进。

4. 四大发展原则

（1）产业高端高效原则。以先进装备制造产业、智能制造、汽车组装及零配件产业等传统优势产业为主体，坚持走高端路线，在各产业层面实施“创新驱动”战略，以科技创新为核心推进各产业层面的产品创新、组织创新、商业运营模式创新等，增强经济发展的内生活力。

（2）产业绿色环保原则。要将生态文明贯彻在各产业发展的始终，加快生产方式转变，调整优化产业结构，实现高质量、高效率、可持续的发展目标。坚持经济发展以环境和谐为前提，推动环境保护与经济发展的和谐共赢，经济发展、社会发展与环境优化的有机结合。

（3）产业间协同发展原则。以信息、知识产业为代表的新经济时代，产业间的界限逐渐模糊，产业边界不断扩大，产业间融合、互促趋势明显。特别是以传统制造业为依托分化出来各类生产性服务业，又吸收各类技术创新并不断丰富产业业态和服务内容，以多种形式与制造业深入融合，促进彼此的发展。推动“两化”深度融合，发挥信息、互联网等技术对工业转型升级的引领作用，积极探索沈阳制造业与服务业融合互促发展的新模式和新业态，实现系统转型。

（4）产业开放共享原则。产业间融合趋势及创新多领域、复杂化的趋势不可逆转。在“互联网+”迅速普及、带来产业深刻变革的时代，必须要转变原有封闭思想，坚持开放、合作、共赢的新理念。要在全球化平台上获取技术、信息与合作资源，实现顺应时代趋势的资源共享、优势互补。

5. 五大重点发展布局

依托现有产业基础与布局，结合当前实际情况和未来发展构想，构建“一个中心、两个侧翼、两大新兴产业引领区域”为特征的城市生产力区域布局，集中资源、错位发展、突出特色。

（1）一个核心：沈阳作为东北中心城市、全国核心城市，在未来发展中主城区将承担以现代服务业为主体的核心区域。金廊、中街、北站金融商贸区、太原街等为商贸、金融、总部经济中心，以现代服务业为主要定位。其中，中街、太原街定位为东三省商贸购物中心，金廊为高端商贸、总部经济、金融服务、科技研发等中心。

（2）两个侧翼：铁西装备制造、现代生产服务基地和东部汽车研发、制造集群。东西两翼为先进制造基地，包括铁西先进装备制造基地及配套服务集聚区，东部大东区汽车城为汽车研发、制造及零部件产业群。注重先进制造业完整产业链的构建、向高端产业价值链转移升级，做好“制造业智能升级”与“打造沈阳品牌”，推动沈阳市制造企业转型升级，推动重点骨干制造企业由制造环节向高端产业价值链升级，夯实沈阳作为全国先进制造业中心的基础。

（3）两个战略新兴产业引领区：浑南新区和沈北新区。浑南高新区为智能制造、软件开发及信息服务、生物制药、现代工业建筑等高端制造与智能制造中心，是沈阳科技创新、产业转型最重要的引领区；沈北为“绿色、生态、智能产业集聚区”，重点发展现代服务业、战略新兴产业（大数据服务存储、现代物流等）、农产品深加工等产业，是战略新兴产业区。

（二）沈阳市未来产业发展目标

1. 打造全国重要的先进装备制造及研发中心城市

借助“中德制造产业园区”的建设契机，并结合沈阳市在先进装备、自动化、机器人领域的独特产业优势，大力发展以自动化技术、智能信息技术和智能控制技术等为核心的高端装备制造业。依托原有的制造业基础，推进先进技术的融合互促，全面提升装备制造企业核心竞争力。

2. 依托产业和区位优势，将沈阳打造成东北亚商贸流通中心

发挥沈阳区位优势，打造辐射东北亚地区的物流枢纽中心。规划建设沈阳市空港经济区，使其成为面对东北亚对外开放的国际门户和区域性国际商贸物流枢纽。依托铁西金谷、沈阳保税物流园区等物流中心，大力发展装备制造、汽车及零部件等重点工业物流体系。开辟重大装备物流绿色通道，筹建国家重大装备物流公共信息平台，着力发展第三方物流，加快培养第四方、第五方物流，加强高端物流人才的培养和吸引工作。特别是依托浑南电商基地的发展基础，结合未来互联网发展与物流、仓储等产业的发展趋势，将“互联网＋”背景下的商贸物流与沈阳实体经济发展结合，用商贸物流业中心建设促进沈阳实体产业发展。

3. 东北亚会展中心和国际会议中心

深挖沈阳市历史文化底蕴，不断提升沈阳在商务会展产业的软硬件环境，构建沈阳市在商务会展、国际会议等领域的影响力和辐射力，力争用五年左右的时间将沈阳市打造成为立足国内、辐射东北亚、面向全球的会议、会展中心。

4. 东北区域金融中心

依托现有的金融业态，立足现实基础和比较优势，明确金融业中心定位，通过股权投资、上市、发行企业债券、并购等方式，积极引导金融资本与产业资本对接，以产业金融为特色，推进沈阳东北区域金融中心建设。力争在“十三五”期间，金融业增加值年均增长8%，到2020年，其增加值占全市服务业增加值的比重达到14%左右。

第三节　主要任务与实现路径

一　主要任务

（一）打造沈阳两大产业制高点

1. 机器人及智能制造产业

依托沈阳市新松集团、中国科学院自动化研究所、东北大学、东软

集团等机构的资源优势，加快推进国家级机器人检测中心、自动化前沿技术合作研发、智能制造研究院等项目的建设。打造沈阳市机器人自动化产业聚集区，确立在全国的竞争地位，力争将沈阳建成我国机器人及智能制造产业发展领军城市和具有全球竞争力的世界级机器人生产、研发基地。

2. 航空制造及核心配件产业群

重点发展干支线分机整机装备及结构件制造、通用飞机制造研发等领域，全力推进波音公司完成中心、庞巴迪 Q400 飞机总装等大项目，打造国家重要的航空高技术产业基地。力争到2020 年，年产各类通用飞机 300 架以上。以沈飞集团、黎明集团等核心企业为依托，承接国际知名企业产品组装和业务外包，加强小型机、无人机、民用飞机等研发制造，力争在核心技术和关键零部件制造上实现突破，构建起以龙头企业为核心、分工明确、合作紧密的航空制造及配套产业群。

（二）重点发展的传统优势制造产业

传统优势制造产业包括先进装备制造业、汽车装备及零部件制造业、航空航天装配研发产业、电子信息产业、医药化工及数字医疗产业等。

1. 先进装备制造业

沈阳市未来产业框架构建还要以现有优势产业为基础，坚持将“智能制造”作为未来沈阳先进装备制造业发展的主攻方向，推动大数据、互联网、云计算等新兴技术在生产制造领域的推广应用，大力发展高端、智能装备产品和服务。推动沈阳市装备制造产业的转型升级与提质增效。

2. 汽车装备及零部件制造业

以大东区汽车城和铁西汽车及零部件产业集群为核心，以华晨宝马、通用等大项目为依托，扩大沈阳汽车产业产出规模，打造中国汽车生产研发中心。鼓励本地核心零部件企业在核心技术上有所突破，完善汽车产业本地配套水平和产业体系，实现整车装配与零部件配套产业的协同发展。

3. 航空航天装配研发产业

依托沈飞集团以及与波音、庞巴迪等合作项目，建设整体装配线，推动干支线飞机装配及关键设备的研发、生产和产业化。依托飞机总装项目及沈阳民用航空零部件生产基地，提升航空关键部件、航空材料、机电系统的本地配套水平。通过大飞机项目扩展航空产业上下游产业链，提高航空航天装配的整体水平。

4. 电子信息产业

“十二五”期间，电子信息产业成为继机械装备、汽车及零部件、农产品深加工之后第 4 个超千亿元的支柱产业，沈阳市电子信息产业的产业结构和产品结构开始步入深化调整期，以智能制造为重点的两化融合取得新突破，战略性新兴电子信息产业快速发展，在信息传输、计算机服务业、电信及其他信息传输服务业、软件业等领域都得到了明显的增长，一些标志性的电子信息产业项目如中国电科东北微电子产业园、SOI 晶圆项目等落户沈阳。同时，市政府确立了数据兴市、信息强市、智慧融市、创新立市的信息化发展目标，并通过《沈阳市智慧城市总体规划（2016—2020）》《沈阳市国民经济与社会发展“十三五”规划纲要（2016—2020）》等顶层设计指导和推动该产业的转型升级。

5. 医药化工及数字医疗产业

聚焦生物医药产业高端领域，加强基础性研究和产学研合作，依托东北药业集团、三生药业、成大生物、依生生物等核心企业，优先发展治疗性基因工程药物，推动企业开展关键技术开发和质量标准的升级，巩固并提升现有企业产品的竞争优势和市场地位。依托东软集团、东软飞利浦医疗设备等企业开发具有发展前景的激光成像、磁共振等诊疗产品，推动形成集研发、设计、制造、服务为一体的数字医疗设备产业化基地。

（三）重点发展以现代生产服务业为核心的战略新兴产业

战略新兴产业包括大数据产业，机器人自动化产业，以研发设计、检验检测、金融会展等为代表的现代生产性服务业等。

1. 加快发展科技服务业

以推进全面创新改革试验区、国家自主创新示范区和国家级创新型城市建设为重大机遇，以提高自主创新能力和产业竞争力为核心，延展科技创新服务链，创新科技服务模式，推动科技服务业基于需求导向的供给侧结构性改革。“十三五”时期，科技服务业增长要高于服务业和地区生产总值平均增速，基本建成专业化、网络化、规模化、社会化和国际化的综合科技服务体系。到 2020 年，年销售收入超十亿元的科技服务企业突破10家，建成东北区域科技服务中心。

2. 打造全国知名的科技服务业集聚区

依托沈阳机床、北方重工、沈鼓集团、沈阳远大、沈阳工业大学等创新主体，在机器人与智能制造、IC装备、航空、“互联网+”、燃气轮机等领域，打造一批重大产业创新平台，形成高端装备关键共性技术研发与服务平台。重点发展沈西装备制造服务产业集聚区、浑南高新技术服务产业集聚区、大东汽车服务产业集聚区、核心城区文化科技融合创新服务区和沈北及远郊县（市）农业科技服务产业集聚区。

3. 抢占大数据、云技术等战略新兴产业的发展制高点，储备未来产业发展潜力

发挥“高纬度”“富能源”的地域优势，发挥政府规划者和布局者职能，加快信息化与工业化深度融合，加快城市信息化基础设施建设，推进云计算产业超前发展和规模化发展。实施政务云和商业云双轮驱动计划，推动沈阳进入国家云计算试点示范城市名单。将沈北新区打造为面向政务需求的云计算产业集聚区，与面向商务需求的浑南超级计算中心形成南北呼应的“一市两园”云计算产业集聚区。发挥政府需求的乘数效应，以智慧城市建设为依托，建立面向城市管理、电子政务、产业发展等领域的沈阳沈北“政务云”产业集聚区。沈阳以国家电子商务示范城市建设为契机，加快浑南国家电子商务示范基地、东北地区电子商务研发与创新中心、物流与分拨中心、运营与结算中心建设。结合企业业务需求吸引中国移动、阿里巴巴等企业在沈阳建立大数据中心，打造沈阳浑南商务云产业集聚区，实现“政务云”和“商务云”的双轮驱动发展。

4. 壮大科技研发机构

培育一批科学研究、技术开发、工业设计机构和具有较强竞争力的科技服务企业，加快科技成果转化，建设沈阳工业技术创新研究院，快速提升科技研发机构的自主创新能力和市场竞争能力。建立综合性一体化创新服务中心，大力扶持专业化的技术转移、创业孵化、知识产权保护、检验检测、科技咨询、科技金融等科技服务企业，促进创新资源和科技服务机构向国家高新区、战略性新兴产业会聚。

5. 培育科技服务新兴业态

积极培育市场化新型研发组织、研发中介和研发服务外包新业态。

加快发展针对设计开发、生产制造、售后服务全过程的第三方检验检测认证等服务。面向装备制造、汽车、航空等行业，提升产品工业设计水平，重点支持国家级工业设计中心的项目建设，引导工业设计产业的健康快速发展，争创“中国工业设计示范基地”。支持发展知识产权代理、法律、信息、咨询、培训等服务，打造全链条的知识产权服务体系。支持发展创业孵化服务，探索构建投资多元化、组织生态化、服务专业化和综合化、运行科学化、服务链条完整化的科技企业孵化器。

6. 大力发展商务会展业，将沈阳打造为东北亚会展会议中心城市

重点推动对全市经济社会发展有重大牵动作用的展会经济，引导“展、会、节、演”互联互动，培育本土专业会展企业和自主品牌展会。吸引国际会展公司和会展承办机构落户沈阳，举办具有较大国际影响、全球性和区域性的会议和展览以及大型节庆活动。培育一批综合性和专业性知名展会品牌，培育壮大10—15个品牌展会，培育2—3个本土展会进入国家级展会行列。加强会展会议等软硬件建设，加强网络和电子信息技术在会展业中的应用，实现实体展览和网上展览相结合。到2020年，形成基础扎实、功能完善、管理规范的会展体系，建成“东北区域会展中心城市”。

7. 新技术革命驱动服务业跨界融合和新兴业态的快速发展

现代信息技术和互联网技术扩张与各传统产业融合趋势不可逆转。服务业对接、融合的产业领域十分广阔，与互联网技术衔接融合的空间广大。沈阳市应积极促进现代信息技术、网络技术和管理技术与服务业的全面结合，促进现代服务业的跨界经营，并催生“互联网+”新业态。金融、商务、科技服务等行业的快速发展带动了信息服务和电子商务等行业的创新步伐，信息技术和电子商务的发展同时又为传统服务业提供技术支持及保障，形成服务业的良性互动和融合，促进服务业进一步转型发展和提质增效。

（四）重点发展生活性服务业

未来沈阳市生活性服务业将与打造生态宜居之都紧密结合，推动生活性服务业向精细化和高品质发展，做大总量、优化结构、提质增效，构建融合化、国际化、集成化、高端化的现代服务业体系，形成以服务经济为主导的发展格局。

1. 商贸流通业

充分发挥沈阳交通枢纽优势，加快东北物流中心枢纽城市建设和辐射东北亚的物流通道建设，形成多层次、社会化和专业化的现代物流网络体系。规划到2020年将沈阳市建成东北区域物流中心、国家物流中心城市和东北亚物流节点城市。加快物流运输仓储的技术装备和物流基础设施建设，建成方便快捷的城市物流通道。构建由国际物流、大宗商品物流、装备制造物流、医药物流、商贸物流、农产品冷链物流等为主要内容的行业物流体系和公共物流体系。加快建设于洪区沈阳国际物流港、苏家屯区临空现代物流港、铁西装备制造业物流、沈北综合物流、沈海综合物流、浑南（空港）物流、近海保税物流七大物流集中发展区和辽北地区“北粮南运”物流园。大力发展物流全流程管理、第四方物流、智慧物流等先进产业模式，加快促进制造企业物流外包，建设为制造业企业提供综合集成服务的第三方供应链管理平台，提高对制造业企业的物流服务水平。

2. 旅游业

整合旅游资源，围绕沈阳历史文化及周围旅游资源，重点发展“满清文化旅游”、“温泉休闲旅游”、“休闲乡村游”等项目，深入挖掘沈阳现有的旅游潜力。重点项目包括盛京皇城及民国文化旅游景区，将其打造成为沈阳未来的旅游文化名片，通过对满清文化、民国文化的原貌恢复、沈阳文化植入等，提升其旅游、文化宣传、商贸会展等综合功能；打造“工业旅游品牌”，深挖沈阳市近百年的工业历史资源，作为老工业基地历史的缩影，一方面加强旅游开发，另一方面也促进沈阳制造业品牌的提升和影响；“全季乡村特色旅游”整合沈阳市周边区域的温泉、民俗、农业生态观光、冰雪、度假庄园等资源，打造沈阳全季乡村旅游线路，增强沈阳市整体旅游的影响力。

3. 健康养老产业

沈阳市是人口老龄化趋势明显的城市之一，养老机构数量少，层次单一，潜力巨大。首先，规划建设养老产品一站式购物体验基地，在商贸流通存量调整过程中，鼓励在服务业集聚区和大型社区开设专门区域建设养老产品一站式购物体验基地，集养老投资、养老管理运营、养老培训和继续教育、养老用品开发和养生为一体。其次，构建多元养老机构体系。在沈阳城区社区及新民、辽中构建各类投资组合驱动、多层次的养老集聚中心，满足多元化的养老需求。

二　实现路径

（一）构建装备制造产业全体系优化工程

装备制造业是沈阳工业未来发展的最重要的支撑点，目前全市已经形成了以重大装备制造业为主的完整的工业体系，产品门类齐全，拥有沈阳鼓风机集团、沈阳机床、特变电工等一批行业领军企业，部分核心装备已进入世界先进行列。未来先进装备制造业将是沈阳市未来产业发展的主导产业之一，要围绕主导产业、主导产品不断完善全产业体系和全产业生命周期建设。

在现有规模基础上，依托已有的技术积累和创新资源等，加速推动全产业体系构建，推动大型骨干企业由低端产品生产制造向高端产品研发、品牌构建、服务模式运营等高端产业价值链环节攀升。构建“全产业体系”的业态通道，加强大型企业与中小企业的协同分工，促进以市场为导向的产业集群的形成。

（二）生产性服务业与制造业互促工程，推动第二、第三产业协同发展

以沈阳市“两化实验改革配套区”建设为契机，以沈阳市优势工业产业基础和大型骨干企业为载体，建成我国服务业与制造业深度融合示范基地。“十三五”期间，通过系统性、整体性、协同性创新改革，一方面推动生产性服务业与制造业业态分离，另一方面坚持发展生产性服务业与加速制造业服务化双向融合。到2020年，服务要素占制造业全部投入的比重、服务产出占制造业全部产出的比重显著提高，研发设计与营销服务的投入、产出占制造业的投入、产出比重不断提升。

通过政策引导、扶持推动大中型优势制造企业实现服务环节的“外部化”。远大集团、沈阳鼓风机集团、沈阳机床等多家典型大中型企业实现服务业分离、融合的经验为其他企业提供可借鉴的模式，依赖自身服务环节优势，设立独立的生产性服务企业，不断扩大服务范围，依靠核心企业的服务业分离，将沈阳市具有技术基础、竞争优势的生产性服务业做大做强。

（三）国有企业体制改革与创新发展工程

坚持市场化改革方向，坚持效率原则，建立、完善市场化运作机制，以混合所有制改革为切入点，推动国有企业的提质增效。根据国有

企业属性进行混合所有制分类改革，优化国有资源配置，转变国有资产管理观念，从对企业的直接管理转向对资本的间接监控。组建金融制造、金融控股、商贸流通等主要产业的国有资本投资运营公司，逐步放开竞争性国有企业的国有控股权，积极引入非国有资本、民营资本及其他各类资本参与国有企业改革重组。完善国有企业公司治理结构，积极推行职业经理人管理体制。

（四）战略新兴产业抢先发展工程

面向公共需求和市场需求，发挥"高纬度""富能源"的地域优势，发挥政府规划者和引导者职能，加快信息化与工业化融合，加快城市信息化基础设施建设，推进大数据、云计算、物联网等相关产业超前发展和规模化发展。

（五）"双创""双育"促进中小民营企业发展工程

简化企业各项审批流程，提高政府部门服务意识，营造高效、规范、符合市场运行机制的市场环境。以"大众创业、万众创新"为契机，打造一批具有示范性的民营企业成长样板，营造"双创"的良好氛围，突破沈阳市民营经济特别是小微型民营经济发展不足的困境，促使中小民营企业承担起缓解就业压力、提升居民收入水平的职能。

第六章　沈阳空间生产力

第一节　现状与问题

一　沈阳生产力空间布局现状

（一）沈阳生产力主体功能区已基本形成

从目前沈阳市以产业为核心的主体空间布局情况来看，可以用“西制、东汽、南高、北农、山绿、金廊”来概括，即“一核五区”的产业布局模式。

“一核”是以金廊主要所处的沈河区和和平区两区为主体、为重点的现代服务业核心区，并辅以中街、太原街、北站等重点市级、区级商圈配合，服务沈阳周边城市，辐射东北地区。“金廊”定位为沈阳的中央都市走廊，旨在形成一个汇集金融、商务、商贸、会展、科技、文化、体育等多个前导产业为一体的现代服务业产业群，通过逐步的开发和改造，使其成为建筑标志化、环境生态化、道路景观化的现代服务业产业集聚区，国际大都市的形象展示区，东北中心城市的核心辐射区，成为沈阳充满活力的生命中轴和创造21世纪辉煌的黄金走廊，也是沈阳产业发展战略中的重要心脏。

“五区”分别是西部以铁西区为发展主体的先进装备制造业及现代物流产业区，以及围绕铁西装备制造产业向外延伸到于洪区、新民市东南部的沈西工业走廊，连成一片，成为沈阳市最重要的工业集聚区。东部依托大东区为发展主体的汽车及零部件产业区。南部依托浑南区为发展主体的高新技术和临空产业区，主要定位为高技术产业与新兴产业集聚区。北部依托的沈北新区重点发展新兴产业与农产品深精加工集聚区，并结合城镇化和新农村建设，建设现代农业新兴产业区。东北角方向与抚顺毗邻的棋盘山生态功能区，依托沈阳—抚顺的同城化建设大力发展沈阳市独具特色的生态旅游产业，着力将沈阳市最大的自然风景区打造成风景旅游产业和健康科技产业的集聚区。可见，当前沈阳市主体功能区的生产力经济布局已基本成型。

（二）沈阳市具体区县的空间定位与布局

（1）大东区的三区协调发展。大东区以“北工、南商、中创”三大功能区布局为发展原则，按照第二、第三产业并重发展理念，做强三区核心板块，实现三区协调发展。三区核心板块分别是北部汽车城产业集聚区、中部创业创新示范区、南部商贸生活区。

（2）皇姑区是沈阳市重要的行政、文化区域，聚集着全市重要的政府部门和各类学校，主要定位为商业、文化和教育，工业相对比较薄弱。南部“一核”，即环省府地区，发展金融产业与总部经济功能，配套商业、休闲、娱乐等产业。北部“一新一片”，即首府新区二环以北地区，加快综合服务先导区和都市工业发展区建设，三台子片区打造沈阳北部地区新兴商业中心，但旧厂房和空场地亟待盘活，产业可开发空间较多。西部“文化商旅带”：东至长江街，南北西三面至区界。依托历史文化景观及交通便利条件，发展文化产业、商业和旅游业。

（3）浑南新区是辽沈地区的科技创新核心区、高端产业领航区、城市空间拓展区，重点发展大数据云计算、机器人整机和关键零部件、软件、数字医疗设备、新材料、科技服务、高端商务服务等业态，打造一个宜研、宜业、宜商、宜居的“四宜”高端城市综合体，建设成为沈阳新的行政中心、科技中心、文化中心、商贸中心和现代化新城。空间开发的基本结构概括为“一轴、两带、七区”。所谓一轴：城市发展轴，沿青年大街向南延伸，贯穿主要城区，体现城市中心的延伸和发展脉络。所谓两带：就是产业发展带和生态发展带。沿三环浑南区段方向分布，形成产业发展带。沿 107 省道方向分布，形成生态保护和旅游观光发展带。所谓七区：即国家大学科技城、现代商贸区、沈抚新城、国际新兴产业园区、空港经济区、现代农业示范区、棋盘山风景区。

（4）和平区主要产业集中在高端服务产业。中部以太原街和三好街为发展依托，定位为东北地区现代商贸金融中心，东北亚高端服务业集聚区的核心区，主要发展以新一代信息技术、文化创意产业为主导，以互联网金融、科技服务、商务会展为补充的高端服务业。北部以文化旅游业和金融贸易业为主，打造东北亚文化旅游集聚中心，以盛京金融广场为依托，发展金融、贸易产业。南部为高端服务业区，集聚国际人才和高端产业，建设东北亚创造中心、文化产业发展中心、国际交流中心，满融村以西地区重点整合满融地区原有企业，大力引进战略性新兴产业，建设高新技术园区。

（5）沈河区以“两带五核”打造高端服务、文化商旅、新兴产业集聚区。金廊高端服务业集聚带，以青年大街为中轴，形成以“高智力、高效率、高资本、高收益、高时尚”为特征的高端服务业集聚带。浑河休闲服务业生态带，即沿浑河北岸打造文化旅游服务业集聚带。西北部区域为金融中心核心功能区（沈阳金融商贸开发区）。北部有国家产业金融试验区，定位为金融创新活跃、金融生态良好、金融服务高效、金融市场发达、金融机构集中、产业金融特色突出的东北金融中心。中部为皇城文化旅游核心区。西南部为商贸物流产业区，致力于打造集传统商贸、现代物流、住宿餐饮、旅游服务于一体的现代流通商贸集聚区。东部为新兴产业发展区，以金融后台服务、科技研发、商务服务业、绿色生态和多元文化为主导功能。

（6）铁西区是国家级中高端制造业示范区。西部以高端装备制造业为主，以“一园”为依托，即中德（沈阳）高端装备制造产业园。坚持产业为本、工业立区的原则，着力发展高端装备制造业。东南部重点发展商贸金融会展等生活性服务业。以“一城”为依托，即中法生态城。在产业发展领域，引进总部经济，开展商务服务，以及会展、金融、研发、培训、工业设计、高新科技和创新技术。东北部为生产性服务业集聚区，以“一谷”为依托，即铁西金谷科技园，战略定位为沈阳市现代生产性服务业集聚区。

（7）于洪区的三大产业集聚区并行发展。西南部重点发展战略性新兴产业，推进工业转型升级，打造国家智能制造及节能环保产业示范基地，着力发展以节能环保、大数据为重点的战略性新兴产业，建设六大主导工业园区，提高工业经济效益和产业核心竞争力。东南部重点发展商贸物流、电子商务等现代服务业，构建“一港六商圈”的现代服务业发展格局。北部推进农业现代化，打造国家都市现代农业示范基地。着力发展以高效设施农业、休闲观光农业为主的都市现代农业，提高农业生产附加值和市场竞争力，形成“一核、两带、四基地”的都市现代农业发展格局。

（8）苏家屯区的产业空间布局呈“农工并举、商旅并重”的发展态势。西北部以新材料产业为主，按照“产学研用”结合模式，大力发展新兴产业，主要建设国家金属新材料高技术产业化基地，辅之以建设生产性服务业配套区。西南部建设现代都市型农业示范区，具体功能分区为：生态休闲采摘区、食品加工产业区、精品设施农业区、优质水稻产业区。中部及东北部主要发展商贸会展业、物流产业、工业配件加工业等。东南部建设东北临空型国际休闲旅游度假区，具体功能分区为休闲运动娱乐区、休闲旅游体验区。

（9）沈北新区作为国家级新区，包括道义经济区、虎石台经济区、辉山经济区、沈北新城、沈北智慧产业园、沈北商贸区，大力发展工业和服务业。主导产业园区布局包括以生活性服务业为主的道义经济区、以车辆制造为主的虎石台经济区、以食品医药为主的辉山经济区、以航空产业为主的沈北新城航空产业园区、以生态农业为主的沈阳农业高新技术开发区以及以特色旅游和绿色制造为主的蒲河生态开发区。

（10）新民市的产业空间布局以“一区两翼”的形式协调发展第一、第二、第三产业。核心区重点发展造纸、包装印刷、医药化工、装备制造配套等工业产业；在服务业方面，重点发展商贸物流、商务办公、金融、科技研发、创意产业等高端服务业。东北翼和西北翼是农产品主产区和重点生态功能区。两翼以增强农业综合生产能力作为发展的首要任务，着力推进新型城镇化建设，以中心城镇特色产业为引领构筑产业发展优势，形成以优势产业为纽带的新型城镇化功能区。

（11）辽中区以农产品精深加工、基于当地资源的高技术新兴产业及休闲旅游业为重点，在西部、中部和东部分别设立农产品精深加工等的现代农业园区，生态化新兴产业区和特色休闲旅游区。

（12）法库县着力打造省级现代农业示范带和农业旅游集群区。东部与西部建设有沈康高速国家级现代农业示范带，秀水河子流域省级现代农业示范带。建设休闲农业、创意农业等现代农业示范区，发展农产品深加工业，走农业产业化之路，培育农作物现代农业旅游集群区。中部建设辽河经济区（新型工业化产业区）、拉马河经济区（特色酒业产业园区）、通用航空产业基地（通用航空高技术产业基地）、辽宁法库经济开发区（中国瓷谷）、东湖新城（现代服务业集聚区）、辽宁孟家绿色食品加工工业区（特色食品示范区）六大主导产业集群。沿101国道、沈环线展开，发展旅游产业，打造特色旅游走廊。

（13）康平县以“一城五区”强力构建特色鲜明的产业优势布局。“一城”即县城主城区，重点发展现代服务业。“五区”即康平经济开发区、生态文化旅游区、现代农业示范区、特色农业产业区、自然生态保护区。

沈阳市各区县生产力布局情况及产业园区分布情况，我们通过表6－1、表6－2进行梳理，从中可见沈阳生产力（产业）空间布局全貌。

表6－1　　沈阳市各区县产业空间布局汇总

地区	东部	西部	南部	北部	中部
大东区			商贸产业、生活性服务业	工业（高端装备制造业为主）	创新研发、金融商贸、文化博览、商务会展等产业
皇姑区		文化产业、旅游业、商业	商贸金融等生活性服务业	商业、现代工业	
浑南区	现代农业		西南部：商贸、金融、物流等现代服务业	旅游、文化服务业	高技术产业、战略性新兴产业
和平区			高端服务业	文化旅游业、金融贸易业	商贸金融业、高端服务业
沈河区	新兴产业	西北部：金融商贸业、文化旅游业	西南部：商贸物流业		
铁西区	东南部：商贸、金融、会展、研发等生活性服务业；东北部：生产性服务业	工业（高端装备制造业）			

续表

<table>
<tr><th>地区</th><th colspan="2">东部</th><th>西部</th><th colspan="6">南部</th><th>北部</th><th colspan="2">中部</th></tr>
<tr><td rowspan="2">于洪区</td><td colspan="2" rowspan="2"></td><td rowspan="2"></td><td colspan="3">东南部</td><td colspan="3">西南部</td><td rowspan="2">农业</td><td colspan="2" rowspan="2"></td></tr>
<tr><td colspan="3">商贸物流现代服务业</td><td colspan="3">工业、战略性新兴产业</td></tr>
<tr><td rowspan="2">苏家屯区</td><td>东南部</td><td>东北部</td><td>西北部</td><td colspan="3"></td><td colspan="3">西南部</td><td rowspan="2"></td><td colspan="2" rowspan="2">商贸会展业、物流产业、工业配件加工业</td></tr>
<tr><td>旅游产业</td><td>商贸会展业、物流产业、工业配件加工业</td><td>工业（新材料产业）</td><td colspan="6">现代农业</td></tr>
<tr><td rowspan="2">沈北新区（南北走向）</td><td colspan="2" rowspan="2"></td><td rowspan="2"></td><td colspan="2">西片</td><td colspan="2">中片</td><td colspan="2">东片</td><td rowspan="2">旅游产业</td><td>西片</td><td>东片</td></tr>
<tr><td colspan="2">生活性服务业</td><td colspan="2">车辆制造产业</td><td colspan="2">食品及医药产业</td><td>现代农业</td><td>航空产业</td></tr>
<tr><td rowspan="2">新民市</td><td>东南部</td><td></td><td rowspan="2"></td><td colspan="6" rowspan="2"></td><td rowspan="2">农业</td><td colspan="2" rowspan="2"></td></tr>
<tr><td colspan="2">工业、服务业</td></tr>
<tr><td>法库县</td><td colspan="2">农业</td><td></td><td colspan="6"></td><td>新型工业、高技术产业、现代服务业</td><td colspan="2"></td></tr>
<tr><td>辽中县</td><td colspan="2"></td><td>现代农业</td><td colspan="6"></td><td>休闲旅游、养生养老、运动休闲等产业</td><td colspan="2">高技术产业、新兴产业</td></tr>
<tr><td>康平县</td><td colspan="12">“一城五区”产业混合分布的空间布局，主城区发展现代服务业。五个区域围绕一城分布，发展农业、旅游产业、高新技术产业</td></tr>
</table>

（三）沈阳市在“大沈阳城市群”布局中核心带动作用日益凸显

以沈阳经济区为格局的大沈阳城市群是以沈阳市为中心，百公里为辐射半径涵盖了周边鞍山、抚顺、本溪、辽阳、营口、铁岭和阜新八个省辖市的特大城市群。经过十几年的不断发展，已形成了由沈阳市为带动核心，其他七个城市联动发展的“区域空间共同体”。

表 6－2 沈阳市各区县主导产业园布局汇总

序号	产业园名称	所在区域	依托经济区
1	高新技术产业园	皇姑区	
2	通信技术产业园	大东区	
3	蓝海创造产业园	和平区	满融经济区
4	万柳塘科技产业园	沈河区	
5	永安新城装备配套产业园	于洪区	永安新城
6	金属新材料产业园	苏家屯区	雪松工业开发区
7	姚千户新市镇新型建材产业园		
8	沙河新城新兴工业园		
9	沈抚新城文化创意及生物技术产业园	沈北新区	沈抚新城
10	蒲河新城光电信息及先进制造产业园		沈阳道义经济开发区
11	蒲河新城农产品精深加工及生物制药产业园		
12	蒲河新城文化创意产业园		
13	新城子新城东北木材交易深加工环保产业园		
14	清水台新市镇农产品深加工产业园		
15	铁西装备制造业聚集区	铁西区	沈阳经济技术开发区
16	铁西产业新城现代建筑产业园		
17	细河新城冶金工业园		
18	中德装备制造产业园		
19	泗水科技城	浑南区	高新技术开发区
20	浑南电子产业园		
21	沈阳国家航空高技术产业基地		
22	近海新城铸锻造及泵阀产业园	辽中县	近海经济区
23	近海新城现代物流产业园		
24	近海新城环保产业园		
25	近海新城食品产业园		
26	胡台新城包装印刷产业园	新民市	新民经济开发区
27	新民新城医药工业园		
28	大民屯新市镇农产品深加工产业园		
29	康平新城朝阳工业园	康平县	康平经济开发区
30	康平新城东关工业园		
31	法库新城陶瓷城	法库县	法库经济开发区

沈阳市以装备制造业、汽车及零部件产业和电子信息产业作为主要引领的三大产业，辐射带动经济区内其他城市的发展，推进以工业为带动的城市生产力发展模式向周边城市延伸，为八城市的联动发展提供了广阔平台。鞍山、本溪钢铁业，营口港口工业及物流产业，抚顺石化产业，辽阳精细化工产业，铁岭煤化工业等各区域特色产业作为工业发展的有力支撑，都主动承接沈阳市的辐射作用，融入“大沈阳”城市群中。目前装备制造业主导产品向沈阳市形成集聚，零部件及其他工业产品向周边城市形成扩散的态势已有所体现，沈阳市在集聚与扩散的双向互动中拉动了沈阳经济区整体的发展，努力实现生产力功能的互补共赢。

除此之外，沈阳市内加快了服务产业的布局，物流、旅游、金融商贸等服务业发展迅速，逐渐增强辐射带动的效应。沈阳市形成了以沈北综合物流园区、沈阳近海东北亚国际物流园区、浑河商务城物流会展集聚区等为代表的七个物流园区，为同城市群中其他城市生产要素的快速交流和物资的运输提供了方便，形成了便捷迅速的产业链条；以沈阳银行业为主体的金融服务业在经济区内联网发展，覆盖范围正在扩大，其为经济区域内城市的不断增长提供了有力的金融支持。在沈阳市的引领下，沈阳经济区内初步形成了产业互助、联系逐渐增加的局面，沈阳市的辐射效应和协同效应日渐显现。

二 沈阳生产力空间布局存在的主要问题

（一）产业重复布局现象严重，分工不明确，空间生产力水平低

首先，沈阳市是东北老工业基地的重要城市，是以装备制造业为重心的典型工业城市。在优势产业的发展定位过程中，由于不愿意放弃原有的工业基础优势，以及因计划体制遗留的体制机制问题导致了只为追求本位局部经济利益，没能从整体优化的高度进行合理规划产业空间布局，从而造成如下局面：排斥分工，为追求眼前利润而多种产业竞相上马，基础设施、项目投资的重复建设和主导产业的重叠确定，规模经济难以实现，龙头企业大而不强；由于存在着不良的外部性经济，导致区域内竞争环境恶化，恶性竞争频频发生；区域内、区域间条块分割问题一直得不到解决，使优势产业形成的区域资源优化配置难以保证，一些产业大量占用资源，导致区域在吸引外部投资等方面被其他地区和城市超越，生产要素外流现象明显，最终导致各区域产业整体上缺乏活力。

其次，由于受重工业基础的影响，以沈阳市为基础的各城市产业的垂直与水平分工不明确，结构性矛盾突出，区域间合作机制不完善，影响了区域竞争力，产业分工和空间开发的重点与优先区域缺乏统一协调和整体联动，产业均衡互补的发展格局和城市群一体化的布局框架尚未形成。

这些现象不仅影响了沈阳市自身生产力布局的定位，也影响了以沈阳市为核心的沈阳经济区中各城市内及各城市间生产力布局的方向，不利于城市群各功能区的有效分工与协作，在一定程度上阻碍了区域规模经济效益和区域间比较优势的发挥，导致以沈阳市为核心的沈阳经济区整体发展水平相对滞后。

（二）布局仍显分散且缺乏有效联动，未形成空间生产力的核心能力

从沈阳生产力空间布局来看，由于区县的生产力布局结构趋同现象严重，导致优势产业布局呈现一定的分散性，和城市群内的其他城市的优势产业缺乏良性的互动。相比于其他七座城市，沈阳市集聚了主要的优势产业，但沈阳市定位的主要优势产业与相近区域内的其他城市的优势产业关联度不高，上下游产业之间配套和协作关系不够紧密，限制了产业链的延长和产业间的互动发展。优势产业布局的分散就加重了产业分工和空间开发的重点与优先区域不明确的问题，阻碍了优势产业对外扩散和辐射带动作用的发挥。除此之外，这种优势产业松散而无序发展的局面也导致了缺乏在同行业中具有影响力的产业集群和大型龙头企业，总体上缺乏市场竞争力。

举例来说，以沈阳市传统优势产业汽车业为例，在沈阳市大部分地区都有汽车制造企业的布局，如大东区汽车城、铁西区中德产业园等等，而且鞍山、本溪钢铁产业是重要的原材料提供基地，抚顺汽车配件产业是汽车产业的有力支撑，铁岭有特色的专用汽车生产基地等，都是沈阳市可以与其优势互补，形成联动的重要元素，但沈阳市与其联系还并不是十分紧密，缺乏有效联系导致优势产业布局整体看起来呈现出较为分散的状态，相关联的优势产业间距离较远，汽车行业产业链的关联互动效应较低，使沈阳市汽车产业虽然在产量上占有优势，但比较分散的空间布局致使各部分各自为政，结果就是在整体市场竞争力上还相对薄弱。

（三）集聚效应不明显，沈阳市在城市群中的带动辐射功能依然需要加强

沈阳市中心区产业集聚明显低于城市外围地区。沈阳市中心区产业集中度较低，产业集聚效应不明显；城市外围却有清晰的环状发展带，且多沿三环线分布。铁西区、沈北新区和浑南新区已形成集中程度相对较高的产业集群，且产业集聚区多位于沈阳市主要的交通节点处，与产业集聚效应十分模糊的中心区域形成鲜明对比。

沈阳市是沈阳经济区的核心城市，第二产业比重仍占主导地位，第三产业发展规模偏小，经济结构存在的不合理限制了沈阳市自身经济实力的提高。从近几年来看，沈阳市地区生产总值一直低于天津、深圳等其他城市群的中心城市，仍处于集聚功能形成阶段，还远未达到辐射功能主导阶段。由于沈阳市与其他城市的产业关联度不高，并且沈阳市对周边其他城市的辐射功能、集聚功能和服务功能还不够完善，导致沈阳市对外扩散和辐射带动作用难以充分发挥，没有达到城市群核心城市的关键带动作用。例如沈阳市商贸业比较发达，但在资本、人才、技术、信息等要素流动方面无论是在市内各商圈之间还是与其他城市的商圈之间都没有形成良性互动和有效交流，中心市场的集聚功能没有充分发挥，再加之服务城市群的市场体系仍不健全，就导致沈阳市难以形成与其他商圈的产业集群效应，从而影响了区域间生产要素的高效流动和产业动能的有效转化。

第二节　分析、规划与目标

一　沈阳生产力空间布局分析

沈阳生产力空间布局以“五大空间”配合“一核心”辐射整个沈阳。凸显沈阳生产力发展的空间布局特色。

依托沈阳老工业基地长期积累的工业基础，“五大空间”容纳了铁西装备制造业和大东汽车城两大产业基地，智能制造和航空产业两大产业制高点，以新一代信息技术产业、生物医药产业、现代建筑产业、新材料产业以及新能源及节能环保产业五大新兴产业，两大制高点和五大新兴产业引领着沈阳产业的发展方向，促进沈阳传统优势产业的加速转

型升级。

随着沈阳市区产业布局的重组、优化，大量工业企业从核心城区向外延伸，并围绕配套主导产业向沈阳市郊区市县延伸，形成融合、配套发展的势态。

依靠铁西区装备制造集聚区，毗邻铁西的于洪区大力发展与之配套的各类加工服务业，与新民市胡台新城连为一体，构成沈阳西部工业走廊，沿102国道两侧形成带状工业分布。南部以浑南新区为核心，向南部空港方向辐射拓展，辐射苏家屯区，重点发展航空、智能机器人、数字医疗、大数据等高新技术产业。北部以沈北新区为基本空间，辐射康平县、法库县，发展手机及智能终端、位置导航等产业。由此可见，随着沈阳城区产业辐射力不断增强，城区内与县域经济逐渐连接，匹配融合、互补发展。通过重点聚集区的辐射带动能力，推动于洪区、辽中区等配套区，以及新民、法库、康平等县域的工业化进程，支持县域特色产业做强做大，促进工业化与城镇化良性互动，与重点聚集区形成分工协作的现代生产力空间体系。同时，县域经济也依靠资源，形成具有县域特色的产业群，包括法库县陶瓷制品产业集群、新民市包印产业集群、医药产业集群等。

在“大沈阳”城市群建设中，沈阳市的发展至关重要。只有沈阳市不断完善城市功能，尽快蓄积起更强大的势能，才能提高其辐射能力，带动经济区其他城市的共同发展，成为带动“大沈阳”城市群发展的火车头。近年来，沈阳市以自身为辐射焦点正在努力构建布局合理、特色鲜明、资源要素优势充分发挥的沈阳经济区生产力发展格局，即形成以沈阳市为核心，区域城际连接为载体，呈散射型轴线发展的极核式空间布局模式，旨在充分发挥沈阳市的中心辐射带动作用，整合区域优势资源，优化生产力空间布局。在辽宁省自贸试验区得到国务院获批，沈阳市也将设立自主创新示范区的背景下，沈阳市更应以东北亚区域性国际城市为战略目标，结合沈阳市的现有基础和区位等各方面优势，从构建沈阳经济区的客观需要出发，重点发展基础实力雄厚的先进装备制造业和战略性新兴产业，辅之以大力发展生产性现代服务业，加快建设新型工业城市、先进文化城市、生态模范城市和法制诚信城市，将沈阳市建设成为世界级先进装备制造业基地、区域性的商贸、金融、文化中心，打造新的经济增长点，以利于充分发挥中心城市在经济区的核心带动作用和辐射功能。

二 沈阳生产力空间布局规划

沈阳市依托现有产业基础与布局，结合当前实际情况和未来发展构想，构建“一个中心、两个侧翼、两大新兴引领区、四个卫星节点，五条联通互动线”为特征的城市生产力空间布局规划，集中资源、联动发展、突出特色。

（一）突出一个核心：主城区

沈阳市作为东北中心城市、全国核心城市，未来发展中，主城区将承担以现代服务业为主体的核心区域。金廊、中街、北站金融商贸区、太原街等为商贸、金融、总部经济中心，以现代服务业为主要定位。其中中街、太原街定位为东三省商贸购物中心，金廊为高端商贸、总部经济、金融服务、科技研发等中心。

（二）抓好两个侧翼：铁西装备制造、现代生产服务基地和东部汽车研发、制造集群

东西两翼为先进制造基地，包括铁西先进装备制造基地及配套服务集聚区，东部大东区汽车城为汽车研发、制造及零部件产业群。注重先进制造业完整产业链的构建、向高端产业价值链转移升级，打好“制造业智能升级”与“打造沈阳品牌”两张牌，推动沈阳市制造企业转型、提质、增效，推动重点骨干制造企业由制造环节向高端产业价值链升级，夯实沈阳作为全国先进制造业中心的基础。

（三）做强两个战略新兴产业引领区：大浑南新区和沈北新区

浑南高新区为智能制造、软件开发及信息服务、生物制药、现代工业建筑等高端制造与智能制造中心，是沈阳科技创新、产业转型最重要的引领区；沈北新区为“绿色、生态、智能产业集聚区”，重点发展现代服务业、战略新兴产业（大数据服务存储、现代物流等）、农产品深加工等产业，是战略性新兴产业区，肩负着实现沈阳未来战略产业制高点的战略任务。

（四）突出四个卫星节点：铁西区、沈北新区、苏家屯区和浑南区

从沈阳市产业空间分布图中可以看出，沈阳市产业空间主要拓展方向为：西部通过沈阳铁西工业区，沿京哈高速向西发展。北部以沈北新区为节点，沿京哈高速向东北方向拓展。南部以苏家屯区、浑南新区为节点，沿沈大高速向南拓展。

（五）继续完善五条联通发展线：沈铁发展线、沈本发展线、沈抚发展线、沈辽鞍营发展线、沈阜发展线

沈阳市与城市群其他七个城市在相互交界地带分别建立旨在加强经济合作的载体（见图 6－1）。

沈阳市北部地区与铁岭南部有对接空间，沈北新区蒲河新城内产业园区的开发可以向北拓展与铁岭新台子工业园区的开发连接起来，继续完善沈铁一体化发展。在联通互动中沈阳市应充分利用铁岭的资源优势和与吉林、黑龙江、内蒙古地缘相接的区位优势，积极承接产业技术转移，加快发展光电信息业、综合性物流产业、农产品深加工产业、汽车改装及零部件加工制造等优势产业。

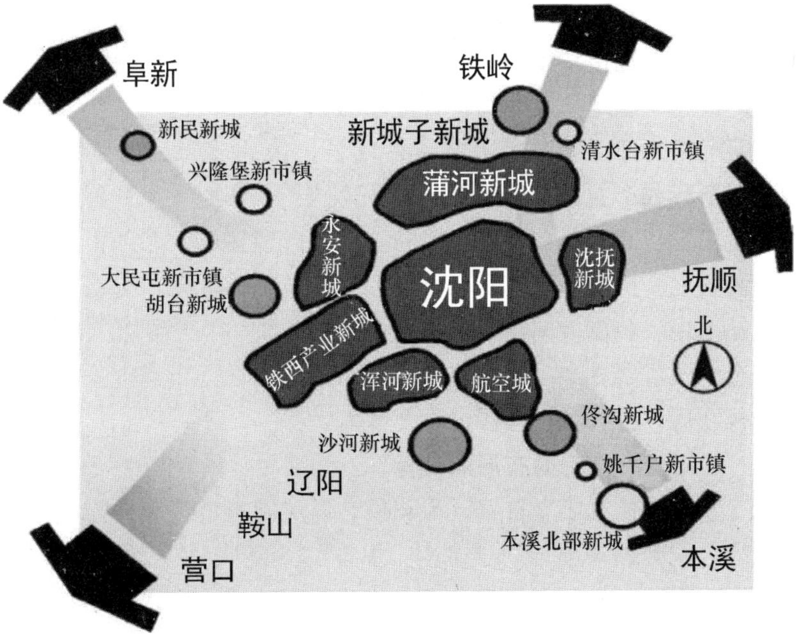

图 6－1　沈阳市与城市群内其他城市联通拓展

沈阳浑南区南部向南继续拓展，逐步与本溪经济技术开发区形成互通，使优势明显、规模较大、产业集聚度高的沈阳浑南电子信息产业集群、钢铁深加工产业集群与本溪市工业加工区形成互动，重点发展生物制药、新材料、电子信息、软件开发等产业以及生态旅游度假等现代服务业。

继续将沈阳浑南区北部的沈抚新城向东拓展，与抚顺经济技术开发区形成有效联通，将抚顺高湾地区纳入沈阳世博园总体规划建设，并共同开发浑河区域，以沈抚大道和南环公路为发展轴线，重点发展先进装备制造业、新材料及精细化工产业、动漫设计等文化创意产业、集成电路、智能材料等优势产业，以及生态旅游等产业。

沈阳市西部工业走廊应保持自身的辐射能力向西南方向逐步延展，与辽阳、鞍山、营口形成有效对接，加快推进产业间良好衔接。以沈大和沈营交通干线为发展轴线，推动线上优势产业集聚。发挥铁西区已有的工业产业基地的优势，大力辅助辽阳在两市交界处逐步规划建设工业园区，重点发展精深加工、重型先进装备制造和汽车零部件等产业。沈阳市主动参与营口港的建设与发展，借助营口港的优势发展现代物流产业和海洋产业，在共同建设沈阳保税物流园区的过程中发挥龙头作用，为城市群内其他城市货物出关、物资运输、物流周转提供便捷的口岸服务，为形成辽宁腹地与沿海的良性互动做出努力。

沈阳市西北部以于洪区为基点，以新民市为支点，向西北方向拓展，与阜新形成产业联通发展线。依托沈阳（于洪）大工业区、胡台新城和新民经济开发区，重点发展新能源、包装印刷、浆纸板材、液压装备等装备配套产业。同时，阜新产业结构单一，沈阳市可以利用自身基础较好的现代物流产业带动阜新优势产业——林产品加工产业的发展，打造全国重要林产品加工基地，使阜新成为沈阳市和内蒙古、吉林地区进行联通、扩大贸易范围的重要节点。

三 沈阳生产力空间布局的目标

以辽宁省被批复成立自贸区为契机，以沈阳经济区确立为我国新型工业化综合配套改革试验区为主体，以转变沈阳市经济发展方式为主线，以沈阳市体制机制创新为动力，优化沈阳生产力空间布局，保持第一、第二、第三产业协调发展，逐步提高高新技术产业增加值比重，增强新兴产业对经济发展的引领和支撑能力。使沈阳生产力布局整体优化，相应的产业分工协作更为协调，优势产业基地和集群日趋壮大，向着区域一体化目标加快综合配套改革进程，以沈阳市为核心的大沈阳城市群内各城市焕发最大活力，形成生产力空间布局完整、产业结构分工明确、技术创新能力较强、产业关联程度较高、创造利润价值能力较强的现代城市生产力结构体系。向周边地区的集聚、辐射及综合承载力不断增强。

第三节 主要任务与实现路径

以2016—2020年5年发展规划为周期，针对沈阳市空间生产力发展规划及任务，结合沈阳市“十三五”社会经济发展规划实施方案，这里分三阶段确定沈阳市空间生产力发展的主要任务及其实现路径。

一 2016—2017年的主要任务及其实现路径

主要任务：做好增长点，实现主体框架的协同发展，在沈阳主城区空间内实现“小五角星型”发展态势。

实现路径：初步建立新型工业化制度保障体系，加强沈阳市各特色点的建设力度，重点在于突出核心区。发展沈阳市内浑南区、航高基地、沈北新区、泗水科技城、大东区汽车城、铁西区工业走廊和于洪区等产业基础优势明显的区域，以皇姑区、和平区的优势产业——金融贸易业为中心发挥带动作用，在沈阳市内形成“小五角星型”的生产力空间支撑结构，凭借这些区域增长点大力发展优势产业、基础设施以及公共服务平台等，使沈河区、苏家屯区、新民、法库、康平、辽中与“小五角星型”内部空间增长点连点成线，联动发展，形成稳固性高、延展性好、带动性强的城市生产力空间发展格局。

二 2017—2018年的主要任务及其实现路径

主要任务：在做强做大“小五角星型”空间增长点的基础上，拓展延长线，在大沈阳城市群形成“大五角星型”发展态势。

实现路径：借助沈阳市内部“小五角星型”空间生产力的发展优势，以沈阳市为中心在各顶点进行东西南北各个方向的有效延展，以产业为纽带实现“多点融合”。连接沈阳—铁岭东北线、沈阳—抚顺东侧线、沈阳—本溪东南线、沈阳—阜新西北线、沈阳—辽阳—鞍山—营口西南线五条联通发展线，形成整体经济区“大五角星型”空间生产力结构，实现大沈阳城市群整体联动的经济发展格局（见图6-2）。在以“五角星型”进行聚合、辐射的空间拓展之后，沈阳市带动经济区内各城市、各优势生产力资源进行产业园区的整合发展，推动轴线上的产业相辅相成，沟通联动，着力在人才储备、成果转化、科技研发、产业集群等方面打下坚实基础，形成辐射潜力巨大和具有后发优势的城市群。

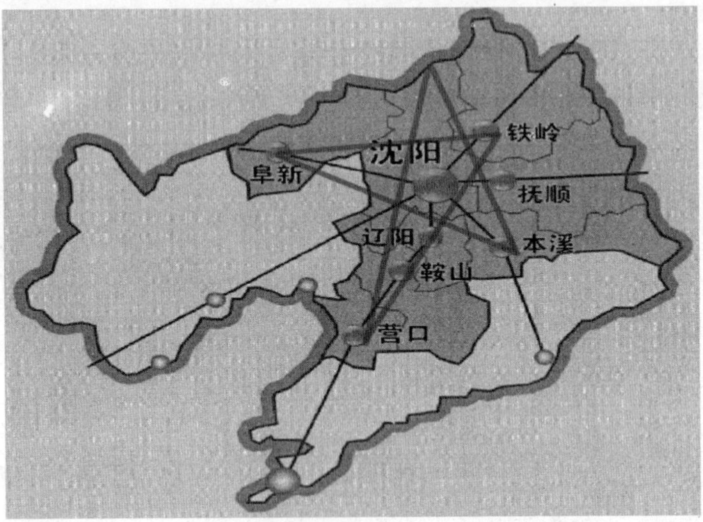

图6-2 大沈阳城市群“大五角星型”发展格局

三 2018—2020年的主要任务及其实现路径

主要任务：连点成线整合成面，进一步拓展和强化城市群生产力空间发展的辐射面积，形成区域核心竞争力，使沈阳市的整体生产力系统得到全面提升。

实现路径：沈阳市在推进生产力空间发展上本着“聚点成线、以线带面”的发展思路，不断由内向外延展城市生产力的聚合与辐射功能，实施以协同创新、互利共赢为导向的三位一体发展战略。主动在各个园区之间、各发展线之间、市区内外之间寻求协同发展，各有侧重，长期合作，通过系统的整体运行机制和协同促进机制推动区域产业结构不断优化和经济增长方式转变，保持以沈阳市为核心的大沈阳城市群内的基础设施建设、各产业规模、技术水平、创新和行政服务能力均衡发展，借助便利的交通优势和基础较强的物流业的发展，不断扩大沟通交流、互助合作的范围。到2020年，大沈阳城市群在沈阳市的带动下综合经济实力和区域竞争力将显著增强，区域主要经济指标大幅提高，实现经济区一体化、同城化发展，为推动东北地区老工业基地全面振兴发挥积极示范和带动作用。

第七章　沈阳企业生产力

“十三五”时期是沈阳全面建成小康社会的决胜期，既是大力推动新一轮老工业基地振兴发展的关键期，也是沈阳全面创新改革试验区建设的攻坚期。当前国家新一轮东北振兴战略开始实施、沈阳国家全面创新改革试验区的确定为沈阳改革开放带来了难得的机遇，“互联网+”行动计划、“中国制造2025”、“一带一路”及中蒙俄经济走廊建设等国家战略，为沈阳老工业基地转型升级和扩大对外开放提供了有利条件。进一步解放和发展企业生产力是沈阳市抢抓机遇、扩大优势，促进经济发展的必由之路。从生产力角度分析沈阳企业的现状与问题，促进企业生产力提高，对于沈阳适应经济发展新常态、实施创新新举措、开创改革新局面，如期全面建成小康社会，实现老工业基地全面振兴等具有重要意义。

第一节　现状与问题

本章首先利用沈阳市按月披露的进度统计数据和年度统计年鉴中的工业企业数据来反映沈阳企业发展现状及存在的问题。

一　工业企业亏损严重

（一）规模以上工业企业亏损数量多，亏损程度大

截至2015年年末，沈阳统计信息网提供的进度数据显示，沈阳市规模以上工业企业共3535家，其中亏损企业271家，占7.67%，与2014年相比亏损企业占比增加了1个百分点，2014年规模以上工业企业3635家，亏损企业240家，占6.60%。另外，2015年规模以上工业企业亏损额高达70.38亿元，同比增长了49%。由此可见，2015年沈阳市规模以上工业企业亏损数量进一步增加、亏损程度更加严重。进一

步根据2015年《沈阳统计年鉴》提供的资料，从工业类型、企业规模、产权归属、经济性质以及地区分布等方面对沈阳市规模以上工业企业主要经济指标实现情况进行分析，结果见表7－1。

表7－1　　2014年沈阳市规模以上工业企业主要经济指标

项目	企业单位数（个）	亏损企业（个）	亏损企业数量百分比（%）	工业总产值（当年价格）（万元）	工业总产值占全市百分比（%）	单位企业工业产值（万元）	利润总额（万元）	亏损企业亏损总额（万元）
总计	3635	240	100	137591451	100	37852	7470761	444253
其中：亏损企业	240	240	100	4382102	3.18	18259	－444253	444253
其中：轻工业	1050	55	22.92	34545153	25.11	32900	1794285	116730
重工业	2585	185	77.08	103046298	74.89	39863	5676477	327523
其中：大型企业	62	8	3.33	36263101	26.36	584889	2716320	185685
中型企业	503	40	16.67	30156565	21.92	59953	1574872	150225
小型企业	3003	177	73.75	69805996	50.73	23245	3161440	100132
微型企业	67	15	6.25	1365789	0.99	20385	18130	8211
其中：中央企业	40	8	3.33	5206460	3.78	130162	202846	3721
省属企业	27	5	2.08	1250676	0.91	46321	115301	3057
市属企业	195	44	18.33	12449906	9.05	63846	127590	163628
其他企业	3373	183	76.25	118684410	86.26	35187	7025025	273847
其中：公有制企业	319	49	20.42	30488893	22.16	95576	2294331	141370
非公有制企业	3316	191	79.58	107102558	77.84	32299	5176430	302883
其中：和平区	27	10	37.04	500172	0.36	18525	－9102	28182
沈河区	56	5	8.93	978629	0.71	17476	3484	20133
大东区	115	22	19.13	18647875	13.55	162155	2041730	69895
皇姑区	39	6	15.38	1724497	1.25	44218	41122	13902

续表

项目	企业单位数（个）	亏损企业（个）	亏损企业数量百分比（%）	工业总产值（当年价格）（万元）	工业总产值占全市百分比（%）	单位企业工业产值（万元）	利润总额（万元）	亏损企业亏损总额（万元）
铁西区	483	95	19.67	26136476	19.00	54113	463347	199360
苏家屯区	277	12	4.33	7604792	5.53	27454	184514	5113
浑南区	313	34	10.86	10149386	7.38	32426	750939	21055
沈北新区	396	20	5.05	17443407	12.68	44049	1019218	60837
于洪区	432	17	3.94	12543903	9.12	29037	585663	4521
辽中县	386	0	0.00	11012702	8.00	28530	618196	
康平县	458	13	2.84	6375665	4.63	13921	248205	4006
法库县	341	2	0.59	12319273	8.95	36127	787942	15905
新民市	312	4	1.28	12154674	8.83	38957	735503	1344

资料来源：《沈阳统计年鉴》（2015）。

由表7－1可以发现，总体来看，沈阳市亏损企业个数为240个，占企业总数的6.60%，亏损金额达44亿元，工业总产值438亿元，占全市工业总产值的3.18%。从工业类型看，重工业是沈阳工业企业的重要组成部分，工业总产值占规模以上工业企业的74.89%。同时，重工业企业亏损数量占全部亏损企业的77.08%，因此，从短期来看应重点解决重工业企业亏损问题。从地区分布看，在十三个区县（市）中铁西区亏损企业最多，为95家。从亏损企业相对比重来看，和平区亏损企业占比最高，占该地区规模以上工业企业亏损数量的37.04%。图7－1更加直观地反映了沈阳市各地区规模以上工业企业数量与亏损企业数量关系。从实地调研的情况来看，铁西区的工厂数量较多，除了我们熟知的大型国有企业之外，确实有一些经营不善的企业亏损严重。浑南新区的企业数量也较大，实地调研中有些经营效益不好的企业名字和主营业务都已变更。和平区、沈河区、皇姑区的工业企业数量较少，因此，对工业总产值贡献较小。从兼顾亏损企业绝对数量和相对比重来看，应重点扭转铁西区、浑南区和大东区亏损企业。

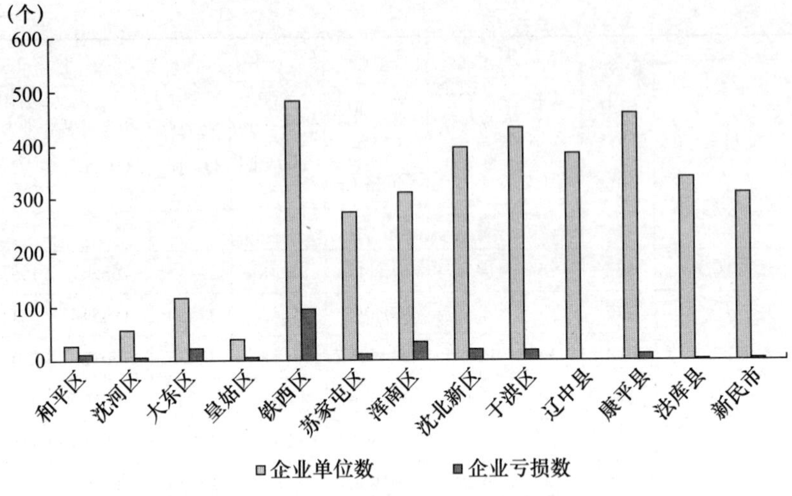

图 7-1 沈阳市按地区分工业企业数量与亏损企业数量

资料来源：《沈阳统计年鉴》（2015）。

（二）国有控股工业企业亏损程度加剧，去杠杆任务重

沈阳国有经济比重大。根据2015年《沈阳统计年鉴》提供的资料，从工业类型、企业规模、产权归属、优势产业以及行业分类等方面对沈阳市规模以上国有控股工业企业主要经济指标进行分析，结果见表7-2。

表7-2　2014年沈阳市国有控股工业企业主要经济指标

项目	企业单位数（个）	亏损企业（个）	工业总产值（当年价格）（万元）	工业销售产值（当年价格）（万元）	单位企业工业产值（当年价格）（万元）	利润总额（万元）	单位企业利润总额（万元）	亏损企业亏损总额（万元）
总计	187	41	27242789	26377554	145683	2167929	11593	136036
其中：亏损企业	41	41	1392104	1363536	33954	-136036	-3318	136036
其中：轻工业	33	7	2475923	2417535	75028	89496	2712	26465
重工业	154	34	24766866	23960019	160824	2078433	13496	109571
其中：大型企业	29	4	23089998	22309893	796207	1896704	65404	92648
中型企业	42	9	2008841	1945820	47830	152488	3631	18580
小型企业	111	27	2120797	2098263	19106	119655	1078	23188

续表

项目	企业单位数（个）	亏损企业（个）	工业总产值（当年价格）（万元）	工业销售产值（当年价格）（万元）	单位企业工业产值（当年价格）（万元）	利润总额（万元）	单位企业利润总额（万元）	亏损企业亏损总额（万元）
微型企业	5	1	23153	23577	4631	-918	-184	1620
其中：中央企业	37	5	5120956	4957081	138404	203056	5488	3510
省属企业	17	3	884554	816473	52033	113858	6698	2054
市属企业	59	18	5982521	5840902	101399	27041	458	116198
其他企业	74	15	15254758	14763098	206145	1823973	24648	14274
按优势产业分								
五大优势产业合计	63	14	14630006	14224128	232222	1718848	27283	84934
汽车及零部件制造业	32	9	12857880	12478574	401809	1678799	52462	74956
建筑产品制造业	4	2	32071	30951	8018	-9616	-2404	9752
农副产品加工制造业	9	1	1072217	1050803	119135	29620	3291	38
化工产品制造业	10	1	350182	345449	35018	14255	1426	81
钢铁及有色金属冶炼及压延加工业	8	1	317656	318351	39707	5791	724	108
装备制造业合计	100	22	22081056	21373780	220811	1961731	19617	94810
按国民经济行业分								
采矿业	1							
制造业	153	32	25729981	24870070	168170	2084692	13625	105496
电力、热力、燃气及水生产和供应业	33	9	1512808	1507484	45843	83237	2522	30540

资料来源：《沈阳统计年鉴》（2015）。

由表7-2可以发现，首先，国有控股企业中亏损企业占国有控股企业总数的21.93%，同时占全市亏损企业总数的17.08%，虽然数量不大，但是，国有企业因其规模大的特点，一般亏损金额也比较大，因此解决国有企业亏损问题是重点。其次，从构成结构来看，重工业国有企业数量占全市国有企业数量的82.3%，工业总产值占全市的91%，因此需要大力发展沈阳重工业企业，提高重工业国有企业效益；大型国有企业占全市国有企业总数的15.5%，工业总产值占全市的84.8%，但小型国有企业数量占全市的59.3%，所以在政府扶持大型国有企业的同时，注重小型国有企业的发展，发挥其数量多的优势，同时，发挥中型国有企业的潜力，将其做大做强；除其他企业外，市属企业数量较大，占全市国有企业的31.6%，因此，沈阳市政府需要调动市属企业的积极性，不断提高企业生产效率。最后，从产业与行业看，汽车及零部件制造业、装备制造业是沈阳市国有企业的优势产业，其对全市工业总产值的贡献巨大，但同时也存在亏损企业数量多的问题，所以，应积极发挥优势产业，减少亏损，从而带动其他产业的全面协调发展。

截至2015年年末，根据沈阳统计信息网提供的进度数据显示，沈阳市规模以上国有控股工业企业有171家，其中亏损企业有49家，占28.65%，与2014年相比亏损企业占比增加了近7个百分点。2014年规模以上国有控股工业企业有187家，亏损企业有41家，占21.93%。可见，2015年沈阳市规模以上国有控股工业企业亏损问题更加严重，去杠杆任务更加艰巨。

二　企业科技创新能力不足

科技创新是驱动企业生产力提升的重要途径。但近年来沈阳与上海、南京等国内发展较快城市相比，科技创新投入相对较少，创新能力不足。沈阳市2014年规模以上工业企业办科技机构数仅为123个，而同期上海为818个，南京为1205个，其中南京几乎是沈阳的10倍。沈阳科技活动人员数量为21723人，而上海则高达124334人，几乎是沈阳的6倍，南京为82791人。在研发项目上沈阳也与上海、南京有较大差距，沈阳仅为1795项，而上海为13821项，南京为6295项。研发经费上，沈阳仅为72.76亿元，上海则高达449.22亿元，南京为141.61亿元。专利申请上，沈阳为3315件，上海为26848件，南京为12270件。新产品产值上，沈阳为732.51亿元，上海为7407.99亿元，南京为1842.69亿元。以上数据反映出沈阳与上海、南京等国内城市在企业科技创新方面存在较大差距。

三　大型企业、重工业企业劳动生产率较低

人均劳动生产率是反映企业生产力水平的重要指标，为进行横向比较，采用人均万元工业总产值近似反映员工劳动生产率（一般应采用工业增加值进行计算，但由于进行比较的两市没有工业增加值数据，因此采用工业总产值代替），结果见表7－3。

表 7-3 2014 年三市规模以上工业企业劳动生产率比较 单位：万元/人

		上海	南京	沈阳
全部企业		134.73	163.69	156.47
按规模分	大型企业	199.11	216.58	156.15
	中型企业	99.01	128.94	122.57
	小型企业	98.35	149.65	177.44
按工业类型分	轻工业	—	112.42	154.01
	重工业	—	185.58	157.31

资料来源：2015 年上海、南京、沈阳统计年鉴。

由表 7-3 可以发现，沈阳规模以上工业企业员工劳动生产率为 156.47 万元/人，高于上海，但略低于南京；从企业规模上看，沈阳大型企业劳动生产率为 156.15 万元/人，而南京、上海分别为 216.58 万元/人、199.11 万元/人，表明沈阳大型工业企业员工劳动生产率较低；从工业类型看，沈阳重工业企业员工劳动生产率为 157.31 万元/人，低于南京的 185.58 万元/人。根据以上结果初步可以判断，沈阳大型工业企业、重工业企业员工劳动生产率较低，从提高企业生产力角度出发，这些类型企业应着力提高员工劳动生产率。

进一步利用 2015 年《沈阳统计年鉴》，从企业规模、企业性质对不同类型企业员工劳动生产率进行了计算，结果见表 7-4。

表 7-4 2014 年沈阳市规模以上工业企业劳动生产率

企业类型		工业增加值（万元）	从业人员平均人数	劳动生产率（万元/人）
按规模分	大中型企业	15362618	478254	32.12
	小微型企业	20786314	401103	51.82
按企业性质分	公有制企业	7882553	208120	37.88
	非公有企业	28266379	671237	42.11

资料来源：《沈阳统计年鉴》（2015）。

由表 7-4 可以发现，从企业规模来看，大中型企业劳动生产率为 32.12 万元/人，小微企业劳动生产率为 51.82 万元/人，小微企业劳动生产率是大中型企业的 1.61 倍，反映出沈阳市规模以上大中型工业企业劳动生产率与小微企业差距较大，这意味着企业规模越大，产生的一系列“大企业病”可能降低了员工劳动生产率。从企业性质来看，规模以上公有制工业企业劳动生产率为 37.88 万元/人，非公有制企业劳动生产率为 42.11 万元/人，非公有制企业劳动生产率是公有制企业的 1.11 倍，反映出沈阳市规模以上非公有制工业企业劳动生产率相对较高，这意味着非公有制企业具有更强的活力。

四 主要工业品去产能、去库存喜忧参半

供给侧结构性改革明确五大任务，即“三去、一降、一补”。三去即“去产能、去库存和去杠杆”。利用沈阳市月度进度统计数据反映 2015 年沈阳市规模以上工业企业主要工业产品销售与库存情况，从而反映当前沈阳市工业企业产品产能形势，通过统计数据分析看到，2015 年沈阳市规模以上工业企业钢材库存减少，产能过剩问题得到一定程度缓解，交流电动机、低端金属切削机床、铝材、化学原料药维生素 C 等产品库存增加，产能过剩问题有所提高，汽车整车、发动机及其轮胎外胎等产品库存明显减少，市场需求旺盛。由此可见，沈阳市工业企业去产能、去库存喜忧参半。

五 国有企业改革任重道远

2015 年以来，沈阳市国资委组织开展了厂办大集体、壳企业、企业办社会职能、企业离退休人员以及改制、破产企业待处理问题调查，摸清了情况，根据现行相关政策测算，为解决沈阳市国有企业历史遗留问题预计需要成本 201.9 亿元，其中，厂办大集体企业职工安置成本合计 76 亿元，壳企业职工安置成本合计 103 亿元，其他离退休人员及社会化管理及偿还内债 22.9 亿元。市国资委会同市财政局、人社局研究制订了《沈阳市厂办大集团改革工作实施方案》。沈阳市重点推进“三供一业”的分离，根据国家规定要在 2017 年年末提前完成任务。目前市属国有企业主辅分离进展不同，其中沈鼓集团制定了转型战略，提出由提供单一产品向工程成套转型，由生产型制造业向服务型制造业转型，由国内业务向海外业务转型，由此将原有服务职能分立，激发服务板块发展潜力，建立了客户、自控、测控、成套、工程研发、运输、北方电脑、香港分公司八个服务中心。北方重工启动了将工程设计院打造成既服务于企业内部，又面向社会开放的国家级技术研发平台，设立了

集团公司实验中心。2014 年 9 月，沈阳市委市政府把沈阳机床、北方重工、沈鼓集团和东北制药集团作为市国有企业改革试点公司。沈阳机床 2015 年 4 月与光大金控、神州数码组建了混合所有制企业——创慧投资公司，实施了员工持股计划，2015 年 9 月、12 月创惠投资公司又分别设立混合所有制的智能云科信息技术有限公司和梦工厂科技有限公司；北方重工与央企中国建材集团就联合重组方式、股权结构、员工持股等已达成共识，战略重组已签署正式协议；沈鼓集团完成股份制改造，引进机构投资者和企业核心层及重要技术人员作为股东。2015 年东北制药成为沈阳市第一批员工持股计划试点单位之一，目前已完成认购确认和尽职调查等工作。但是，沈阳市国有企业改革仍任重而道远，距离国有企业改革的理想目标还存在较大差距。

六　缺少龙头品牌企业

全球权威财经杂志《财富》（中文版）发布的 2014 年中国国有企业 500 强中，沈阳市仅有沈阳化工 1 家企业上榜，而上海市则有 41 家企业上榜，深圳市 32 家企业上榜，南京市 6 家企业上榜，大连也有 3 家企业上榜。2015 年由全国工商联评选出的中国民营企业 500 强中，沈阳市仅有沈阳远大集团 1 家入选，且排在 368 位，大连市则有万达、亿达以及锦联控股集团三家企业进入 500 强。上海市和天津市各有 14 家企业进入 500 强，重庆市 12 家，北京市 9 家。由此可见，目前沈阳企业整体实力较弱，缺少龙头品牌企业。

七　企业国际竞争力有待提升

在科技进步日新月异，经济全球化进程加速的形势下，沈阳企业进行了海外市场开拓的成功尝试。在吸收海外资金和先进技术的同时，许多企业能够发挥自身优势，在海外投资建厂、承包工程、组建集团。经过多年的海外经营实践，沈阳企业“走出去”步伐不断加快，培育了一批实力雄厚、具有一定国际竞争力的大型跨国公司和企业集团。现在沈阳企业的国际化进展呈现出如下几个特点：第一，发展速度较快，规模日益扩大；第二，“走出去”的企业多为沈阳支柱产业，如装备制造业等；第三，“走出去”的企业多为国有企业；第四，企业“走出去”的主要动因在于扩大规模和获得先进技术。但是，沈阳企业在“走出去”的问题上还存在整体实力不强、企业分散、要素生产率较低等问题，如“走出去”的内容上，主要是商品“走出去”；在对外直接投资的项目上，以传统的制造业为主；在投资的地域上，比较集中的地区仍以发展中国家为主；在“走出去”企业的关系上，各自为政，缺乏更紧密的联系等。这些问题严重制约了沈阳企业作为一个整体在海外开拓市场的能力。

八 急需优秀企业家精神引领企业

沈阳市企业家队伍的整体水平与社会发展的实际要求之间还存在明显的差距，不仅在总体上数量不足，而且素质也偏低。与上海、浙江等地企业家相比，数量和质量都有一定差距。沈阳企业家队伍存在的主要问题包括：文化素质偏低。大多数企业家未经过系统的经营管理理论学习和科学严谨的思维方式与方法训练，缺乏企业家应具备的理论与方法修养；知识趋于老化。企业家长期繁忙，其学习时间和精力十分有限，原有的理论水平和专业知识与建立社会主义市场经济和现代企业制度的要求不相适应；缺乏适应国际化竞争的基本素质，如语言能力薄弱，尤其是英语程度比较低；缺少创新精神。创新是企业家精神的核心内容。但从沈阳来看，由于国有企业比重相对过高，国有企业管理者长期受计划经济体制的影响，对市场经济的适应能力较弱，缺少强烈的创新动机，严重制约了国有企业活力的迸发。

第二节 分析、规划与目标

一 沈阳市企业生产力发展规划

（一）指导思想

深入贯彻落实党的十八大和十八届三中、四中和五中全会精神，按照“创新、协调、绿色、开放、共享”发展理念，紧紧抓住国家新一轮东北振兴战略深入实施和全面创新改革试验区建设契机，借助“互联网+”行动计划、“中国制造2025”“一带一路”及中蒙俄经济走廊建设、中德沈阳高端装备产业园建设等国家战略，着力从企业层面贯彻供给侧结构性改革思路，打造一批具有国际竞争力的大型企业集团，显著提升企业生产力。

（二）发展思路

按照习近平总书记对东北老工业基地振兴提出的“四个着力”要

求，围绕“一大主题，三大动力和五大任务”，促进沈阳经济转型，产业结构升级，增强沈阳企业竞争力。

首先是一大主题：紧密围绕全面提升沈阳企业生产力发展水平这一主题，结合沈阳先进装备制造业优势以及新兴战略性产业发展目标，不断深化国有企业改革，激发民营企业发展潜力，扩大对外开放程度，着重在智能制造装备、航空装备、新一代信息技术、电力装备、汽车、机械装备、先进轨道交通设备、新材料、生物制药及数字医疗、现代建筑产业及专用设备等领域培育一批产权清晰、权责明确、政企分开、管理科学，并具有较强国际竞争力的企业。

其次是三大动力：提升沈阳企业生产力的三大驱动力分别是改革驱动、创新驱动和开放驱动。通过改革驱动，进一步深化体制机制改革，切实转变政府职能，打造服务型政府，为企业发展营造良好环境。充分发挥企业主体地位和市场资源配置功能，激发企业活力和转型升级积极性。重点深化国资国有企业改革，提高国有企业活力和竞争力。通过创新驱动，以沈阳国家全面创新改革试验区建设为契机，深化创新机制改革，健全技术创新的市场导向机制和政府引导机制，突出企业创新主体地位，加强政、产、学、研、金协同创新，完善开放式协同创新体系。坚持全面创新，探索网络协同开发新模式，提升企业技术、管理和商业模式创新水平，促进科技创新成果转化。通过开放驱动，积极融入“一带一路”、中蒙俄经济走廊建设、中韩自贸区建设等国家战略，以具有一定竞争力的优势装备企业为依托，在条件具备的国家和地区共建工业园区，积极探索“走出去”战略，深度参与国际经济合作与分工，不断增强企业国际竞争力。

最后是五大任务：一是深化国有企业改革。从国有资产管理体制改革出发，重点推进混合所有制改革，完善企业公司治理结构，促进主辅分离。二是增强企业技术创新能力。不断提高企业创新主体地位和作用，增加技术创新投入，促进创新成果产业化，培育数量更多、规模更大的高新技术企业，获得更多国家认定的高新技术企业。三是促进企业对外开放，提高国际竞争力。四是培育中小创新型科技企业。五是培养具有企业家精神的高级管理人才。

二　沈阳市企业生产力发展主要目标

围绕沈阳市全面建成小康社会目标、老工业基地振兴发展目标、

"十三五"规划目标以及国家中心城市建设目标和先进装备创新制造基地目标，把发展沈阳市企业生产力目标分为短期目标、中期目标和长期目标。

短期目标（2018 年）：全员劳动生产率达到 21.5 万元/人，第三产业增加值占地区生产总值的 49% 以上，研发强度达到 2.42%，国有企业"三供一业"于 2017 年年底完成移交，国有企业混合所有制改革试点企业取得阶段性成效。

中期目标（2020 年）：全员劳动生产率达到 25 万元/人，第三产业增加值占地区生产总值的 51% 以上，研发强度达到 2.8%，在国有企业中推广混合所有制改革经验，混合所有制改革向纵深发展，国有企业资产证券化水平得到提高。民营企业活力得到释放，引育一批具有企业家精神的管理者。

长期目标（2025 年）：全员劳动生产率达到 30 万元/人，第三产业增加值占地区生产总值的 55% 以上，研发强度超过 3%，产生一批具有国际竞争力的国有企业集团，培育世界 500 强企业以及中国国有企业 500 强、中国制造企业 500 强和中国民营企业 500 强。

第三节 主要任务与实现路径

一 深化国有企业改革

深化国有企业改革，从制度安排上提升沈阳企业生产力。实现路径主要包括：改革和完善国有资产管理体制，推进混合所有制改革，健全公司法人治理结构，加快主辅分离。

二 增强企业技术创新能力

结合沈阳产业优势和发展重点，实现企业技术创新能力的提升，从技术创新上提升企业生产力。实现路径包括集中力量在机器人及智能制造技术，高档数控机床及高度精密化技术，重大装备及关键技术，核电装备及关键技术，特高压交、直流输变电设备及技术，智能与新能源汽车技术，飞机制造及设计技术，IC 装备及关键技术，数字医疗设备及关键技术，工业软件十个技术领域取得重大突破。

三　促进企业对外开放

紧紧抓住国家推进“一带一路”和中韩自贸区战略的重大机遇，积极引领企业开拓国际市场，提高企业国际竞争力。实现路径包括：搭建沈阳与世界产业合作对接平台、加强境外经贸合作区建设、支持优势企业率先“走出去”、加大对重点国家和地区、重点产业的招商力度。

四　培育中小创新型科技企业

中小创新型科技企业是促进高新技术产业发展的重要力量。坐落在浑南国际新兴产业园的拓荆公司成功开发出具备国际领先水平的原子层级 ALD 设备，芯源微电子前道匀胶显影整机设备研制成功，硅基科技 SOI 产品已向德州仪器、台湾晶圆等国际顶级芯片生产商供货。一批中小创新型科技企业正在迅速成长，促进了沈阳企业生产力发展。实现路径主要包括：完善中小创新型科技企业公共服务体系、加大财税支持力度、积极推进产业对接。

五　塑造龙头企业品牌优势

我国国有企业尤其是大型国有企业和上规模的民营企业肩负着重要的经济历史使命，就是要全力以赴塑造中国自主品牌，进而开拓国际市场，创造国际产业分工的高附加值。因此，品牌建设既是我国经济增长的重要创新路径，也是中华民族伟大复兴在经济领域的主要标志。沈阳企业品牌塑造的实现路径包括：创建装备制造业品牌。沈阳素有“共和国装备部”之称，装备制造业规模宏大，配套能力较强。特别是在机床、高压输变电成套设备等方面的生产能力，闻名全国。应充分利用中国国际装备制造业博览会的展示效应，打造中国驰名品牌。创建汽车工业品牌。沈阳汽车产业的规模迅速发展，已经逐渐成为中国第四大汽车生产基地。中华轿车是中国第一台拥有自主知识产权的轿车。沈阳的汽车品牌发展潜力巨大，在行业上的优势需要转变成品牌效应。建立化工制药名牌产品群，以东药为龙头，创建一系列的制药名牌产业群，提高行业整体竞争力。

六　提升企业国际竞争力

国际竞争力作为国家在世界经济舞台上所表现出来的创造财富及其可持续增长的能力，其中一个重要指标是地区企业在经济全球化下所展现出来的竞争力。根据沈阳企业参与国际竞争现状，进一步提升国际竞争力路径主要包括：利用国际资本市场，提高企业资本运作和资源配置能力；积极探索适合自身的“走出去”战略模式，提高企业跨国经营能力，结合累积形成的经济实力和跨国企业经营探索的有效经验，沈阳企业要继续探索适合自身的“走出去”模式；政府应高度重视企业国际竞争力的提升，尽快制订具有可操作性的行动指导计划。

七 培养具有企业家精神的高级管理人才

沈阳市企业家队伍弱小，企业家的作用没有得到足够的重视。企业家的稀缺表现为企业家数量少，具有企业家精神的管理人员匮乏。培养企业家精神主要路径包括：一是提高企业家国际化经营管理理念、决策能力以及参与国际竞争的能力，要有全球化的眼光，善于从国际国内形势的相互联系中把握企业的发展战略方向；二是提高企业家持久的战略思维能力，优秀的企业家要具有忧患意识，立足当前，着眼未来，从战略和全局上谋划企业发展；三是培育企业家的人格魅力，提高形势与风险的驾驭能力。

第八章　沈阳创新生产力

第一节　现状与问题

一　现状

沈阳市作为我国全面创新改革八大试验区域之一，正处于创新发展的关键时期，沈阳创新生产力水平的提升是对接国家“中国制造2025”“互联网＋”行动计划、大数据发展行动纲要等战略部署的关键之举，是沈阳市提升城市核心竞争力、加快经济发展方式转型升级的必然选择，是沈阳市实现新型工业化的主要推力和实现路径。在东北老工业基地振兴的战略下，沈阳市依托在工业产业上的雄厚基础、人才技术储备，创新体制改革不断推进，创新绩效不断提升。

（一）沈阳市创新基础不断夯实，企业创新主体不断强化

沈阳市作为我国重要的工业城市和区域中心城市，沈阳市委、市政府一直把科技创新作为引领未来沈阳发展的重要动力。目前，沈阳市共有省级以上工程技术中心237家，拥有省级以上重点实验室288家，其中国家级的16家，创新硬件基础较为雄厚；截至2015年，沈阳共有创业孵化器221个，总面积达62.1万平方米，吸纳入驻企业3464家。依托东北大学、沈阳农业大学、沈阳大学等高等院校建立37家创业孵化器，总面积达7.4万平方米，吸纳入驻企业814家；为响应中央“大众创新，万众创业”的战略部署，沈阳市发动市、区两级充分整合政府资源，建立起四级创业孵化器134家，面积30.6万平方米，吸纳入驻企业1400家；在社会范围内，沈阳市采取政府购买服务方式，鼓励社会力量兴办创业孵化器达到50余家，总面积达到24.1万平方米，吸纳入驻企业1250个。在经济下行的压力下，沈阳市的创新基础不断夯实，

创新的基础条件在全国副省级城市中处于较靠前的位置。

近年沈阳市企业创新主体的数量和质量有所提高，拥有省级以上工程（技术）研究中心数量逐年递增。截至2015年年末，沈阳市拥有省级以上工程（技术）研究中心237个，较“十一五”末期增长了36.99%。2010—2015年，沈阳市拥有的国家级工程（技术）研究中心均为14个，数量没有变化。2015年，沈阳市拥有省级以上重点实验室288个，比上年增加6.27%；其中国家级重点实验室16个，比上年增加14.29%。“十二五”期间，沈阳市的省级以上重点实验室数量稳步增长，与“十二五”的开局之年相比，增加了26.32%。国家级重点实验室小幅增长。

（二）沈阳市创新投入持续增加

1. R&D经费投入不断增加

沈阳市科技创新投入持续增加，资金投入规模和结构上有较大提升，企业创新主体地位进一步凸显，研发活动经费投入稳定。“十二五”以来，累计地方财政科技拨款投入99.33亿元，年均增速9.32%，其中，2014年地方财政科技拨款投入达26.56亿元。2011—2013年，累计R&D活动经费支出423.92亿元。累计获得上级科技经费29.64亿元，是沈阳市科技创新投入的2.4倍，年均增速13.13%。2014年，沈阳市规模以上工业企业R&D经费支出785522万元，比上年下降5.34%；其中，应用研究支出102906万元，比上年增加272.04%，试验发展支出624568万元，较上年减少17.36%。总体来看，在经济下行压力之下，沈阳市各级政府及企业组织均维持稳中有升的研发经费投入。

2. 行业经费支出差距较大

2014年沈阳全部项目经费内部支出563416万元，从行业分布来看，铁路、船舶、航空航天和其他运输设备制造业的项目经费内部支出最多，占行业总研发投入的29.24%；食品制造业、文教、工美、体育和娱乐用品制造业、非金属矿物制品业、造纸和纸制品业、酒、饮料和精制茶制造业、电力、热力生产和供应业由于行业自身性质及R&D活动需要，其全部项目经费内部支出较少。

（三）创新环境不断优化

沈阳市科技创新环境不断优化，创新资源稳步增加。截至2014年年底，沈阳市共搭建各类科技公共服务平台71个，其中，促进产业发展的科技研发平台54个，累计开展产品研发、工艺改造、产品测试、技术咨询等服务活动3000多项；提供专业科技服务的科技服务平台17个，涵盖了电子信息、先进制造、生物医药、新材料等技术领域。在推进科技体制改革方面，全市以科技计划管理改革为切入点，整合了科技资源，提高了科技资金使用效率，形成了有利于市场决定科技资源分配的竞争机制；在完善政策法规方面，制定并出台了《市委、市政府关于加快推进科技创新的实施意见》、《关于加快推进IC装备产业和机器人产业发展的实施意见》、《沈阳市专利技术补助资金管理暂行办法》等一系列政策措施，围绕创新实现的各类政策体系不断完善，政府对企业创新扶持的力度加大，扶持的针对性和效果不断增强。

（四）沈阳市创新产出喜忧参半

1. 专利申请及专利授权数量和专利授权率均有所增加

2015年沈阳市专利申请18112件，其中发明专利申请9946件，分别比上年提升20.39%和10.97%。2010—2015年，沈阳市专利申请数量稳步上升，发明专利申请占专利申请总量的比例也在逐年增大，2010年发明专利申请占38.57%，自2013年起，发明专利申请占全市专利申请总数比例超过50%，2014年发明专利申请占比最多，为59.58%，2015年发明专利申请占比增加到54.91%，较2010年提升了16.34个百分点，表明沈阳市专利授权质量有所提升。2015年沈阳市专利授权率为49.88%，其中发明专利授权率为26.95%，分别比上年提升了5.60个和8.47个百分点。2010—2015年，沈阳市专利授权率在50%的水平上下浮动，其中2012年与2013年的专利授权率最高，均为52.49%；2014年最低，为44.28%。沈阳市发明专利授权率在2010—2014年有下降的态势，但2015年迅速增大，并创历史新高。从数据分析可知，与专利授权率相比，沈阳市发明专利的授权率偏低，专利授权率近似为发明专利授权率的2倍。

2. 规模以上工业企业新产品产出形势严峻

2014年，沈阳市规模以上工业企业新产品产值7325066万元，比上年减少17.76%；新产品销售收入6892130万元，比上年减少13.90%。自2012年起，沈阳市规模以上工业企业新产品产出情况日趋衰退，与上年相比，农副食品加工业、金属制品业、非金属矿物制品业、铁路、船舶、航空航天和其他运输设备制造业、计算机、通信和其他电子设备制造业的产值与销售收入减少程度相对较大；医药制造业和仪器仪表制造业的新产品产出情况较上年有所提升。可见，受经济放缓等因素影响，沈阳市工业企业受到较大冲击，企业总产值、利润总额都受到一定影响，进而影响了技术创新的产出绩效。

3. 规模以上工业企业高新技术产品种类及发展速度波动较大

2014 年，沈阳市规模以上工业企业拥有高新技术产品 792 种，比上年下降 6.82%。自 2010 年起，沈阳市规模以上工业企业拥有的高新技术产品种类整体呈下降态势。与 2010 年相比，2014 年规模以上工业企业拥有高新技术产品种类减少了 20.24%，其中内资企业减少 17.09%，港、澳、台商投资企业减少 36.67%，外商投资企业减少 30.77%。2014 年，沈阳市规模以上工业企业高新技术产品产值 57574153 万元，发展速度为 106.4%。2010—2014 年，沈阳市规模以上工业企业高新技术产品产值呈上升趋势，但发展速度波动幅度较大。主要受外围经济放缓和后金融危机影响，沈阳市以工业为主的经济受到较大冲击，沈阳近三年经济发展明显滞后于全国平均水平，对工业企业创新投入和创新产出产生了一些负面影响。

（五）技术贸易成交额稳步增长

2015 年，沈阳市各类技贸机构技术贸易成交额 152.4 亿元，比上年增长 9.40%。2010—2015 年，沈阳市各类技贸机构技术贸易成交额逐年递增，其中，2012 年的增长率最大，为 49.01%，其他年份的平均增长率为 8.47%（见图 8－1）。

二 存在问题分析

（一）科技资源总体规模仍然偏小，整合利用不够，配置结构有待优化

区域科技资源规模总量的多少，反映了该区域的科技水平以及科技发展实力。沈阳市科技资源投入总体规模，不仅与北京、上海等发达地区相比存在较大差距，而且与成都、南京、青岛、武汉等副省级城市相比也存在一定的差距。沈阳市 60% 以上的科研机构独立于企业之外，其研究开发的方向和目标与市场距离较远，科技成果向现实生产力的转化渠道不畅，造成科技资源重复浪费。从资源配置结构来看，与全国相比，沈阳市更侧重于产业化项目的研究，应用基础研究经费投入比重低

于全国平均水平，使沈阳在产业技术创新达到一定高度后，制约了进一步提升的空间。

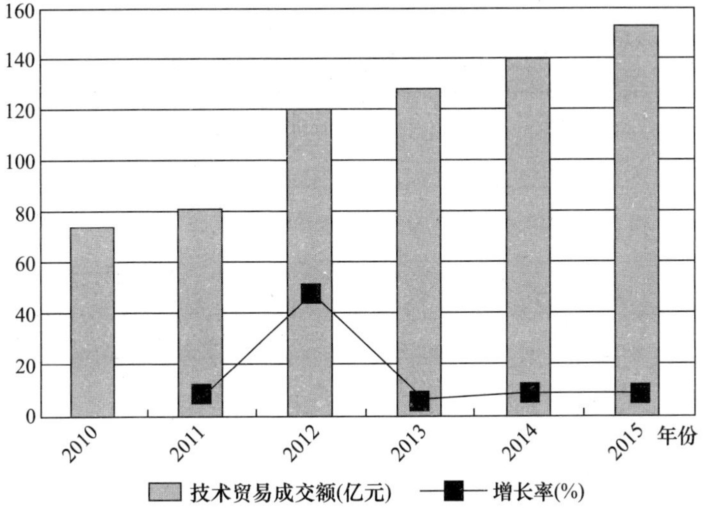

图 8－1 2010—2015 年沈阳市技术贸易成交额

资料来源：《沈阳统计年鉴》（2015）。

（二）企业特别是国有企业创新主体地位不突出，创新投入不足

与发达城市相比，沈阳市企业尚未成为真正的创新主体。目前，深圳有各类科技型企业超过 3 万家，而沈阳只有 4000 余家；深圳 90% 以上的研发机构、研发人员、研发投资、专利发明来自企业，而沈阳大量的研发机构、科技人才集中在高校与科研院所（2013 年企业从事科技活动人员只占科研人员总量的 52%，高等院校占 28%，科研机构占 20%），造成科技资源配置的低效。企业特别是大型国有企业创新积极性不高，创新投入不足。低水平的 R&D 投入难以为企业发展提供可靠的技术基础支撑。

因数据限制，我们找到 2008 年沈阳及其他几个城市规模以上企业科技活动经费筹措的构成比例，虽然数据有些过时，但仍能较好地说明问题（见表 8－1）。从企业研发经费来源的对比可看出，企业科技经费来源中，企业资金比重最小的和政府资金比重最高的都是沈阳，而且其他四个城市工业企业科技经费中企业投资均在 90% 以上，沈阳仅为

64.6%，政府投入资金高达29.42%。近年虽然企业市场主体地位在不断确立，但因为沈阳市特有的国有企业比重较高的企业组织结构和不够完善的市场机制，以企业为主体的创新投入格局还有待提升。

表8-1 规模以上工业企业科技活动经费来源 单位:%

城市	企业资金	金融机构	政府资金	其他资金
沈阳	64.60	4.32	29.42	1.66
上海	94	1.92	2.95	1.13
天津	91.59	4.49	1.89	2.03
济南	96.39	1.18	2.29	0.14
青岛	93.45	4.41	1.99	0.15

资料来源：2008年各省统计年鉴。

（三）企业科技创新投融资体系还不健全

沈阳市企业以大中型企业为主，中小型科技企业发展滞后。创新投入不足与企业科技创新融资体系不完善有关。作为计划经济影响较为深远的城市，沈阳政府资源调配能力较强，市场机制不完善，商业氛围不浓厚。技术创新作为高投入、高风险的企业行为，需要外部资金的支持，而外部资金的来源及目的会影响企业技术创新行为与绩效。如上面所述，政府资金在企业创新资金来源中占有较大比重，强化了企业创新对政策性资金的依赖，而创新资金通过政府配置也导致潜在的无效率，进一步制约了多元创新资金市场的形成。

沈阳市企业科技经费来源较为单一，企业还没有真正成为创新的主体，多元化融资渠道没有形成。另外，沈阳市受计划经济影响深远，商业氛围不发达，造成融资平台投资运营以政府及政府附属单位为主，风险投资、融资担保、抵押融资等融资业务不发达，对中小企业存在明显的歧视和限制，导致中小科技型企业融资困难。

虽然沈阳市政府出台了相关的政策文件，明确提到了加大政府科技投入力度、争取国家政策性贷款、直接融资、质押担保、典当机制等多种投融资方式的扶持，但是，由于各种因素的制约，融资难仍是目前沈阳市企业，尤其是中小科技型企业发展的“瓶颈”。

（四）企业科技创新生态系统不完善

沈阳市的企业创新体系建设与过去相比尽管取得了较大成效，但总体来看，仍然存在市场化发育程度不足、专业化不够以及产学研结合长效机制建设不足等问题。

1. 创新意识的滞后难以形成战略视野

沈阳市长期的计划经济影响深远，大型国有企业众多，至今仍有很多企业创新的意识不强，没有真正从企业发展战略高度去认识企业创新问题。企业创新价值观、创新文化建设不完善，没有形成科技资源与区域经济、生态系统的正能量的交换。当今世界资源、环境、经济发展、人民福利之间矛盾日益突出，科技创新成为协调区域经济发展与环境友好、生态和谐共生的根本动力。沈阳市企业以机械制造、重化工业等传统产业为主，创新生态思想还未深入企业、政府等各层面。创新生态观的缺失带来了重短期利益、忽视系统共生共享的利益最优化，重效率而轻视公平、民生等诸多问题。同时，沈阳以大企业为核心的创新生态系统造成大企业占据了大量创新资源，而中小型民营企业享有的创新资源和政策资源十分有限，加之自由竞争的市场环境不充分，造成大企业与中小企业发展条件的不匹配性。相关政策应该从创新生态体系角度出发，认识中小型企业在创新网络中的作用，加大对中小型民营企业政策倾斜，为其构建良好的发展环境，促进创新生态体系的良性成长。

2. 外部市场化不足导致技术创新效率不高

由于市场化发育程度不足、专业化不够以及产学研结合长效机制建设不完善等问题比较突出，近年来，虽然沈阳市科技中介服务机构的规模数量与过去相比有了大幅的增长，但是，专业化水平、市场化能力还有待提升。沈阳市面向支柱产业发展提供技术支撑服务的平台和组织较少，对中小企业提供的公共技术服务短缺，对产业转型升级的支撑力度不强。产学研之间合作仍然不够紧密，尤其是科研院所、高校等科技资源和成果对产业发展的支撑和引领作用不明显。

3. 科技成果转化能力不强，产业化市场化不足

科技成果转化是创新成果规模化与产业化应用的前提，沈阳作为科技资源较为丰厚的城市，在科技人才、技术专利等方面在全国副省级城市排在前十名。但是，科研成果转化能力还处于较低水平，造成这种局

面的原因在于体制机制不健全、科研成果转化制度落后、知识产权保护意识不强等原因。从机制角度看，科技成果转化的障碍在于科研组织实施、制度运行游离于市场需求之外，高校、科研院所等创新主体的科研成果评价、科研人员考评等环节与市场需求脱节导致科研成果不能满足产业化需求。对科研人员的激励不健全、科技创新成果所有权界限模糊等导致科研人员创新积极性不高，缺乏成果转化的意识、意愿和动力。信息不对称、知识产权交易过程中机制不灵活，信用机制不健全等都为技术转化设置了重重障碍。

（五）科技人才资源集聚不足，创新创业活力有待进一步激发

沈阳市高层次创新人才不足，人才结构不够合理，缺乏创新型企业家、高级经营管理人才和投资人才。由于市场机制不健全导致创新活力不足、薪酬不高、用人机制不灵活、缺乏对人才的吸引力，进而导致高端人才外流，人才资源短缺。沈阳市高等院校、科研机构、大中型工业企业从事科技活动人员分别占科技人员总数的28%、20%和52%，尽管大中型工业企业的科技活动人员占到总数的一半，但研发人才不足，而大量高校、科研机构人才由于与企业、市场脱离，创新效果发挥不充分。另外，虽然大众创业、万众创新已成为社会热潮，但东北地区创业活动不够活跃，新兴产业发展相对滞后，亟待激发区域创新活力和创业热情，推进全民创新创业带动产业繁荣。

（六）创新开放性不足，对外部创新资源利用整合需进一步提升

充分利用外部创新资源，对于弥补本地创新资源不足、实现开放发展具有重要意义。沈阳与国际先进企业的交流合作，特别是与世界500强、国外高等院校和科研单位的科技合作，还有很大提升空间。在理念、标准、规则、服务、设施等方面亟须与国际对接，以更加积极的姿态全面推进开放，统筹利用国际国内两个市场、国际国内两种创新资源，吸引和利用全球创新资源，打造东北地区创新资源集聚的高地。同时，充分利用“一带一路”建设的战略机遇，积极推动装备制造业走出去和开展国际产能合作，站在创新的制高点上迎接全市新一轮的改革开放进程。

第二节 分析、规划与目标

一 比较分析

（一）沈阳市创新基础及环境的横向比较

虽然沈阳市创新基础有所提升，但是，与其他同类城市相比，仍有较大差距，创新基础有待进一步夯实。从科技人才数量比较上看，截至2012年，沈阳市科技人才数量和南京接近，但与广州、深圳、成都等副省级城市相比，还有较大差距，科技人才总量不到广州和深圳的一半。2015年，沈阳市拥有省级以上重点实验室288个，其中国家级重点实验室16个，拥有省级以上工程（技术）研究中心237个。与同类城市相比，沈阳市创新的硬件资源还比较雄厚，如国家级、省级实验室与南京市（南京市有国家级技术中心17家，省级技术中心320家）相当，但这种较为雄厚的科技资源潜能发挥不足。另一个特点是沈阳市重点实验室、研发中心以科研院所为主，规模以上企业拥有的技术研发中心比重只有6.4%（苏州规模以上企业技术研发中心比重为36.6%，深圳的比重更高）。

2013年，沈阳企业R&D人员数量仅为3.53万人，不但远低于北京、上海等中心城市，而且与苏州、青岛、西安等副省级城市也有较大差距。高端人才更为短缺，企业里的院士很少，其他高层次人才也供给不足。例如，全国“千人计划”沈阳市共14人入选，而无锡入选人数达到400余人，成都超过300人。在高端人才吸引、培育方面，沈阳市与同类城市之间的差距仍然很大，沈阳市作为中心城市对科技人员的吸引力还很有限。

（二）创新投入的横向比较

尽管沈阳市企业技术创新能力、绩效在不断提升，但与同类发达地区比较看，沈阳市与科技发达城市相比尚有差距。沈阳市具有较好的产业基础和创新资源，高等教育发达，科研院所众多，具有优厚的科技人员资源，创新资源基础较好，但整体社会研发经费投入仍显不足。2013年沈阳市R&D经费141.86亿元，全市范围企业自主创新投入强度不足1%，与国内同类发达地区相比有较大差距。据统计，深圳市2013年投入 R&D 经费 584.61 亿元，R&D 强度超过 4%，沈阳城市 R&D 投入仅为上海的 1/6，为深圳、广州的不足 1/3，只有苏州和天津的一半，沈阳市整体科技投入能力与同类发达城市仍然存在不小的差距。从 R&D 投入强度看，沈阳市 R&D 投入强度一直高于辽宁省和全国平均水平，但是远低于北京、深圳、上海等一线城市，企业研发投入能力有待进一步加强（见表 8－2 和表 8－3）。

表 8－2　　2013 年各城市科技创新投入比较

	沈阳	大连	广州	深圳	成都	南京	苏州
科技活动经费总额（亿元）	141.86	123.4	165.69	584.61	442997	182.62	297.48
科技活动人员数（人年）	—	78323	66165 *	239894	13563	111756	100181
科技人员人均科技经费（万元/人）		15.75	25.04	24.36			

注：* 为规模以上企业内科技活动人员数量。

资料来源：根据 2014 年各城市统计年鉴数据整理计算。

表 8－3　　各主要城市 R&D 投入比较　　单位：亿元、%

	2010 年		2011 年		2014 年	
	R&D 支出	R&D 强度	R&D 支出	R&D 强度	R&D 支出	R&D 强度
沈阳	105.80	2.11	140.60	2.38	137.80	1.94
广州	118.77	1.11	140.67	1.13	189.62	1.13
深圳	333.31	3.50	416.14	3.60	640.07	4.00
成都	108.30	1.95	—	—	—	—
南京	145.50	2.90	—	—	290.00	3.00
苏州	147.4 *	1.60	189.6 *	1.77	238.63 *	1.73
辽宁	287.60	1.56	363.80	1.64	435.20	1.52
全国平均	7062.60	1.76	8687.00	1.84	11846.6（2013）	2.08

注：* 为规模以上企业内的数据，因为没有全市情况数据，用此数据替代。

资料来源：根据 2014 年各城市统计年鉴数据整理计算。

（三）创新绩效的横向比较

1. 创新产出效率不高

从近几年沈阳市技术专利申请和授权数的比较看，沈阳市企业整体创新能力没有根本变化。数据表明，沈阳市整体创新绩效受外围环境影响较大，还未形成连续、持续的投入产出机制，而创新本身还未成为引领沈阳市发展的核心动力。从表 8－4 可以看出，沈阳市专利申请和授权数量虽然近三年稳中有进，但与其他可比城市的快速发展势头形成了鲜明对比，深圳、广州、南京等城市近三年专利申请授权数都保持 20% 左右的增长。从万人拥有专利申请数和授权数看，沈阳市也处于较低水平。由于沈阳整体产业经济低迷造成企业研发投入不足，进而导致创新绩效不佳，创新引领作用无法发挥，形成了恶性循环。

表 8－4　　主要副省级城市专利申请数和授权数比较　　单位：件

年份	沈阳		深圳		广州		南京		西安	
	申请数	授权数	申请数	授权数	申请数	授权数	申请数	授权数	申请数	授权数
2008	6254	3105	36249	18805	13968	8078	11692	4816	9584	3285
2009	7708	3636	42279	25894	16514	11082	14221	6640	12772	4706
2010	10051	5165	49430	34951	20801	15079	19275	9150	19485	8037
2011	4880	1302	28823	11826	8172	3146	11598	3457	11689	2738
2012	5709	1595	31087	13139	9822	4026	16409	4408	15029	3475
2013	7572	1574	32200	10987	12174	4057	22482	4735	23534	3708
2014	8963	1656	31097	12032	14595	4597	28050	5275	21383	4379
2015	7955	2323	35273	15179	16713	5843	24750	7388	11311	5357
累计专利数（2016 年 6 月）	62339	15563	304928	102686	107866	34554	151964	39985	117464	29812
万人专利数	85.23*	21.28*	267.98	90.24	84.92	27.20	184.65	48.58	135.05	34.28

注：*沈阳万人专利数计算人口采用 2016 年数据，其他城市人口数采用 2015 年数据。

资料来源：根据 http：//www.cdip.gov.cn/相关数据整理计算。

2. 企业高新产品销售比重不高

沈阳市企业无论是新产品销售收入总规模，还是新产品产值占工业总产值的比重，与同类发达地区相比还有很大差距。2014 年，沈阳规模以上企业新产品销售收入仅相当于苏州的 8.5%、深圳的 11.2%、南京的 21.7%。可见，沈阳总体科技创新能力与其自身的经济规模、科技资源不相匹配，企业创新绩效有待进一步提升。从沈阳市企业技术创新产出的纵向比较看，规模以上高新技术产品产值在逐年攀升，但是，占工业总产值的比重增幅不明显，甚至出现徘徊不前的现象。高新技术产品出口额虽然逐年增加，但是，增长幅度有限，说明沈阳市高新技术产品整体国际竞争能力有限（见表 8－5）。

表 8－5　　沈阳市历年企业技术创新产出比较

指标	2010 年	2011 年	2012 年	2013 年	2014 年
规模以上高新技术产品产值（亿元）	3890	4617	5027	5624	5757
占规模以上工业总产值比重（%）	40.5	42.4	39.1	40.9	41.8
规模以上高新技术产品增加值(亿元)	1030	1219	1390	1615	1717
占规模以上工业增加值的比重（%）	43.60	41.2	43.4	45.9	47.5
占地区生产总值比重（%）	20.50	20.60	20.71	—	—
高新技术产品进出口总额（亿美元）	16.96	23.8	—	—	—
出口额（亿美元）	9.90	11.6	—	—	—

资料来源：根据《沈阳统计年鉴》和《辽宁科技统计年鉴》数据整理。

（四）高新区建设水平的横向比较

高新区是城市高技术企业集聚地，是创新实现的最重要的载体之一，一个城市高新区发展情况是城市高技术产业发展状况的缩影。我们通过副省级城市高新区建设相关数据对比，分析沈阳市创新生产力中存在的问题。

高新技术开发区是一个城市科技创新最活跃、创新体制较为完善的高技术产业集聚区，高新区内企业数量从侧面反映出该区域对高技术企业的吸引力和辐射力。沈阳高新区是国家第一批重点建设的高新区，从表 8－6 的数据看，沈阳高新区的企业数量在逐年下降，从 2005 年的 1193 家下降到 2011 年的 669 家。而其他副省级城市高新区，高新区内企业数量均呈现快速增长的势头，如成都高新技术开发区以后来者居上的势头短期内赶超了沈阳。这些现象说明，沈阳浑南高新区的创新资源吸引、根植性较差。在高新区建立之初，国家、省、市的优惠政策对投资的吸引力较强，短期内吸引了较多的企业投资；随着各地高新区的建设和优惠政策的实施，政策优惠的优势弱化。吸引企业的因素转为地缘优势、制度和服务创新、技术创新环境及产业配套系统等多方面的软环境，说明沈阳浑南高新区在创新软环境建设上还有待进一步完善。

表8-6　各主要副省级城市国家高新技术产业开发区企业数量比较

年份	沈阳	大连	广州	深圳	成都	南京
2005	1193	1684	1120	287	351	217
2006	871	1732	1293	348	425	224
2007	857	1795	1543	349	467	235
2008	825	1811	1819	381	507	232
2009	813	1757	1754	399	1398	253
2010	724	1934	1929	505	1420	260
2011	669	2029	1959	618	1484	285

资料来源：根据科技部火炬中心网站相关数据整理。

另外，从沈阳高新区年总产值看，近几年，沈阳高新区产值有所下降，而其他城市高新区总产值都有明显增长，广州高新区2014年总产值是2010年的近6倍，成都、南京高新区总产值年增长率维持在30%左右，呈现出快速发展的态势。显然，沈阳高新技术开发区发展滞后，对沈阳高技术产业发展的引领作用不够。

我们通过高新区总产值/地区生产总值（或工业生产总值）计算高新区对地方经济的经济贡献率。从表8-7可以看到，沈阳高新区的经济贡献率维持在25%—40%，而南京、成都等高新区的经济贡献率明显比沈阳高。广州高新区的经济贡献率较低，是由于广州本身经济基础雄厚，经济构成多元，高服务化特征明显等因素所致。通过沈阳浑南高新区与其他同级别高新区的总产值、对整体经济的贡献率来看，明显低于其他城市高新区，从一个侧面反映出沈阳高新技术企业的整体经济贡献率较低，对经济发展的带动引导效应有限。

二　规划

（一）骨干企业带动创新体系的构建

沈阳大型工业企业拥有深厚的科技资源，在本地产业体系中发挥主导作用。以骨干企业为核心，根据自身科技研发优势和市场主体地位，针对自身在科技创新中欲突破的关键技术领域整合资源，打通创新环节衔接，着力打造基础研究、技术开发、产业化的全链条、贯通式产业技术创新体系。重点打造围绕先进装备制造业、航空航天产业、汽车研发、制造及配套产业、生物医药产业等几个重点产业的创新体系，为沈阳市核心产业发展提供有力的技术支撑，将沈阳建设成为中国制造业研发、制造中心和具有国际影响力的制造业创新中心。借助“中德装备园区”建设契机，加快对德国高端装备制造企业的引入，引导公共技术平台、企业联盟等组织建设，加强沈阳本地制造企业先进技术学习，探索创新经济新体制机制的建立，促进沈阳市先进装备制造产业的转型升级。

表 8－7　　2005—2011 年各高新区经济贡献率

年份	沈阳	大连	广州	深圳	成都	南京
2005	0.258084	0.328446	0.152028	0.276315	0.471979	0.679408
2006	0.329219	0.379778	0.175041	0.27555	0.437385	0.652837
2007	0.313507	0.420082	0.184644	0.281276	0.568474	0.656384
2008	0.314345	0.41323	0.187954	0.288134	0.601382	0.683099
2009	0.334318	0.337843	0.223818	0.311012	0.665751	0.589748
2010	0.363746	0.355713	0.272228	0.315308	0.17482	0.593994
2011	0.385956	0.354233	0.280037	0.352402	0.587492	0.588362

资料来源：根据科技部火炬中心网站相关数据计算所得。

（二）借助国际优势资源培育引领未来的战略新兴产业

作为创新示范区，沈阳要紧跟未来技术发展方向，提早进行战略布局，孕育发展具有未来潜力的战略新兴产业，可借鉴远大科技园建设经验，依靠创新型企业在技术挖掘、技术产业化、人才引育方面的优势，围绕未来新技术点开展人才引育和研发工作，为未来沈阳高技术产业发展孕育新力量。加强 IC 装备制造、新生物制药等产业高端人才和创新创业团队引入，填补关键技术领域和生产工艺空白，争取在关键技术领域有跨越式发展。

吸引国外科技研发机构设立研发中心，支持本地高校、科研院所与国外研发机构开展联合技术攻关，支持本地有条件企业境外建立研发基地。加强与日本、俄罗斯、韩国等周边国家及欧美等发达国家的务实合作，推动资源互补、互促互惠的合作机制和创新平台建设，依靠外部科研项目提高本地科研能力。加强与京津冀经济区、长江经济带和港澳台等对接地区在科技研发和成果转化等方面的合作，建设产业合作与创新转化平台。发挥创新孵化器、创客空间的前沿技术孕育功能，积极引入国外高端人才和研发团队，增加创新源头的涌入。

（三）营造鼓励创新创业的良好创新环境

良好的创新环境表现为创新动机强烈、创新创业机会多、成本低，创业空间大，只有形成这种创新创业的整体环境优势，才能向社会、市场传递积极的信号，吸引大量创新者、创业者进入，才能将强大的创新精神传播到整个区域，最终形成勇于创新、崇尚创新创业的良好氛围。要健全鼓励创新创业的激励和保障机制。以打造众创空间为抓手，推动科技型小微企业创新创业，并实现跨越式发展。以软环境打造和硬件设施提升为手段形成活跃的“双创”局面。围绕创新链完善资金链，促进科技和金融结合，创新金融服务科技的方式和途径，引导银行等金融机构加大对科技企业的信贷支持，形成较为完善的科技金融服务体系，加快建设科技金融示范区。完善创客空间服务体系，政府通过投资、联建等方式建立一批公共技术研发、转化、试验、专业辅导等创新服务平台。推进东大科技园、辽大科技园、沈大科技园等功能提升，真正建立起创业创新孵化基地，汇聚社会力量，拓展众创空间。借助创新创业保险机制、政府科技发展基金等政策引导多元资本市场，解决企业创新融资难问题。

三　目标

以构建“自主创新示范区”建设为契机，建设创新型沈阳，构建资源配置高效、主导创新领域鲜明、创新引领效果突出的东北创新型中心城市。深化科技创新体制机制改革，优化创新创业环境，将沈阳打造成为全国重要的创新先行区，并在改革中积累老工业城市创新改革经验，在关键领域形成重要的创新成果和可复制、可推广的经验，为东北全面振兴、实现创新引领探索可行路径。

沈阳市明确创新改革的主要目标是：到 2017 年，将沈阳打造成为全国重要的体制机制创新先行区、创业创新要素集聚区、开放合作创新核心区、创新驱动发展示范区。到 2020 年，科技和创新对沈阳经济的支撑力能明显增强，科技进步贡献率达到60%以上，依赖技术创新实现产业优化升级和经济发展方式的根本改变。保持高技术产业的快速增长，高技术产业产品增加值占生产总值的30%以上。以市场机制为主导、政府引导相结合的科技资源配置体系基本形成，全市社会R&D投入占生产总值比重力争达到3%。建成创新资源高度集聚、科技创新基础设施和服务体系完备、创新创造成果丰硕、高新技术产业蓬勃发展的国家级区域性创新中心。具体的主要目标如下：

（一）全面改革创新示范区

抓住“沈阳自主创新示范区”建设契机，以体制机制创新为突破口，破解原有技术创新中存在的关键制约因素，强调市场对科技资源配置、企业研发行为的核心引领作用。探索老工业城市运用科技创新、制度创新推动新型工业化建设的模式。理顺企业、科研院所、中介机构、政府等组织在创新体系中的关系，建立符合市场运作机制、稳定、高效的区域创新体系。推动高校、科研院所人才引育、评价、激励体系建设，激发现有科技人才、资源的创新活力。推动国有企业混合所有制改革、内部管理机制改革，进一步加强企业的创新主体地位，围绕重点骨干企业构建起内外资源互补、创新网络稳定、创新行为活跃、创新绩效明显的产业创新合作网络。推动主要产业集群内部完善企业分工协作体系，推动集群内公共创新平台、公共检测平台、创新服务平台建设，倡导“开放、共享、互促”的创新理念。将“中德装备园区”作为“中国制造2025”与德国“工业4.0”合作、融合示范区，探索开放型创新体制的探索区，并在发展中总结可推广的经验。将“铁西先进装备制造基地”与“铁西金谷”作为装备制造与现代科技服务业互促发展的试验区，探索新经济时代制造业与生产性服务业互动互促的机理与模式，借助制造业雄厚基础促进现代科技服务业发展，而科技服务业发展反过来又推进了传统制造业的转型升级，在互促融合中，推动两大产业的创新发展。

（二）东北科技创新人才资源集聚区

集聚创新智力打造“人才管理改革试验区”。围绕解决人才激励不足、机制不活、环境不优等问题，坚持引进和培养相结合，不断创新人才引进机制、完善人才激励政策，优化人才培养机制，加快构建创新型人才高地。支持高端人才、海外研发团队引入等方式，为沈阳市的创新发展注入新活力；通过鼓励企业设立国外、省外研发机构、项目制人才引入等柔性人才机制，“不求所有，但求所用”。加快高校、企业通过外部优质教育资源引入等，促进复合型创新人才培养，鼓励高校与重点企业联合办学和培育人才。切实从高端人才需求出发，设立人才专项资金扶持人才成长，为各类人才创新创业提供全方位的保障和服务。建立健全专利保护制度、股权期权等中长期激励制度、个人所得税抵扣等一系列有助于吸引人才的制度。

（三）创新引领新型工业发展试验及示范区

结合沈阳推进新型工业化进程重点领域，整合资源、找准突破关键技术，实现一批对重点工业产业具有支撑作用的核心技术突破，推动传统工业转型升级。通过吸引、整合、集聚科技创新资源与优势产业资源，以“铁西先进装备制造集聚区”“中德装备园区”等几个核心工业集群为载体，加强政产学研紧密合作，开放系统、资源共享，促进核心技术创新、技术成果产业化和高端产业的集群化发展，用五年左右的时间将沈阳构建成为“以产业优势为基础、以骨干企业为依托、外围科研院所及配套企业为支持的新型工业示范区”。

（四）“大众创业、万众创新”的引领区

打造三好街创新创业示范区、沈阳浑南国家电子商务示范基地等“创新、创业示范区域”，努力为“大众创业、万众创新”提供全方位、多层次、多渠道的创新创业服务，吸引各类人才向示范区集聚流动，共同打造基础设施环境一流、创新文化浓郁、创业激情与灵感竞相迸发的创新创业基地。通过体制机制创新解除不利于创新创业的束缚，制定并实施财政、税收等向小微企业倾斜政策，支持各类市场主体创新创业的积极性，打破“大中型企业”独大的组织结构，形成中小企业“铺天盖地”、大型骨干企业“顶天立地”的发展格局，打造沈阳市发展新引擎、形成新动力。

第三节　主要任务与实现路径

一　主要任务

未来沈阳市科技创新要坚持“有所为、有所不为”的原则，将科技创新方向与沈阳市产业发展重点相结合，将核心技术创新作为未来沈阳重点产业转型升级的持续动力。要确定沈阳市重点制造业领域，根据不同产业实际情况，通过提升创新能力推动制造业向价值链中高端攀升，实现沈阳制造向沈阳创造转变，加大技术创新力度，促进“两化”深度融合，提高绿色制造、智能制造水平，不断提升装备制造业国际竞争力。

（一）促进信息自动化及智能制造为核心的技术创新能力

把握制造业未来信息化、数字化、定制化特点，推动智能制造与制造信息化。依托新松集团、东软集团等骨干企业加强软件系统、嵌入式系统等软件的开发，面向数控机床、大型成套设备、汽车制造等核心产业领域开发机器人自动化系统。通过智能制造技术研发与应用推动传统制造业的转型升级。加快建设“机器人与智能制造创新研究院”，建立基础研究、应用开发、中试、产业化和商品化之间的有效衔接，拉长机器人产业链条，力争率先建成具有中国特色、在国际上有重要影响力的机器人与智能制造科技创新基地。

（二）推动沈阳市机床、大型成套设备为代表的先进制造产业的自主创新

大型装备制造企业普遍研发投入不足，内部创新机制体制有待完善。政策引导沈阳机床、沈阳精工等有条件的机床企业加强高档数控系统、伺服驱动装置等核心技术与装备的开发，提高主机高稳定性、高效率性和智能化水平，运用创新调整优化产品结构，提升高档精密机床、智能化机床比重，并结合优势技术促进企业从单纯产品盈利转型为“产品+服务”的盈利新模式。

（三）新能源汽车产业实现集成创新

以2015年成立的辽宁省新能源汽车产业联盟为纽带，将沈阳市及其周边相关产业从事新能源汽车研发的企业、科研院所及高等院校等整合起来，共同参与，优化配置新能源汽车产业技术资源、促进新能源汽车技术集成创新、推动成果产业化发展，形成新能源汽车技术领域的自主创新能力和核心竞争力，通过联盟优化整合新能源汽车产业资源，共同合作攻关，突破新能源汽车共性核心技术。

（四）数字医疗设备的应用创新

重点发展医疗磁共振成像系统、新型数字化彩超、全身多层CT扫描设备、正电子发射断层扫描设备、新型多功能激光治疗设备、高强度聚焦超声肿瘤治疗系统、数字化多功能多参数集成诊断系统、新型医用

内窥镜及其防护系统，生物芯片、健康益体机等医用诊断、治疗和监护设备，生物医用材料及其制品。通过市场化应用实现上述产品的适应性创新。

（五）积极推动生物医药技术突破

依托现有生物医药生物产业集群与骨干企业，围绕生物制药、现代中药、化学新药等领域关键技术的开发，提升沈阳市医药产业竞争力。依托沈阳同联生物医药产业园区建设，发挥在新一代抗生素、维生素、生物制药及基因工程等方面的优势，立足未来医疗需求，力求在核心技术和关键环节实现创新突破。整合企业与科研院所的医药研发资源，加强彼此间的互动交流，加快医药产业技术创新的外包与合作。鼓励高等院校、科研院所为医药企业提供实验设备、实验室及新药实验、试制等技术外包服务，探索医药产业技术创新运作新模式。积极开展针对跨国医药企业的研发外包服务，鼓励有条件的医药企业开展对外医药生产流程外包，积极引进著名医药外包企业，扩大生物医药产业服务外包规模。

二　实现路径

（一）构建完善的企业自主创新体系

立足产业基础和技术条件，构建面向市场、高效的产业技术创新体系是促进沈阳市工业技术创新的重点。围绕沈阳重点产业，进一步整合、优化科技资源，促进科技与经济社会的紧密结合，建立以市场为导向、企业为主体、科研院所为依托、技术市场和中介组织为纽带的开放型技术创新体系。形成科技创新与产业发展协调与互动机制，逐步由单一的设备制造向成套设备转型，实现从注重单项技术突破向集成创新方向转变。夯实技术创新基础，激发现有科技资源潜力，加快促进科技成果转化与产业化。

（二）以制度创新释放沈阳市的创新潜力

沈阳市作为国内中心城市和重要的工业城市，在技术创新基础、产业技术积累上具有比较优势，大型国有企业拥有良好的技术积累和人才条件，但是，因为国有企业僵化的科技管理体制等原因，导致科技创新潜力一直无法得到释放。民营科技型中小企业也因制度因素而发展受限。高校、科研机构等管理、评价机制导致研发活动与市场、企业脱节，产学研合作不足，大量科技资源、科技成果无法有效对接转化为现实生产力。因此，制度创新是实现沈阳市创新生产力释放的前提条件，必须根据现实的主要矛盾，推动科研院所、国有企业的制度重构和制度创新，通过制度创新释放创新潜力。

（三）以国有企业改革为契机，突出企业的创新主体地位

借助国有企业改革契机，深化国有企业改革，充分发挥企业的创新主体作用，完善并发挥市场作用机制，推动企业成为科技项目的投入、执行和收益主体。实施国有企业治理机制改革，通过混合所有制改革、民营资本引入、转变政府管理职能等方式，真正理顺困扰国有企业发展的制度问题，将国有企业改造成为创新实现的主体，并发挥其在沈阳“国家自主创新示范区”建设中的先导带动作用。以“大众创新、万众创业”为契机，积极推进创新、创业环境的建设，激发中小企业、各类人员的创新、创业的热情。

（四）实施科技人才引育工程，构建区域科技人才集聚高地

内部完善软硬环境，放眼全球打造沈阳市科技人才高地。依托全市重要平台建设，全面深化改革，破除不利于人才发展、束缚人才成长的体制机制障碍，极大激发各类人才创业创新的活力。重点推进国际化的人才吸引、服务、奖励、创业、宜居、评价等方面的改革，构建与国际接轨、与社会主义市场经济体制相适应、有利于激发人才创造活力的人才体制机制。借助沈阳中德装备制造产业园区建设、沈阳高技术开发区等的宽松灵活政策优势，使相关产业园区成为沈阳吸引高端人才的先行先试区。

第九章　沈阳文化生产力

第一节　现状与问题

一　文化生产力现状

（一）文化基础服务能力

文化的基础服务能力是指，由政府和非营利组织主导的、通过公共部门提供的、以保障公民的基本文化生活权利为目的、向公民提供公共文化产品与服务的能力，包括公共文化服务设施、资源和服务内容，以及人才、资金、技术和政策保障机制等方面内容。沈阳市当前的文化基础服务能力包括以下几个方面：

1. 公共文化服务体系建设能力

沈阳市政府扎实推进公共文化基础设施建设，已经形成了市、区、县、乡（镇）、村完整的公共文化服务网络。不仅建成并开放了盛京大剧院、沈阳艺术大厦等一批地标性文化设施，还进一步完善了图书馆、博物馆、文化馆等基础公共文化设施。但是，从比较来看，沈阳市仍存在较大差距，比如，沈阳市的市级公共图书馆为 21 个，上海市的市级公共图书馆是 25 个。从表 9 - 1 中可以看出，近五年来，虽然沈阳市图书馆的藏书量有小幅增加，单从书刊的外借人次上来看却呈明显的下降趋势。以下是近五年来沈阳市与上海市在藏书量与书刊外借人次上的对比。从数据对比来看，上海市 2014 年的总藏书量是沈阳的近 2.4 倍，书刊外借的人次持续大幅增加，2014 年达到沈阳的 12.4 倍。

表 9-1 2010—2014 年沈阳市与上海市藏书量与书刊外借人次对比

单位：千册、千人

地区	内容	2010 年	2011 年	2012 年	2013 年	2014 年
沈阳	藏书量	10892	11335	12997	12721	13154
	书刊外借人次	1722	1565	1738	1695	1525
上海	藏书量	27661	25047	28159	29299	31144

沈阳市的博物馆数量从 2010 年的 6 个增加到 2014 年的 17 个，虽已有明显的增长，但与上海的 103 个相去甚远，与南京市的 54 个也有很大差距。从藏品数量和参观人次上看，沈阳市都远远低于上海市和南京市。

沈阳市的艺术馆数量从 2010 年的 16 个增加到 2014 年的 24 个，与上海市持平，但上海市的文化站却多达 213 个，说明沈阳市文化站的普及程度并不高。此外，上海市的文化站频繁举办各种形式的文化（文艺）活动、训练班等，这些都是沈阳市需要借鉴和学习的方面。

广播电视事业从沈阳与南京的数据对比看，不论从节目套数还是播出时间，沈阳市都要远远低于南京市。从影院建设上看，沈阳与深圳两个城市的影院个数都呈上升趋势，但沈阳市影院数的增幅要低于深圳市，2014 年深圳市的电影院个数已达到 105 个，而这一指标深圳市在 2011 年仅有 56 个，与沈阳市相差不多，在近三年的发展中拉开了巨大的差距。从人口数量对需求的影响上看，沈阳市人口是 882.8 万，而深圳的常住人口是 1137.87 万，沈阳市平均 18 万人一个电影院，而深圳市不到 11 万人一个。

2. 智慧文化的基础网络建设水平

构建智慧文化城市必须提高基础网络建设水平。沈阳市政府对文化产业的“十三五”规划中重点实施数字图书馆、数字文化馆、数字博物馆、数字影院、数字舞台工程，到 2020 年基本建成覆盖城乡、便捷高效的公共文化数字化服务网络。利用类似校园网的无线接力技术实现农村无线数字文化服务的全面覆盖。人们通过该网络基础平台的建设可以实现与各种文化的无缝对接，使人们对文化的获取不再受时间、距离的限制，更加便捷。

沈阳基础网络建设水平可以从网络普及率、文化基础设施智能化程度以及互联网对沈阳优秀文化的传播三个角度分析。截至 2015 年 12 月，全国平均互联网普及率为 51.7%，北上广等经济发达城市都已经超过全国平均水平很多。上海市达到76.8%，而沈阳市为62%，与上海相比还有明显差距。在文化基础设施智能化建设上，沈阳市为打造第三文化空间，推出了新的数字化服务——数字图书馆、音像视听馆、星期六剧场等，并加大数字阅读多元化服务。沈阳市图书馆还将进一步加大数字化图书馆建设，利用自身资源增加数字化数据库，为读者提供数字化查阅，设立图书馆网站，申请账号在家里便可查阅各分类知识。从2015年开始，沈阳市加大了博物馆的数字化工程建设力度，故宫和“九一八”历史纪念馆的数字化工程已初具规模。这些博物馆的数字化可以实现对藏品的数字化管理，检查、查找和管理更便捷，还能实现将影像资料进行数字化，展厅内配合文物展览的多媒体影片放映，建立博物馆网站等。在互联网推动传统文化升级方面，移动客户端“爱辽宁”，是集“新闻资讯整合宣传、广播电视手机直播点播平台、城市服务信息云平台、市民生活信息服务平台”等多功能于一体的具有广播电视特色移动客户端。互联网的高普及率促使互联网推动传统文化升级，为沈阳市民群众提供一站式的阅读体验和对文化的理解。

3. 从事文化行业人才队伍建设能力

沈阳市2011—2014年从事文化行业人员人数出现一定的波动，虽然2013年达到创纪录的近1.8万人，但2014年却大幅度下降，降幅超过8%，从事文化行业人员占总就业人口比重也呈逐年下降的趋势。而上海市的文化行业从业人数呈逐年上升趋势，2013年和2014年的文化行业就业人数都超过10万人，占总就业人口比重远高于沈阳市（见图9－1和图9－2）。

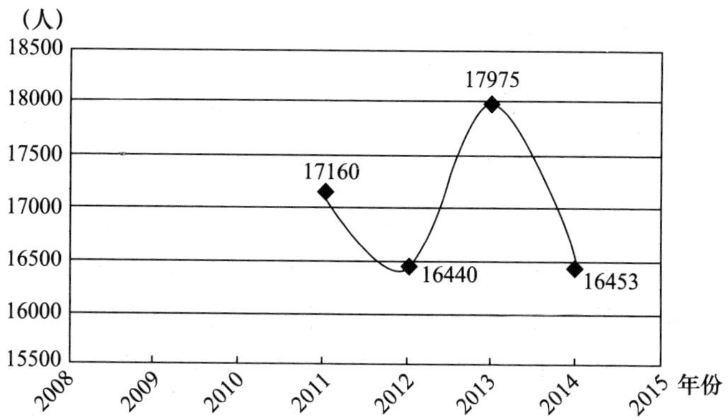

图9－1　沈阳市文化行业从业人数

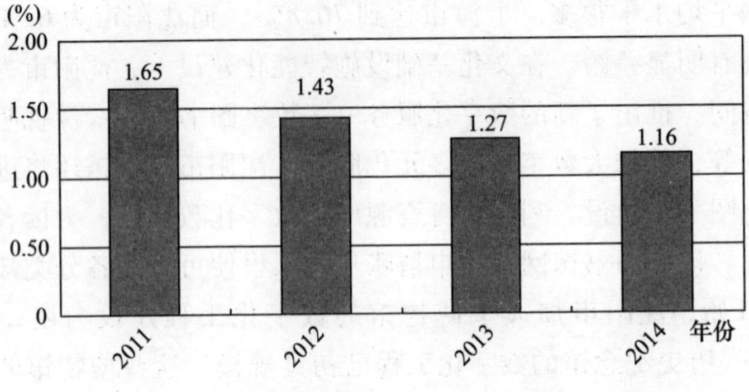

图 9－2 沈阳市从事文化行业的人员占总就业人口的比重

4. 对文化产业的资金支持能力

从政府的财政投入来看，沈阳市政府的财政投入整体上呈上升趋势，但文化的财政投入持续递减，不但数量逐年减少，而且其占财政投入比重也是逐年递减的。可见，沈阳市的财政支出在文化上的投入力度还需要适当加大。

继 2007 年《沈阳促进文化产业发展的若干政策措施》出台之后，正在制定的《沈阳市非公有资本投资文化产业指导目录》将加速非公有资本进入文化产业的步伐。沈阳市明确鼓励、允许、限制和禁止投资的项目，以鼓励非公有资本及海外资本进入文化产业。市政府将每年设立 4000 万元促进文化产业发展专项资金，用来扶持市级以上文化产业园区发展。而且非公有资本被允许参与文艺表演团体、演出场所等国有文化单位的公司制改建，同时非公有资本还允许进入出版物印刷、可录类光盘生产、只读类光盘复制等文化行业和领域。在项目审批、资质认定、融资等方面，非公有制文化企业与国有文化企业享有同等待遇。

文化产业资本力是用来反映一个省市的文化融资能力，或者用来衡量文化与各种资本相互融合的能力。沈阳市的文化产业资本力虽然排名靠前，但是，与第一梯队的北京、杭州、广州和上海相比，还有很大差距。我国文化产业与资本之所以集中在“北广浙上”四大传统一线地区，首先是因为这四个地区具有较好的经济基础；其次是该四大区域普遍具有优越的文化金融发展环境以及不断推进完善的文化产业投融资服务体系，其金融业和文化产业均在全国范围内处于领先地位。

（二）文化主体产出能力

1. 文化产业园区发展现状

截至“十二五”末期，沈阳市拥有规模以上文化园区基地50余个，国家级文化产业示范园区两个，省级文化产业示范园区两个，文化产业园区基地建设成果明显。沈北新区提出将文化产业打造成为引领经济发展的核心资源，力争引进投资3000万元以上的企业100家，动漫制作3万分钟，实现产值200亿元，建成东北最大、辐射东北亚、在全国有影响力的文化创意产业基地。为此，该区提出建设文化创意产业公共技术服务平台，扶持文化创意产业发展，提供数字内容产业链各关键环节的公共技术服务；成立企业上市服务中心和投融资服务局，成立担保公司、信用促进会、小额贷款公司，出台文化创意产业系列扶持政策等，解决文化类中小企业困扰的创业投融资困难以及政策“瓶颈”等问题。

2. 文化企业发展现状

从比较来看（见表9-2和表9-3），沈阳市有两家上市文化企业：出版传媒和文投控股；上海市有8家上市文化企业：中视传媒、新华传

表9-2　各地区上市文化企业财务对比

地区	企业	市值（亿元）	营业收入（亿元）	净利润	净资产收益率（%）
沈阳	出版传媒	47.54	15.37	0.8	4.36
	文投控股	293.71	7.67	1.38	10.49
南京	凤凰传媒	266.96	21.75	2.49	10.69
	国旅联合		0.31	-0.12	4.21
成都	长城动漫		3.57	0.18	2.78
	博瑞传播	91.51	12.41	0.75	2.08
上海	中视传媒	78.57	5.13	0.26	2.31
	新华传媒	79.82	15.72	0.58	2.27
	新文化	135.08	10.26	2.48	10.24
	海航创新	71.17	1.29	0.28	1.63
	游久游戏	115.99	14.2	0.75	3.68
	新南洋	69.97	11.65	0.6	7.30
	龙韵股份	44.18	13.2	0.41	4.73
	号百控股		6.52	0.06	1.82

媒、新文化、海航创新、游久游戏、新南洋、龙韵股份和号百控股；南京市有两家上市文化企业：凤凰传媒和国旅联合；成都市有两家上市文化企业：长城动漫和博瑞传播。

表 9-3 各地区上市文化企业能力评分

地区	企业	盈利能力	成长能力	营运能力	偿债能力	现金流	综合评分
沈阳	出版传媒	41	68	68	17	43	57
	文投控股	78	38	38	24	82	69
南京	凤凰传媒	74	43	43	27	72	68
	国旅联合	35	45	45	56	28	46
成都	长城动漫	33	41	41	85	34	48
	博瑞传播	36	26	26	8	61	40
上海	中视传媒	24	26	26	92	46	41
	新华传媒	35	65	65	12	65	57
	新文化	80	79	79	80	23	80
	海航创新	18	61	61	74	22	46
	游久游戏	40	32	32	18	66	46
	新南洋	53	73	73	12	83	72
	龙韵股份	38	43	43	61	49	51
	号百控股	22	54	54	20	43	43

资料来源：数据来自新浪财经。

从上市文化企业数量上看，沈阳市与上海市有较大差距。再与南京市和成都市进行对比，虽然从数量上看三个市都拥有两家文化上市企业，但是，从净资产收益率来看，沈阳市的文投控股更具有盈利能力，整体竞争优势较强。总体来看，沈阳市的文化产业存在以下问题：一是数量较少，规模不大；二是缺少典型的具有代表性的文化企业品牌；三是缺乏创新性，不能形成持久的竞争力。

3. 文化精品产出的发展现状

近五年来，沈阳市直专业艺术团体创、复排剧（节）目 65 台，演出 5000 多场。杂技和魔术也都相继获得创作奖项。继沈阳京剧院获评国家重点院团后，沈阳评剧院分别于 2013 年、2014 年被评为“国家地方戏重点院团”。此外，还有沈阳正在进行的精品文化项目，如精心包装民国文化园，修缮帅府红楼群、帅府舞厅，将红楼群、帅府舞厅、奉天满铁公所旧址与帅府结合起来再现民国历史全貌，打造民国文化旅游品牌。沈阳市的精品旅游线路打造 4 条主题游线，传奇盛京主题游线、盛京福运主题游线、福运休闲主题游线、时尚休闲主题游线。

4. 沈阳市文化旅游产业现状

2011—2015 年沈阳市的旅行社个数和 A 级景区的个数逐年增加；旅游收入也是呈逐年递增的趋势，而且每年都有较大增幅，说明沈阳市的旅游业正处在稳步上升阶段；从国际和国内旅游收入来看，国内旅游收入仍是整个旅游业收入的主要来源；从旅游的客源来看，总人数逐年递增，国内游客仍然是主力。

（三）文化市场拉动能力

1. 群众文化的发展需求现状

沈阳市各个艺术场馆持续开展文化惠民之城，北方合唱之都建设，年均开展各类群众文化活动两万多场，公益性文艺演出 700 余场，举办各类公益性艺术培训 350 场次，城乡放映公益电影 2.3 万场，成功创建“中国合唱基地”等群众文化活动。“群文讲坛”等公益性艺术惠民品牌影响力不断扩大。

表 9－4 显示，沈阳市民更希望发展文化旅游产业，对于文化的表现形式更倾向于直观、易于感知的电影，同时市民更希望增加健身场馆等文化消费场所。

表 9－4　　沈阳市民文化需求

问题 1	市民最喜爱哪些文艺表现形式？			
选项	电影	电视剧	音乐	文学
比重（%）	66.3	60.5	56.2	54.1
问题 2	市民最希望发展哪些文化产业？			
选项	文化旅游	影视制作	娱乐业	
比重（%）	47.3	46.6	42	
问题 3	市民希望增加哪些文化消费场所？			
选项	健身场馆	文化旅游	电影院	
比重（%）	58.8	56.8	47.3	

续表

问题4	市民最希望看到的文艺免费演出形式是什么？			
选项	综艺晚会	歌舞	曲艺	音乐会
比重（%）	50.8	38.4	36.7	32.2

资料来源：中共沈阳市委宣传部对1988名群众的文化需求调查。

2. 文化遗产保护释放的消费需求

文化遗产的保护直接拉动沈阳市文化市场的消费。和平区率先在全市设立了专门的文化遗产保护机构、专项资金和专业工作人员，沈阳市其他地区也相继展开文化遗产保护活动。独一无二的文化遗产必然会带动当地的旅游收入，拉动当地的文化市场消费。全市共登记不可移动文物1530处，公布了沈阳市第四批市级文物保护单位。目前，市级以上文物保护单位261处，其中全国重点文物保护单位27处，省级文物保护单位63处，市级文物保护单位171处。近年来，第二次世界大战盟军战俘营旧址陈列馆、审判日本战犯法庭旧址陈列馆、东北讲武堂旧址陈列馆相继建成并对外开放。文化遗产资源的保护性开发为沈阳市旅游市场创造出更加丰富的文化消费亮点。

3. 群众文化消费行为

沈阳市依托丰富的城市文化底蕴，大力实施“文化强市”战略和文化惠民提升工程。经过文化体制改革，沈阳的文化产业已经形成了比较厚实的发展基础和特色，综合消费能力逐年提升。

表9－5显示，沈阳市民对于文化产品的需求影响最大的是质量因素，因此，满足市民对于文化产品日益增长的高质量要求，开发更优秀、更优质的文化市场成为一项重要任务。

表9－5 影响沈阳市民文化消费行为的因素 单位：%

质量	价格	品牌	包装	其他
35.43	29.81	21.81	7.67	5.28

资料来源：数据来自沈阳市民文化消费行为分析。

二 文化生产力问题

根据以上现状梳理与比较分析，沈阳市在文化基础服务能力、文化主体产出能力和文化市场拉动能力等方面仍存在诸多问题。

（一）文化基础服务能力

1. 文化基础服务设施分布不合理

现代公共文化服务体系建设的目标是标准化和均等化。但是，通过以上分析与比较，沈阳市还存在一定差距，其主要问题是结构布局不合理，即经济繁荣区的文化基础服务能力较强，设施齐全，但经济发展相对落后的地区则相反，长此以往会产生巨大的文化差距，不利于全市文化生产力和文化软实力的提升。

2. 农村地区文化基础设施落后

通过调研发现，沈阳市部分农村地区的文化基础设施建设尚未达到国家新制定的标准，基本功能还不能充分满足乡村广大群众日益增长的文化活动需求，与较完善的城市文化基础服务体系相比存在较大差距。

3. 城市文化功能还需进一步完善

作为面向全体市民的图书馆、文化馆、艺术馆、博物馆等基础设施，是完善城市功能的基石。沈阳市整个城市文化场馆的普及虽然已取得显著成就，但仍有较大发展空间。此外，沈阳市还应该兴建一些针对专门群体的文化场所，例如为青少年建设的活动中心、为妇女建设的活动馆、为老年人建设的活动室等。

（二）文化主体产出能力

1. 文化资源整合力度不够

文化资源过于分散，不能发挥“1 + 1 > 2”的效应。例如，鲁迅美术学院、沈阳音乐学院等文化艺术高校的社会作用还未得到很好的发挥；精品艺术的市场化能力有待提高，市属专业艺术院团虽处在全国领先地位，但对屡获国家大奖的精品剧目在包装和宣传方面力度不够，传播尚不到位。

2. 新型业态发育不健全

文化产业结构存在明显短板，新兴业态尚待发展，既有的单位规模小，缺少品牌和龙头文化企业，新型业态针对的文化消费市场需要深入研究和培育，群众消费意愿和消费潜能需要政策引领和资金撬动。

3. 文化企业品牌知名度不够

优秀的企业文化需要历史的积淀，短则几十年，长则上百年，这些企业可以称为中华老字号企业，这些企业都有自己特有的文化积淀，形成了各自的、不可替代的文化生产力。2008 年，沈阳市商业局根据商务部关于实施“振兴老字号工程”的要求，历时半年在全市开展了首批“沈阳老字号”认定工作。此次认定的老字号企业不在少数，在各行各业中表现出色，在沈阳当地也颇有知名度和影响力，但是这些企业品牌放到全国甚至全世界，他们的影响力就非常有限了，因此，我们要培育更加具有影响力的文化类企业品牌，还要做得更多。

（三）文化市场拉动能力

1. 文化遗产的利用有待挖掘

作为物质与非物质文化遗产大市之一，沈阳市在文化遗产保护与利用方面还有大量工作要做，清文化、民国文化、非物质文化遗产的传播载体等还有待进一步挖掘。如何将保护好文化遗产与广大群众的文化需求有机联系在一起还需要进一步拿出科学合理的具体方案。

2. 城市精神凝聚力有待提升

沈阳精神的官方解释是团结、实干、求知、创新，比较全面地概括了沈阳市的文化底蕴。作为共和国长子和东北老工业基地的中心城市，“工匠精神”和“创新精神”应该是我们的核心精神内涵与引领标志，是沈阳市再振兴的精神源泉。当然，沈阳的城市精神必须通过具体行动落到实践中来，从中挖掘其更大的精神动力和创造能力。

3. 文化消费急需转型

近年来，沈阳市居民的消费结构发生了较大变化，突出表现在居民商品消费比重下降，有些商品饱和或趋于饱和，而服务性消费比重不断上升，表明居民生活质量在逐步改善、消费结构在不断优化。这主要是由于文化产业的蓬勃兴起，较好地满足了群众多样化、多层次、多方面的精神需求，从而使文化消费保持了强劲增长势头。尽管消费者有旺盛的文化消费需求，但是，文化消费规模并未出现爆发式增长，还存在巨大的文化消费缺口。

4. 文化市场体系有待完善

在现有的文化服务体系下，非法文化活动和非法文化产品交易猖獗，整个文化市场的秩序还有待提高。文化市场准入和退出机制不健全，各类市场主体公平竞争、优胜劣汰机制不完善。国有经营性文化单位的转企改制步伐没有跟上，文化企业跨地区、跨行业、跨所有制兼并重组相对滞后，文化产业规模化、集约化、专业化水平不高。非公有制文化企业发展较慢，以控股形式参与国有影视制作机构、文艺院团改制经营以及各种形式小微文化企业发展有待提速。

第二节　分析、规划与目标

一　分析

沈阳市近年来的公共文化服务体系日趋完善，覆盖城乡的基本文化设施网络已基本形成；群众的文化活动日益丰富多彩，不论是民间还是文化机构的文化活动都在热烈展开；许多具有沈阳特色的文艺精品创作都得到了更多群众的认可，并取得了较好的成绩；文物保护工作也都取得了一定的进展；新闻出版广电事业也有了长足的进步，出版物在近五年的销售收入达到60亿元的规模；各个电视频道节目也开始寻找自身的节目特色，突出亮点；文化产业发展势头强劲，涌现出一批优秀的文化工业园区；文化市场比较活跃，群众的文化消费需求日益增多，文化产品的供给也呈丰富多彩的态势。

这些成绩和进步为沈阳接下来的文化发展提供了良好的基础，但是机会与挑战并存，优势和弱势同在，沈阳的文化发展也面临许多问题。虽然沈阳市的城乡文化基础设施的网络已经基本形成，但城市与乡村之间还有很大的差距，如何使农村群众也享有城市民众的文化服务，是实现沈阳市文化服务均等化必须解决的问题。此外，沈阳市的文化资源整合的力度不够，文化资源的松散不能使文化生产力的活化功能得到较好的发挥；还有就是伴随着沈阳市文化市场的活跃，缺乏一套完整的文化市场规制体系约束相关行为（有关整体分析见表9－6）。

表9－6　　沈阳市文化生产力发展SWOT分析

S：东北地区政治、经济、文化中心；世界遗产和非物质文化遗产较丰富；前清文化、民国文化、抗战文化、工业文化等独具特色；鲁美、沈音等文化艺术高校的人才储备丰富；市属专业艺术院团在全国处于领先地位；沈阳出身的文化名人众多；等等	W：总体经济下滑，财政总收入减少，文化投入下降；文化基础设施投入欠账太多，短期内难有大幅度提高；市民文化消费意识不强，消费水平低迷；沈阳精神的凝聚和宣传不到位；等等

续表

O：国家的东北老工业基地振兴政策，《推进东北地区等老工业基地振兴三年滚动实施方案》近期即将印发；被中央确定为“全面创新改革试验区”；连续三届中国智慧城市创新大会落户沈阳；等等	T：文化人才外流严重；发达城市文化建设发展速度较快，差距较大；等等

二 规划

结合沈阳现有的文化生产力实际，遵循“创新文化、平等文化、绿色文化、智慧文化”的发展理念，以文化革新为基本动力，促进城市文化的创新和转型，打造文化新的增长点。

（一）促进城乡现代公共文化服务均等化

建成覆盖城乡、结构合理、发展平衡、运营有效、品质上乘、惠及全民的现代公共文化服务体系。到2020年，全市公共图书馆、文化馆均达到国家一级馆水平，乡镇（街道）综合文化站均达到国家三级以上，全部社区和行政村均建有公共文化服务中心，公共文化服务数字化基本实现，在公共文化服务单位全面实施理事会制度。

（二）通过创新推出系列文化精品工程

通过制度创新和管理机制的市场化改革，发挥本地人才和各种创新资源的优势与潜力，通过创意开发和文化挖掘，推出一系列文化精品工程。如创造出集思想、艺术、特色于一身的剧目，引进国内外优秀的精品文化项目，创新和引进同时发力，从内涵和外延两方面做强做大文化精品项目。

（三）深耕历史文化资源，完善文化遗产保护体系

根据“十三五”规划的目标，争取到2020年拥有国家级文物保护单位达到35处，省级80处，市级225处，较“十二五”增长30%。拥有国家一级博物馆2个，国家二级博物馆4个，国家三级博物馆2个，培育发展民营博物馆、艺术馆、美术馆等超过60家，较“十二五”增长50%。形成史前文化、辽金文化、清文化、民国文化、抗战文化、工业文化等博物馆体系。非物质文化遗产保护形成整体性、生产性、濒危性保护格局，力争到2020年，国家级非物质文化遗产项目达到11项，省级达到45项，市级达到200项。

（四）实现文化产业的转型发展和提质增效

首先，在进一步提高沈阳市出版率的同时提高出版物质量。实施精品出版物战略，培育具有沈阳代表性，高质量的出版社，丰富出版物的种类，继续保持东北领先地位，同时向国内外先进、优秀的出版社（出版商）学习，取长补短。其次，扎实推进文化产业的转型发展和提质增效，在促进文化产业规模不断扩大的同时，促使其结构不断优化，文化产业实现从传统业态向新兴业态转变，产业实力达到国内领先水平。

（五）现代文化市场体系基本形成

培育和健全各类文化产品和要素市场，进一步简政放权，优化行业发展环境，力争到2020年，年均演出场次达到1万场，90%的互联网上网服务营业场所升级转型，初步建成一个门类齐全、结构合理、统一开发、竞争有序的现代文化市场体系。借助“互联网+”开发、整合各级各类文化组织平台，通过网络技术和大数据资源促进城乡文化供需结构的完整体系，并实现网络全覆盖，促进公共文化的网络数字化，重点实施数字图书馆、数字文化馆、数字博物馆、数字影院、数字舞台工程等，推动智慧文化取得新成果。

三　目标

（一）加快沈阳智慧文化的建设

构建智慧文化城市必须提高基础网络建设水平。沈阳市政府在“十三五”规划中对文化产业着重强调实施基于数字网络的智慧文化工程，包括数字图书馆、数字文化馆、数字博物馆、数字影院、数字舞台工程等，力争到2020年基本建成覆盖城乡、便捷高效的公共文化数字化服务网络。

（二）创造更多的具有沈阳特色的优秀文化作品

深入贯彻落实中央《关于繁荣发展社会主义文艺的意见》，加强对艺术创作的主旋律引导，建立艺术创作、演出的专家评价机制。推动精品艺术市场化，强化与主流媒体的合作，加大对优秀作品、优秀艺术人才的宣传，扩大沈阳市优秀剧目和艺术人才的影响。继续打造以韩、花、筱三大艺术流派为代表的评剧品牌，创新评剧艺术新流派，着力打造以沈阳京剧院获奖剧目为代表的京剧品牌，以精品杂技演出为代表的杂技品牌，增加沈阳文化的区域特色。

（三）保护文化遗产，打造鲜明的历史文化品牌

深入挖掘沈阳市丰富的历史文化遗产，打造清文化、民国文化、抗战文化、工业文化和非物质文化遗产品牌，拉动相关文化业态发展，充分发挥文博（注：文物和博物馆，下同）资源在沈阳市经济社会发展中的促进作用。

第三节 主要任务与实现路径

根据上述沈阳市的文化生产力的现状与目标，结合文化生产力的基础服务能力、主体产出能力和市场拉动能力三方面提出其主要任务和实现路径如下：

一 文化基础服务能力

（一）提升城乡公共服务体系的标准化、均等化水平

要继续加强文化基础设施建设，推进“公共文化设施提升工程”，重点加强社区、乡镇、村等的基层文化设施建设；不断完善功能配置，将其打造成为集综合活动、图书阅览、教育培训、数字化文化服务、广播宣传、展览展示、体育健身等于一体的综合性文化服务中心。要不断创新公共文化管理机制，分类推进公益性文化事业单位的法人化治理结构改革，加快培育文化类社会组织，拓展公共文化服务供给渠道，探索政府向社会力量购买公共文化服务的有效途径。要着力推进公共文化服务的智慧化、智能化、定制化、个性化，实施文化资源共享工程，建设公共文化服务云平台，以大数据、云计算、“互联网+”为引擎，整合沈阳地区的文化资源，建立公共文化服务资源库。

（二）优化文化产业人才体系

要大力加强文化产业各级各类人才队伍建设，为沈阳市文化事业全面繁荣发展提供有力的人才支持。要积极引进高端文化产业人才，吸引文化管理、文化营销、文化经纪和“互联网+”等创新型人才参与文化建设。要加强基层文化人才队伍建设，制定完善基层文化机构工作岗位规范，完善基层文化人才队伍机构编制、学习培训、待遇保障等方面的政策措施。要完善专业技术人才培养体系，通过特殊人才引进、岗位实践、在职进修、交流培养等多种途径，进一步优化专业技术人才结

构。要依托省市“招才引智”、“百千万人才工程”，建立人才培养信息网络和人才资源库，完善人才竞争机制、激励机制、保障机制和流动机制，确保文化人才引进来、留得住。要加快文化产业人才的引进和培育，以“盛京人才”战略为龙头，以专家选拔培养项目为抓手，综合国家“百千万人才工程”，为吸引和培养支持文化产业各个层次的人才营造良好的政策环境，研究制定沈阳《2025 产业人才开发目录》。加大优秀文化企业家群体、文化产业技术领军人物、高技能人才队伍建设力度，健全和完善沈阳高素质文化产业人才培养体系，探索新时期的“学徒制”培养模式。建设一批校企合作的智能文化人才实训基地。要落实科研，创业，重大项目资助以及相关奖励政策，运用技术入股、期权、股权、分红权等激励手段，健全有关管理体系以及自主创新和成果转化的激励分配机制，引导并吸引高层次人才进入文化领域从事创造性工作。

（三）增强对文化遗产的利用和保护

要继续深入挖掘沈阳市丰富的历史文化遗产，打造清文化、民国文化、抗战文化、工业文化和非物质文化遗产品牌，拉动相关文化业态发展，充分发挥文博资源在经济社会发展中的促进作用。要结合方城改造，实施大故宫发展战略，兴建现代化的故宫展厅及游客服务中心，清理沈阳路，建设故宫、张氏帅府停车场，开发清文化创意产业，充分发挥故宫在沈阳历史文化名城建设和文化旅游方面的引领作用。要打造独具特色的民国文化主题旅游综合体，修缮张氏帅府红楼群、舞厅、满铁奉天公所旧址等文物建筑，再现民国文化风貌。要建设沈阳北大营抗战遗址广场，整合“九一八”历史博物馆、北大营抗战遗址广场、中共满洲省委旧址、第二次世界大战盟军战俘营陈列馆、日本战犯审判庭陈列馆和东北讲武堂陈列馆等场馆，展现我市抗战历史地位，打造抗战记忆旅游线路。要维修和整合沈阳工业博物馆、工人村生活馆、1905 文化创意园、红梅味精工业遗址公园和建设大路系列工业主题雕塑等工业遗产，宣传并打造沈阳市工业文化旅游品牌。要加强非物质文化遗产保护、传承和利用，建设国家级非物质文化遗产传承基地，打造以非物质文化遗产为主题的沈阳文化嘉年华，建成沈阳非物质文化遗产博物馆。

二 文化主体产出能力

（一）广泛开展群众文化活动

要充分挖掘特色文化资源，组织开展丰富多彩的群众文化活动，活跃群众精神文化生活，推进群众文化活动体系化，大力实施艺术惠民“双百万”工程，不断培育新的常态惠民演出基地，丰富惠民演出形式，提高演出质量。要以“群星奖”“中国民间文化艺术之乡”为龙头，推出一批具有导向性、示范性和带动性的群文品牌。要加强群众性文化活动的国际交流，支持群众文化走出去，形成多层次的对外文化交流格局。要重点打造沈阳中国合唱基地，做大做强“阅动沈阳”全民系列读书活动、社区文化艺术节、中国—沈阳合唱音乐季、沈阳文学艺术惠民大学、全市少数民族文艺精品展演、“我们的节日”系列节庆文化活动、市民才艺大赛以及区县（市）级品牌文化活动。要鼓励群众自创自办文化团体，满足人民群众多样化的文化需求。

（二）激发各社会团体创作生产更优秀的文艺作品

要深入贯彻落实中央《关于繁荣发展社会主义文艺的意见》，加强对艺术创作的主旋律引导，建立艺术创作、演出的专家评价机制。要实施艺术精品战略，创作一批思想性、艺术性、观赏性相统一的优秀剧（节）目。推动精品艺术市场化，强化与主流媒体的合作，加大对优秀作品、优秀艺术人才的宣传，扩大优秀剧目和艺术人才的影响。要打造以满清文化为背景的旅游演出品牌，增强中外游客的文化体验。打造二人转等独具地方特色的演艺品牌，积极扶持沈阳交响乐团等民营演出集团，加强对商业演出市场进行规范，引导民营演出机构融入主流文化。着力打造盛京大剧院高端演艺品牌，借助保利院线，推介本土优秀剧目，拓展外埠演出市场。打造盛京红磨坊和故宫、帅府实景演出等旅游演艺品牌。加强对外文化交流，建立更广阔、更规范的对外文化艺术联络、文博展出、学术交流平台。

（三）培育文化“长寿企业”，以提升品牌知名度

沈阳老字号具有的民族文化、地域特色、独特标志等形象资源，在一定程度上体现了其文化精髓，沈阳已经涌现出了老边饺子、“不老林”、雪花啤酒等一批优秀的老字号、长寿企业。为了更好地培育沈阳市的长寿企业，增加企业品牌的知名度和美誉度，要对企业进行政策引导和激励，对企业的认证应该秉持严格的、精益求精的态度，确保该称

号的信誉度和珍贵性。要充分利用现代企业形象设计的理念，整合形象资源，规范企业标识、包装、标语等，为企业创造更多的价值服务。要以人为本，顺势而为，倡导现代服务理念，不断更新服务模式，改善服务行为，带给顾客更大的价值和满足。

（四）大力发展龙头文化旅游项目

以盛京皇城旅游文化景区为中心，打造国家5A级景区，形成一个集观光休闲、文化创意、高端服务、博览演艺等功能于一体的特色城市文化旅游区，再现皇城的历史风貌。完善传奇梦工厂，构建工业主题乐园，让全世界全面了解沈阳老工业基地的发展史和独特的工业魅力。依托浑南新城中央公园、辽宁省博物馆、科技馆、盛京艺术中心等，重点打造一个开放式生态艺术公园、一个全体验音乐大厅、四大文化科技场馆，形成集艺术景观欣赏、艺术创作、文化体验、演艺活动、娱乐休闲、餐饮住宿等功能于一体的中央艺术公园。以沈阳植物园升级改造为重点，打造景观博览、花卉展示、花卉科技、花卉经营等四季开放的北国花博城。以此为依托带动整个棋盘山景区的发展。

三　文化市场拉动能力

（一）以特色文化品牌启动文化市场的拉动力

沈阳市虽然文化企业不少，但是能够为大家耳熟能详的企业，在行业中具有代表性的企业还属于凤毛麟角。沈阳缺少自己的知名品牌或者老字号品牌，并且其文化产品的质量也并不出众，要想在全国甚至是整个世界范围内构建强劲的文化消费吸引力，就必须要有属于自己的、质量精良、实力雄厚的文化品牌和企业，并且这些企业的产品必须能够经得起时间和消费者们长期的考验，不仅仅是在文化企业方面，在沈阳的大旅游产业中，也要树立自己在旅游行业当中独一无二的亮点，这样才能确保文化市场需求的旺盛动力。

（二）以凝聚时代特点的沈阳精神培育文化市场的黏合力

要鼓励企业开展个性化定制、柔性化生产，培育精益求精的工匠精神，增加品种、提升品质、创造品牌。要培育和弘扬工匠精神，通过学校教育，从小培养学生爱岗敬业、精益求精的品质，树立正确的择业观和就业观。要强化职业教育，让职业技术教育在国家有更高的社会地位，让学生在锤炼技能的同时，将“创新基因”深植于心。要加强企业的职业培训，构建科学合理的技术工人培训体系，通过系统的、专业的、全方位的员工培训，有目的地提升职工技能素质，使之真正成为能做事、会做事、做好事，并创造高效劳动价值的“工匠”型人才。要学历提升与技能提升并重，实施“资助优秀外来务工人员上大学”计划，完善“技能培训、技能帮带、技能竞赛、技能晋级、技能激励”五位一体技能提升机制，拓宽服务对象，拓展服务内容，引导和帮助职工学技术、提技能，长才干。要着力开辟优秀技工的上升通道，完善技能人才的评价机制与优秀技能人才奖励制度，大力评选表彰杰出技能人才，树立工匠精神的先进典范；确保技能人才充分就业，提高“匠人”的收入、待遇，让劳动者充分享受自己的劳动成果；充分认清、高度重视工匠的作用，在全社会形成尊重技能人才、认同技能人才、争当技能人才的主流价值观念。要积极培育和选树工匠的优秀代表进行表彰奖励，并作为宣传和弘扬工匠精神的重要载体和抓手。从发动、推荐、评审、认定、激励各个环节，全过程宣传工匠精神。让工匠享有本该属于他们的尊重和敬意，努力在全社会营造尊重劳动、尊重技术、尊重创造的良好氛围。要尊重职工首创精神，激发职工创新热情，鼓励职工开展经济技术创新。要以创建“工人先锋号”、创立高技能人才（劳模）创新工作室为载体，广泛组织职工开展“小发明、小创造、小革新、小攻关、小建议”“五小”活动，工会要邀请专家及时给予技术指导，及时帮助总结提炼，培育职工创新成果，保护职工知识产权。只有真正实现上述的“工匠精神”和“创新精神”，才会产生并强化当地文化市场对消费者的黏合力和吸引力。

（三）着力促进文化消费需求转型

要积极培育市民的文化消费意愿，加强文化电子商务体系建设，培育网络娱乐、网上阅读、网上观赏等消费新模式；发展以内容和创意为核心的文化服务业，如文化创意、数字出版、动漫游戏等文化领域战略性新兴产业，以文化供给侧创新激发居民消费意愿。针对不同消费群体，实施多元化、个性化的文化消费模式，对高收入消费群体，实施精品消费模式；对中等收入消费群体，实施优质消费模式；对低收入群体，实施大众或广场类消费模式。要全面营造良好的文化市场环境，要综合运用行政、法律、经济、思想教育等手段，保护知识产权、打击各类侵权盗版行为，保护创作者的权益，提高创作者的创作热情。要对景区和文化场所的门票进行逐步的改革，通过批准民间投资，成立文化馆，并对其进行表彰的方式，使民间资产与文化产业相结合，最终达到降低或免交本市所有文化场所门票的目的。要大力推进文化惠民工程建设，要坚持公益性、均等性、教育性原则，通过政府主导、社会参与的模式，有序推进公益性文化设施建设。加强社区文化设施供给，按辐射范围、辐射人群合理设定设施密度，以方便群众就近、经常参加文化活动，实现社区文化设施的普及化、便利化。可考虑从财政中划出一定经费设立“文化消费卡”或发放文化消费券，资助文化消费，并针对低保人员、中小学生、外来务工人员等特定人群进行文化消费补贴。

第十章　沈阳体制生产力

第一节　现状与问题

一　总体评价

（一）城市排名

受东北地区社会经济大环境影响，近年来沈阳市的社会体制生产力水平相对于全国同级别城市来说是下降的。根据中国社会科学院发布的《中国城市竞争力报告》（2014）数据，2014 年，沈阳市社会体制竞争力在全国大中城市中排在第 39 位，比 2013 年下降 13 位。二级指标社会公平保障指数为 0.356，排在第 79 位，下降 62 位。社会管理指数为 0.303，排在第 49 位，下降 26 位。2015 年，经过全市上下的共同努力，沈阳市社会体制竞争力总排名大幅上升，但仍只规划排在第 23 位（见表 10－1）。

表 10－1　　2015 年中国城市竞争力排行榜

排名	城市	排名	城市	排名	城市	排名	城市
1	深圳	8	北京	15	成都	22	杭州
2	上海	9	澳门	16	青岛	23	沈阳
3	香港	10	无锡	17	厦门	24	重庆
4	台北	11	佛山	18	大连	25	常州
5	广州	12	武汉	19	郑州	26	新北
6	天津	13	南京	20	长沙	27	中山
7	苏州	14	东莞	21	宁波	28	南通

（二）发展阶段分析

沈阳乃至整个东北现在正处于“中等收入陷阱”之中。“中等收入陷阱”，是指进入中等收入阶段的经济体难以实现进一步的经济增长，其原有增长机制锁定，使其经济增长回落或停滞，人均国民收入难以突破中等收入水平线上限，并伴有一些其他特征，如贫富差距加大、腐败多发、过度城市化、社会公共服务短缺、就业困难、社会动荡、信仰缺失、金融体系脆弱等。目前，沈阳的经济增长率受所处东北大环境的影响，一直低位徘徊、人均收入增速放缓，而且出现了贫富差距拉大，医疗、养老、交通等公共服务短缺，就业形势不佳，腐败案件频发等现象，这些都是进入“中等收入陷阱”的典型特征。如果不能在未来五年内跳出“中等收入陷阱”，沈阳将继续沉沦下去，与全国主要城市中第一集团的差距将越拉越大。日本、韩国、新加坡等少数成功跳出“中等收入陷阱”国家的经验表明，加强自主创新促进经济增长方式的转型升级，辅以教育、科技、社会保障方面的配套政策是摆脱“中等收入陷阱”的唯一方法。因此，本章将围绕如何推进沈阳体制生产力的改革以促进创新来展开分析。

二　公共服务能力

（一）目前情况

1. 教育方面

截至2015年，沈阳市已经实现区域内义务教育发展初步均衡，区域间办学水平趋于均衡，城乡之间办学水平差距明显缩小，教育普及程度进一步提高，与国内发达城市水平大体相同。沈阳市的学前三年毛入园率2015年为95%，小学适龄儿童入学率稳定在100%，流动人口随行子女接受义务教育率达到100%，适龄三类残疾儿童入学率为99%，初中阶段年辍学率控制在0.3%以内，义务教育完成率2015年为99%，小学巩固率为99%，初中巩固率为93%。高中阶段教育毛入学率为99%，高等教育毛入学率2015年为62%，已全面实现了“十二五”规划中的目标。

2. 医疗卫生方面

2015年，全国人均预期寿命为76.34岁，沈阳人均寿命为80.01岁，北京人均寿命为81.95岁，上海人均寿命为82.75岁，深圳人均寿命为79.7岁，南京人均寿命为82.19岁，武汉人均寿命为79.8岁。由此可见，沈阳市的该指标在全国居于前列。截至2015年，沈阳每千人口执业（助理）医师数为2.99人，上海市该项指标为4.21人，北京市该项指标为4.33人，南京该项指标为3.29人。结合表10-2可知，沈阳的医疗卫生水平居于副省级城市中游水平。

表10-2 2015年四城市卫生数据对比

地区	每千人口拥有医疗机构床位数	每千人口卫生技术人员数	婴儿死亡率（‰）	孕产妇死亡率
沈阳	6.74	7.35	4.86	9.01/10万
北京	5.16	11.74	2.42	8.69/10万
上海	6.35	7.05	4.58	6.66/10万
深圳	3.13	6.95	3.01	5.32/10万

3. 社会保障及就业方面

由表10-3可见，沈阳市的社会保障数据与先进城市相比虽有差距，但是，差距是由经济发展水平所决定的，而且差距不大。

表10-3 2015年四城市社会保障数据对比

地区	基本养老保险覆盖率（%）	基本医疗保险覆盖率（%）	城区月最低工资标准（元）	城区居民最低生活保障标准（元）
沈阳	58.50	86.67	1530	580
北京	74.26	78.30	1720	710
上海	65.56	67.90	2020	790
深圳	88.61	96.48	2030	800

2015年年底，沈阳企业退休人员基本养老金人均每月2182元，比上年提高210元，增幅为10.54%，比国家制定的调整水平10%的幅度略有提高（见图10-1）。总体而言，沈阳市的社会保障水平在全国副省级城市中位列中等，与经济发展水平同步。

4. 基础设施方面

沈阳市“十二五”城建投资总额约为2000亿元，相比“十一五”增长50%以上，是以往城建投资规模最大的五年。城建资金的高投入、

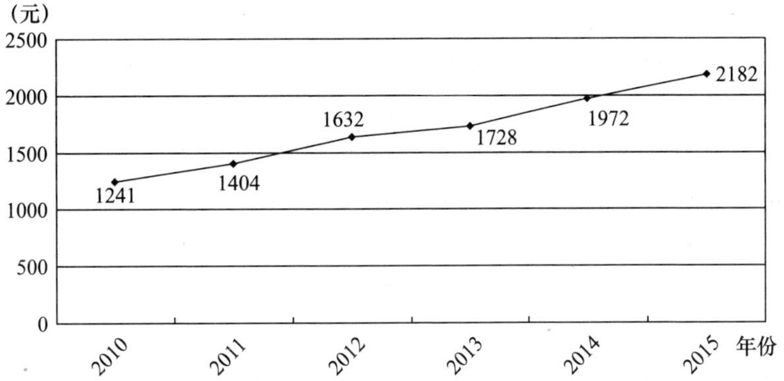

图 10－1　沈阳市 2010—2015 年企业退休职工每月人均基本养老金

快增长为城市经济社会又好又快发展提供了保障。2010 年以来，沈阳至抚顺、本溪、铁岭、辽阳（鞍山营口）、阜新五条城际通道已经开通，实现了沈阳与周边城市“1 条高速、1 条一级路”的规划建设目标。目前，全市公路总里程达到 12531 公里，公路密度达到 97.4 公里/百平方公里。新建或改造建设了东一环、东二环、三环和四环 4 条高快速路，总长 279 公里。全市快速路里程由 19 公里增长至 300 公里。南北快速干道于 2016 年“十一”之前完工，使市内南北方向交通更加顺畅。新建或改造了南二环新立堡、天坛一街、和平大街、大堤路等 20 处大型立交桥，市区南部交通枢纽工程五爱立交桥即将建成，这些项目都大幅度提高了市干道系统通行效率。截至 2016 年 8 月，地铁 9 号线、10 号线开工建设，总长 55 公里，地铁 4 号线已经开始土建招标。公交方面，沈阳市每万人拥有公交台数达到 18.7 台，公交出行比达到 40%，居于副省级城市前列。

在大型公共设施建设方面，已完成了浑南新城省档案馆、省图书馆、博物馆、科技馆四大场馆建设；新建盛京文化艺术中心、沈阳城市规划展示馆、沈阳会展中心等标志性公共服务设施，提升了城市综合服务功能与大都市形象。其他市政建设领域完成的大型项目还有：给排水方面，已建成大伙房水库输水工程东、西两座净水厂的一期工程，完成了南部污水处理厂、松山路泵站、方溪泵站、黄河大街北出口排水系统等排水工程，以及方城和太原街等地区排水改造工程；燃气方面，“十二五”期间共改造管网约 200 公里，基本解决了管线的安全隐患问题。

截至2015年，供气量达到11.5亿立方米。气化率也由2010年的98%，提高到99%。沈阳市还是国家推进建设“海绵城市”的试点城市，已制订了一系列海绵城市建设方案并将在“十三五”期间实施。

在智慧城市建设方面，沈阳城区宽带普及率达到62%，超过全国平均值（40%）和国际平均标准（50%）。2016年开始运行的智慧沈阳协同办公平台，只用了不到8个月的时间，就办理3.96万件，节省行政开支515万元，取得了不错的社会和经济效益。

5. 公共安全方面

2015年，全市火灾件、死、伤、损四项指标分别同比下降44.63%、40%、100%和52.07%。连续三年未发生一起较大以上火灾事故，保障了全市人民群众的生命财产安全，被新华社、《人民日报》等多家媒体称为“特大城市火灾防控的奇迹”。同时，全市刑事案件发案持续大幅下降。全市刑事案件发案下降12.1%，其中八类主要刑事案件发案下降20.3%，侵财案件发案下降19.2%。此外，道路交通事故数量持续大幅下降。沈阳警方查处各类道路交通违法行为76.6万件，全市道路交通事故件、死、伤三项指标同比分别下降11.29%、23.53%、24.42%。

在食药监领域，实现了药品生产企业监管剂型和质量控制管理评价100%全覆盖，高风险企业100%实行风险管理，对全市所有药品零售企业完成了新版GSP认证，对全市4300多家医疗机构进行了系统评价。并对全市100%的食品小作坊进行了备案规范管理。目前，在沈阳办理食品生产许可审批，从申请受理至完成获证情况的社会公示，最多只需三个环节，比原审批环节减少了一半多。审批环节数全国最少；平均审批时限缩减到7天，全国最快。

在质监领域，2015年至今，由市质监局牵头制定国际标准1项、国家和行业标准320余项（省内第一）、备案企业标准3600个，先后建立国家级农业标准化示范区3个，完成省级企业、服务业标准化示范项目3个；在沈的全国专业标准化技术委员会（TC）和分技术委员会（SC）达到34家，在15个副省级城市中数量排名第一。

（二）存在的问题

1. 教育方面

第一，基础教育公平性有待加强。群众普遍反映的问题仍集中在上公立幼儿园难、上优质小学、初中难。教育资源过分向优质幼儿园、重点中小学集中。重点高中指标到校对本区生源照顾过多，影响了教育公平性。

第二，教育信息化对教育教学改革的助推力度还不够。在全市层面，尽管信息技术设备已经配备到所有教育教学环节中，但使用效果并不明显，教育教学仍以传统教学方式为主，教师利用信息技术进行教育教学改革和创新探索的内生动力不足。

第三，进城务工人员子女和城市困难家庭子女获得平等的受教育机会和条件方面还有待加强。

第四，高校专业应用性不强，一些专业开设过多过滥，影响了毕业生就业。由于前些年高等教育“大跃进式”的发展，许多本地应用技术型、职业型学校也升级成本科，开设了许多当时十分热门的专业。但是，随着就业市场的需求更加理性、现实，更加重能力、轻学历，这些升级后的学校培养出来的学生往往没有接受过针对性很强的应用技能培训。而用人单位却急需大量的应用技能型人才，这就形成了因专业培养方案不合理导致的人才需求结构性矛盾。导致升级后的学校的毕业生难以获得用人单位的青睐。同时，前些年所谓的热门专业由于开设的学校过多过滥，导致这些专业的毕业生难以找到合适的工作。

2. 医疗卫生方面

第一，政府卫生投入稳定增加的机制尚未形成，公立医院公益性质淡化，盲目追求经济利益，造成了过度医疗等负面现象，导致医疗费用虚高。

第二，医疗资源空间布局不合理与利用不充分并存，城乡卫生、医疗与预防、中医与西医之间的发展不均衡。公共卫生领域资源相对不足，特别是基层公共卫生服务体系亟待加强。群众看病仍向少数大医院集中，造成了大医院的拥堵和基层医疗资源的闲置。

第三，沈阳作为东北中心城市，仍缺乏像成都华西、广州中山、长沙湘雅、武汉同济一样的全国权威性医疗中心。中国医科大学在全国的影响力偏弱。

第四，重治疗、轻预防的现象十分突出。随着工业化、城市化、人口老龄化进程继续加速，健康问题面临着新的挑战，心脑血管疾病、恶性肿瘤以及糖尿病等慢性非传染性疾病对健康的危害出现“井喷”式变化。食品安全、饮水安全、职业安全日益凸显，食品安全问题时有发生。自然灾害、事故灾难频发，对医疗卫生整体的救治水平和保障能力都提出了更高要求。沈阳市在这些新卫生问题的预防方面做得仍显不足。

3. 社会保障及就业方面

首先，人口老龄化带来的养老问题突出。

截至2014年年底，沈阳共有60岁以上老人152万人，占总人口比重的20.8%，相当于每五个人中就有一个老年人，老龄化高于全国和辽宁省的平均值。全市现有各类养老床位3.8万张，每千名老年人拥有养老床位24.2张。而据2013年的一次问卷调查，沈阳城镇老年人中有18.5%的人愿意入住养老机构，养老床位缺口极大。沈阳城市老年人生活能够完全自理的占75.4%，能部分自理的老年人占20.6%，完全不能自理的老年人占4.0%。最近的一次调查表明，沈阳城市老年人中认为自己日常生活需要照料的为9.9%，79岁以下的老年人中认为自己日常生活需要照料的占6.7%，而80岁以上则为33.1%。这些数据意味着未来几年沈阳市的养老体系将面临资源短缺、无法提供足够服务的困境。同时，许多需要社会机构提供养老服务的老年人却没有足够的财力来购买这一服务，必须由政府提供救助。如何填补巨大的养老服务需求与有限的养老资源间的缺口，是未来相当长一段时间沈阳市政府需要解决的紧迫问题。

其次，就业方面仍存在许多问题。

第一，城镇累计新就业人数增长缓慢、城镇登记失业率同比有所提高。由于经济增长乏力，导致登记失业人员数量有所增加。2015年年末，城镇登记失业人员10.42万人，城镇登记失业率为3.18%。由于受经济大环境影响，沈阳市失业率有抬升趋势，但仍在可控范围之内。

第二，小额担保贷款额度低、门槛高，导致一部分下岗失业人员贷款难，创业难。受政策影响，非本市户籍的外来人员在本市创业，不享受有关创业方面优惠的贷款政策，影响了这部分人创业的积极性。

第三，培训机构招生难、布局不均。部分培训机构由于参加培训人员专业不同、等级不同，达不到开班人数要求，迟迟不能开班。沈阳市现有的定点培训机构布局不均衡。此外，企业与培训机构对接不够，不能及时得到培训信息，错过培训机会。

第四，官方提供的大学生就业实习计划稀缺。北京的高校有紫光阁计划可以直接去中央部委实习，北京的高校也有很多机会直接去大型央企总部实习或者直接跟它们合作，上海、深圳、广州、杭州也有很多大企业可以合作实习。但是，沈阳就缺少这样的资源和计划。当然，从城市就业资源上来说，沈阳比不过北京、上海、广州、深圳和杭州。但这并不意味着沈阳在这方面就无所作为。沈阳缺少由官方推动的，组织毕业生到本地大企业或政府机关、社会团体实习的计划。

4. 基础设施方面

第一，在交通方面，市内拥堵严重，尤其是上下班高峰时段，堵车情况更为突出。由于路面拥堵，新增公交线路和公交车无法发挥作用，而地铁由于暂时无新开通线路也已经达到饱和。沈阳市城区缺乏快速干道、地铁和停车场。地铁线路较少。南京正同时开工 7 条地铁，武汉地铁也已建成 4 条，运营里程 125.5 公里，是沈阳的两倍多。即使到 2018 年年底，地铁 9 号线、10 号线开通，许多地区如南一环沿线、东陵、大东东部、铁西西南部也不在地铁辐射范围内，这些地区的交通出行将极为不便。此外，沈阳市内停车场建设严重滞后，导致乱停车、无处停车现象突出。

第二，农村基础设施依然落后。沈阳城乡建设投资集中于市区建设，基础设施和公共产品向外围县区、农村地区延伸和拓展不够，城区经济发展对郊县、乡村反哺不足。尽管通过“宜居乡村”建设等，改善了农村的生活水平，但距离城乡公共设施和公共服务均等化还有很大的差距。

第三，信息化程度在同级别城市中相比较低。沈阳无线城市建设尚未全面展开，大数据产业发展严重滞后，甚至落后于贵阳。与发达城市相比，沈阳市对全社会信息化建设推进不足。主要体现在智慧型城市建设进程较发达城市明显落后，这与沈阳市大区中心城市地位和未来世界装备制造业核心基地的身份不相符。不少政府部门的负责人仍然习惯于纸质公文、传真、电话、标语构成的传统政府运作模式，对智慧城市、电子政务既不了解也不热心。这方面的建设要完全依靠上级推动才能进行。在国家信息中心发布的《中国信息社会发展报告》（2015）中，沈阳信息社会指数在省会中排名第 9 位，在副省级城市中位列第 12，这与沈阳的政治经济地位不相称，更凸显了沈阳大力建设“智慧沈阳”

工程的必要性。

5. 公共安全方面

目前，沈阳市面临的公共安全问题主要有：食品药品制假售假违法犯罪行为智能化、网络化、隐蔽化特点更加突出，通过网络实施的违法、违规行为更加隐蔽，利用互联网、邮寄等方式售假现象日益增多，监管和应急处置的难度增大。产品质量安全的长效监管机制还不够完善；质量奖励制度等有待尽快建立；食品相关产品、消费品及特种设备安全监管体系和手段还有待进一步强化。

三 社会治理能力

（一）目前情况

法制建设方面，2015 年以来，沈阳市人大积极推进地方法制体系建设，共制定地方性法规 3 件、废止 1 件。沈阳市人大还加强了涉法涉诉、申诉控告事项的分析研判和转办督办工作，坚持“诉访分离”，邀请律师、法官参与接访，全年共受理群众来信来访、申诉控告事项 1541 件，促进了人民群众合法诉求的解决。2015 年，全市法院全年受理案件 228304 件，审结 202099 件，同比分别增长 20.7% 和 21%，案件总量约占全省法院的 30%，其中市法院受理案件 29143 件，审结案件 25679 件，同比分别增长 19.7% 和 15.4%；全市法官人均结案 135 件，约为全省法官人均结案数的 1.6 倍，均创历史新高。沈阳市各级法院全面落实合议庭和主审法官办案责任制，进一步限制或缩小审判委员会讨论案件范围，两级法院审判委员会讨论决定案件同比下降 46.1%，占结案总数的 0.7%，99.3% 的案件由合议庭和主审法官依法裁决；二审和再审改发率分别下降了 0.6 个百分点和 2.5 个百分点，再审案件同比减少 28.4%。

沈阳市的信用体系建设近年来取得了长足的进步，2015 年《沈阳市创建国家社会信用体系建设示范城市实施方案》获得国家批复，标志着“信用沈阳”建设驶入快车道。截至 2015 年 10 月，沈阳信用系统累计审查企业信用报告 1700 余件。在评选“辽宁省诚信示范企业”“诚信汽车 4S 店”“诚信星级旅行社”“2015 年沈阳名牌产品”和推荐“2012—2014 年省精神文明单位”等活动中，依托公共信用信息平台，查询企业信用记录，将查询结果及时反馈给评选单位，信用元素已成为沈阳市评优的重要衡量指标。同时，沈阳市政府还在市政务服务中心设立企业信用信息查询窗口，为社会提供信用信息查询服务以方便市民。在2016年6月国家信息中心公布的全国各省份信用信息共享工作考核评比中，辽宁省、江苏省、天津市获得满分，并列第一。

尽管当前沈阳的经济形势不容乐观，但沈阳仍保持社会局势平稳、人民安居乐业的形势，并没有出现群体性事件高发的情况。市政府高度重视社会稳定的评估工作，截至2015年12月10日，全市共对131个重大决策、事项进行了社会稳定风险评估，经过评估的项目均未发生有重大影响的群体性事件。沈阳市政府高度重视社区工作，目前各社区不仅配备了充足的人员，还建立了完善的社区电子政务系统、卫生服务中心、法律咨询机构和纠纷调解机制。为将矛盾化解在基层奠定了坚实的基础。

（二）存在的问题

1. 立法工作有待加强

提高各级人大提案的质量仍是沈阳市法制建设的重点任务。各级人大的选举制度、自我监督制度仍存在很大漏洞，导致大案频发造成了很大的负面影响。立法听证和立法后评估还不够充分，立法精细化水平有待提高。对法律法规执行的监督相对薄弱，对重要审议意见落实情况的跟踪监督还不到位。常委会联系代表、代表联系群众的渠道还需拓宽。人大工作信息化水平有待提升。在加强对基层人大特别是乡镇人大工作的联系指导方面还应做更多工作。

2. 司法信息化建设滞后的“瓶颈”效应日益显现

基础设施薄弱，应用软件系统与法院审判工作深度融合不够、与互联网对接功能不足，制约了司法改革、司法公开的深入推进；案多人少矛盾愈加突出，案件量持续大幅增长，审判力量特别是司法辅助力量严重短缺，司法保障机制建设严重滞后，法官、检察官长期超负荷工作，不少法官、检察官健康状况堪忧，一些法院、检察院出现人才流失。

3. 社区人员负担重、待遇偏低，晋升渠道狭窄影响了基层工作者的积极性

社区工作人员普遍反映近年来社区工作越来越重。有调查显示，2001年前行政事务仅占居委会工作的30%，目前已占80%，各种条线事务目前下到社区一级的已增至100余项，挤占了社区人员绝大多数时间，影响了他们解决基层矛盾、化解纠纷的能力。基层工作人员迫切需

要减负。此外，待遇低、晋升困难导致社区工作人员流失严重。

4. 公务员作风建设有待加强

调研组赴某区行政审批中心暗访时，发现存在窗口人员聊天、推诿问题等现象，说明窗口部门的服务态度还需改进。在调研时，有些企业人员反映过去是“门难进、脸难看、事难办”，现在有些政府部门存在“门好进、脸好看、事不办”的现象。

四 体制创新能力

（一）目前情况

1. 行政体制创新方面

行政效率是行政体制创新最重要的反映指标。由北京师范大学政府管理学院发布的《中国地方政府效率研究报告》（2015）显示，辽宁省排名在各省市中居于首位。沈阳作为辽宁省会，行政效率上升态势是有目共睹的。但是，沈阳市还需适应电子政务的新形势。在由工信部中国软件测评中心举办的《中国政府网站绩效评估》（2015）中，沈阳市在15个副省级政府网站评估中排名第13位，而在全部省会城市政府网站评估中排名下滑到第15位。这说明沈阳市在建设智慧型城市的重要组成部分——建设智慧型政府中的电子政务方面仍有不足。在政府网站的信息公开、办事服务、互动交流、回应关切、网站功能等方面与发达城市都有不小的差距。

2. 创新创业体制及创业环境方面

为促进创新创业，沈阳市政府开展了“双创周”系列主题活动，开创了沈阳市推进“大众创业、万众创新”工作新局面。2015年以来，沈阳市政府先后颁布了《沈阳市大力推进大众创业万众创新实施意见》《沈阳市开展小微企业创业创新基地城市示范工作若干政策措施》《关于进一步做好新形势下就业创业工作的实施意见》《沈阳市优先培育新兴业态的指导意见》等一系列服务“双创”、支持“双创”发展的政策，从强化顶层设计出发，促进创新创业工作的开展。2016年，《关于沈阳市创业孵化基地管理暂行办法的补充通知》《沈阳市高层次人才认定办法》《沈阳市高层次人才创新创业资助办法》《沈阳市地方税务局关于贯彻落实服务“大众创业、万众创新”税收相关工作的通知》等一系列政策文件的出台，让全市创新创业的制度体系进一步完善。2015年，沈阳市科技局策划发起组建沈阳市众创空间联盟，首批24家众创空间联盟单位正式成为联盟会员，成为众创空间与政府之间的桥梁和纽带。为了给“双创”提供更好的科技服务，沈阳市加强了重点实验室、工程技术研究中心、大型科学仪器设备共享服务平台等科技公共服务平台的建设，鼓励科技公共服务平台向小微企业开放，为小微企业提供检验检测、工艺验证、产品研制、试验研究等科技服务。沈阳市政府还制定了《沈阳市科技创新券暂行管理办法》，试点科技创新券制度，向小微企业发放创新券，对其购买指定的科技公共平台和科研机构的科技服务给予一定比例的补助支持。其中，对新增国家级重点实验室、工程技术研究中心一次性给予200万元支持。

为了让“大众创业、万众创新”的氛围更加浓厚，沈阳市组织召开了“2016年沈阳市就业创业工作会议”，评选出“2015年沈阳市创业明星”“创业导师”“优秀创业街（园）”“优秀创业孵化基地”等。2016年5月，国务院正式批准将沈阳市浑南区列入全国首批“双创”区域示范基地，这也成为东北地区唯一的“双创”区域示范基地，这是沈阳市继获批列入国家全面创新改革试验区、自主创新示范区之后争取到的又一重大工作成果。2016年，沈阳市持续深入推进“大众创业、万众创新”工作并取得了阶段性成果，1—5月全市新登记企业数为14624户，同比增长26.67%；累计取消、下放行政职权981项，激发了市场活力，促进了创业创新。

尽管沈阳的创新、创业体制有了很大进步，但与其他发达城市相比，仍存在不小的差距。根据2015年创业邦研究中心推出的大陆最佳创业城市排行榜，沈阳总排在第18位，处于创业城市的第三梯队。在单项排名中，沈阳的人口素质和研发投入排在第16位，前10位分别是北京、上海、南京、深圳、西安、武汉、杭州、天津、苏州和广州。融资环境排在第20位，居于副省级城市第三梯队的最后一名。创新产出排在第16位，在副省级城市中处于中等偏下水平。造成沈阳的创业环境排名靠后的主要原因是研发投入不足、融资环境不佳和创新产出偏低。该报告显示沈阳的每万人大学生比例居于全国副省级城市前列，因此，创业环境不佳可以排除人口素质方面的原因。而研发投入不足、融资环境不佳与政府政策有直接的联系。这说明沈阳市政府的体制创新及有关政策存在不足。考虑到沈阳市鼓励创新创业的文件数量并不少于发达城市，而且与发达城市相比内容相差不大，可以断定是这些政策的可操作性和落实程度存在问题才导致了沈阳创业环境不佳。政策的可操作性和落实程度也是影响沈阳体制创新能力提升的关键因素。另外，研发投入不足也体现了企业创新意识不足。由于我们在调研中发现非公有制企业的创新意识很强，总是千方百计地研发新产品。所以，沈阳的创新投入不足应该主要是由国有企业投入不足导致的。

此外，在另一个由腾讯研究院推出的2016中国大陆最宜创业城市排行榜中沈阳排在第17位，其中政策适宜程度排在第13位。这两个排行榜虽然都没有官方背景，但均已发布多年，选取指标较为客观，排名较为公正。沈阳市的创业投资环境及城市创新能力的真实排名也应如此。在腾讯研究院的榜单中，沈阳市的智力排名不算低，政策排名与总名次一样也是第17名。但是在创业热度方面，只排在第33位。因此沈阳的创业热度不足，即创业数量与人口的比例偏低。这与沈阳多年来的计划经济导致人们思维观念落后有着直接联系。

3. 金融服务创新方面

近年来沈阳的金融业在飞速发展之中，金融体制也在不断完善。2014年年末，沈阳市金融业总资产达到1.93万亿元，比2010年增长39.9%。2014年年末，沈阳市金融业增加值实现443亿元，比2010年增长88.4%，占服务业增加值的13.7%，占GDP的6.2%，分别比2010年年末提高3.2个百分点和1.7个百分点。金融聚集区面积由4.97平方公里，拓展至近11平方公里。金融对外开放步伐加快，外资、合资金融机构已达21家，渣打银行等外资银行招商步伐加快，国际四大会计师事务所的毕马威、安永、普华永道先后入驻沈阳市。沈阳建设东北区域金融中心成功上升为国家战略，东北区域金融中心建设得到国家层面政策支持。经国家发改委、中央政策研究室及“一行三会”大力支持，沈阳市确定了“以开展国家优化金融生态试点为突破口，将东北区域金融中心纳入国家战略”的发展思路。经过多方努力和争取，《沈阳经济区优化金融生态改革试验专项方案》于2013年12月23日获得国家正式批复，沈阳进而成为我国以金融生态改革试验为主题的金融改革试验区。产品创新方面，互联网金融、风险投资、小贷再贷款公司试点、科技小贷等新兴金融业务进入沈阳市。

4. 对外开放及涉外体制创新方面

目前，沈阳市工业项目实际利用外资持续增长，第三产业利用外资发展较快，占全市的64.5%。外资项目质量不断提高。沈阳市重大外商投资项目不断增多，世界500强企业在沈投资项目为112个，实际调资超千万美元的项目为244个。在制度创新方面，自2014年起，沈阳海关积极复制上海自贸区海关监管创新制度，成功复制推广了上海自贸区“集中汇总征税”“批次进出、集中申报”“简化无纸通关随附单证”等8项创新制度。沈阳海关还对符合条件的企业实行“批次进出、集中申报”的特殊制度。允许企业凭核放单分批次办理货物的实际进出区手续，随后在规定期限内以备案清单或者报关单集中报关。此外，沈阳海关“简化无纸通关随附单证制度”的复制推广也初见成效。对报关量大的企业来说，每年可以省去大量随附单证的扫描上传，提高了通关作业自动化率和通关效能。经过改革，沈阳综合保税区无纸化报关单率达99%以上，申报时间由原来的15分钟缩短为两分钟。目前，沈阳海关可受理的9项行政许可项目均可以通过网上提交申请，在材料齐全、合法合规的前提下，最快半个小时就能完成审批。

（二）存在的问题

前面的城市创业排行榜已说明沈阳各方面的体制创新体系与北上广深等发达城市还有显著差距。这种差距主要体现在两大方面，即政府体制创新方面和企业体制创新方面。

一方面，政府体制创新方面的制度差距主要体现在政策的可操作性和落实程度上。具体表现为：

第一，基层政府部门（各区、县、局）体制创新动力不足，对群众监督反应迟钝，对社会上进行体制创新的呼声倾听不足，相关政策调整周期过长，基本靠上级考核来推动创新。基层政府部门提升业绩、改变作风的推动力按大小排序依次为：上级考核、媒体通报、群众意见。

第二，政策可操作性不强。如许多民营及中小微企业反映，政府的扶持文件若干条，但真正能享受到的没有几条，且享受优惠政策需要的条件过高，或者审批时间过长，影响了优惠政策的落实。在调研中，许多高科技企业反映存在政府扶持门槛过高或补贴下发不及时、补贴过小的现象，尤其是对一些小微企业更是如此。还有些企业反映政府的承诺随换届而兑现延迟，乃至落空。

第三，对民营及中小微企业的扶持对比上海、深圳、广东、浙江仍然有很大差距。如某特大型民营企业反映，他们企业内的杰出科技人才无法申报辽宁省青年千人计划，该计划只对大学、科研院所和国有企业开放。该企业在争取一名掌握关键技术的海归精英加盟时，希望市政府能给予一定资金扶持，但市政府迟迟没有回应。结果，该人才被宁波市一企业吸引走。宁波企业与沈阳市企业出价大体相同。但宁波市政府依据浙江省《关于引导各类资本支持高层次人才创业创新的政策意见》给出200万元的奖励资金成为争取到该人才的决定性因素。

第四，政策创新相较于上海、深圳、广东、浙江显得畏首畏尾。例如，调研时某园区反映大型电商企业的仓库通常很大，而之前《消防法》规定单层库房每3000平方米为一个防火分区，必须配备相应的消防器材。这对电商企业来讲是一个沉重的负担。而浙江、上海、深圳等地早已出台地方政策允许扩大防火分区面积。而沈阳市的基层政府和电商企业也多次发出类似呼吁。但迟迟得不到上级主管部门的回应。最后还是国家修改了相关规定，将单层库房防火分区扩大到6000平方米才解决了问题。

第五，金融体制有待完善，金融实力偏弱。沈阳市尚未建立起全国性金融交易市场，缺乏能够占据全国性或区域性制高点的功能性金融市场。金融业务和金融产品主要集中于信贷市场、证券市场、期货市场、债券市场等资本市场，规模相对较小。沈阳市尚未形成一批有实力的金融总部机构，综合实力和带动作用有待提升，对东北地区资金集聚、对外辐射的影响力有待增强，在金融机构品种上尚有空缺品种，上市公司再融资能力偏弱。当前，沈阳市面临的金融难题还体现在中小微企业融资难，风险投资发展严重滞后，缺少成规模、成体系的天使投资。此外，沈阳的金融总体实力偏弱，以金融本外币存款余额为例，2016年上半年，沈阳的该项指标居全国主要城市第20位，远远落后于各大区域中心城市。

第六，外经贸发展的结构性矛盾仍然比较突出，具有牵动作用的重大外资工业项目少，具有自主知识产权和自主品牌的出口商品比重小，企业跨国经营规模小、水平低；投资和贸易便利化水平还不高，投资环境有待改善。

另一方面，企业体制创新方面的制度差距主要体现在沈阳企业主要是国有企业普遍对市场变化缺乏应有的敏感，对创新投入不足、缺少新产品。我们认为，这些只是表象，其深层原因是体制上的。更确切地说，是沈阳国有企业陈旧的产权制度造成了它们的僵化和缺乏竞争力。沈阳的民营企业创新意识很强。但是，沈阳民企的科技研发能力总体来看与国有企业尚有较大差距。

第二节　分析、规划与目标

一　现状分析

（一）公共服务能力领域

1. 现状评价

沈阳公共服务领域的各项指标在副省级城市当中并不突出，基本处于中等偏下位置。在公共服务的各个具体方面如教育、医疗、社保、扶贫、人口、基础设施等领域，其他特大城市面临的问题沈阳也都有，沈阳在这些方面没有超出自身经济社会发展水平特别领先于其他副省级城市的情况，也没有形成一整套成体系的具有鲜明特色的“沈阳经验”供其他城市参考。这主要是受经济实力影响，能够投入的财力有限。但是，在一些政策细节层面，如教育公平性、职业教育、医疗布局、医保异地结算等方面，沈阳的体制政策也有其可取之处。

2. 当前优势和重要举措

（1）教育方面：沈阳市的教育资源丰富，中小学教育方面，东北育才学校、辽宁省实验学校均是全国百强中学。高等教育方面沈阳与北京、上海、广州共同成为仅有的几个高校招生专业覆盖全部学科大类的城市。

沈阳市在基础教育方面重视教育资源的公平性。为避免教育资源向重点学校集中的情况，推动大学区建设。市教育局积极引导重点中小学合并附近相对落后的中小学，实现教育资源的优化重组，从而实现了优质教育资源的共享，也在一定程度上杜绝了为上重点名校而出现的“走后门”现象。为进一步实现教育公平的目标，市教育局还全面推行软件自动派位的“阳光分班”，从根本上杜绝了“暗箱操作”。沈阳市还将教育的公平性继续延伸到弱势群体，在政策层面向贫困家庭子女倾斜，确保不让一个孩子因为家庭贫困而失学。

在职业教育方面，沈阳作为全国重要的装备制造业基地，需要大量的职业技术人才支撑。市教育局提出建设万人职业学校，打造全国技工高地的发展规划。市政府先后完成了市金融学校、市计算机学校、化学工业学校和汽车工程学校的建设任务。同时，不断深化校企合作，充分发挥40个企业和学校实习实训和培训基地的作用，充分发挥已成立的8个职业教育集团的作用，推进职业学校与企业的实质性合作。

（2）医疗卫生方面：沈阳市的医疗卫生服务能力在副省级城市中居于前列，在东北首屈一指，三甲医院数量在全国与南京、西安并列第6。2015年，中国医科大学全国排名第10位，辽宁中医药大学名列中医专业全国第10位，沈阳药科大学名列药学专业全国第2位。医大一院、盛京医院和沈阳军区总医院跻身全国医院百强，分别排在第12、第29、第92位。

沈阳市政府在公共卫生方面十分重视医疗机构在空间和专业领域合理布局，避免出现医疗机构空间上的疏密不均和专业上的重叠浪费。在空间布局上，沈阳市以中国医科大学附属医院、盛京医院及省医院等为依托，建设沈阳南部区域医疗服务中心；充分利用和优化配置现有医疗资源，逐步将市一院、市四院、沈阳医学院奉天医院建设为东部、北部、西部区域医疗服务中心，使其具备“三重功能”，即提供基本医疗服务及危重急症患者救治功能、医学教学科研及基层医疗机构业务技术指导和人员进修培训功能、在沈阳经济区及东北三省具有重要影响的疑难病症救治功能。同时，将医大三院滑翔院区迁至沈北新区，优化了医疗资源的布局。沈阳市还实施市属医院基础设施和医疗环境改造，全面加强专科医院建设，打造全国或东北三省知名、技术领先的专病治疗中心，优化了医疗资源的专业配置，避免出现重复建设、医疗资源闲置的情况。

为方便群众异地就医，2016年沈阳市开通异地居住参保人员在大连、本溪、锦州、营口、铁岭、盘锦、葫芦岛、辽阳八市联网直接结算业务。沈阳市接收省内异地居住人员就医指定医疗机构的数量增至31家。办理了省内异地就医的参保人可在31家医院享受住院费用直接结算，避免了两地奔波。定点医疗机构数量根据运行情况会有所增减。此外，在医疗信息化方面，沈阳市还开通了多家知名三甲医院的统一挂号平台，方便了患者就医。

（3）社会保障及就业方面：第一，2016年，沈阳市将实现社保办理“五险合一”，即“五险”在同一个窗口就能办理，使市民办理相关事务更加便捷。在基本医疗保险的基础上，沈阳市近年来积极推进大病医保制度，2016 年继续提高大病医保待遇。目前，沈阳市大病医保最高报销比例已达到 85%。第二，实施万人创业工程。2015 年 8 月，沈阳市政府发布了《沈阳市人民政府关于进一步做好新形势下就业创业工作的实施意见》，积极推进扩大就业、鼓励创业的一系列政策，通过发展就业能力强的产业来吸纳劳动力。同时，通过给小微企业减免税收、简化小微企业登记办事流程、对小微企业实施政府采购计划、鼓励中介发展等新政策扶持小微企业、民营企业发展。在科研人员创业领域，新政策允许国有企事业单位、高校、科研院所的科技人员在自主创业时可在原单位保留三年人事（劳动）关系，与原单位其他在岗人员同等享有参加职称评聘、岗位等级晋升和社会保险等方面的权利。该文件还给予创业企业以贷款、法律援助、补贴等政策支持。第三，脱贫攻坚工程扎实推进。2016 年，沈阳市已制订具体计划并付诸实施，到 2016 年年底建档立卡贫困人口 11662 人将全部脱贫。第四，大力扶持养老机构。2015 年沈阳市政府颁布了《沈阳市人民政府关于加快发展养老服务业的实施意见》。该意见对养老机构提供了税收优惠、费用减免、优先供应土地、鼓励合并、降低准入门槛、鼓励外资进入、贷款贴息、财政补贴、大力培育养老服务人才队伍等一系列优惠政策。

（4）基础设施方面：近年来，沈阳的基础设施建设取得了长足的进步。具体成就表现在：圆满完成举办第十二届全运会的各项建设任务，沈阳经济区一体化建设迈出新步伐，城市空间结构框架初步展开，综合交通体系进一步完善，基础设施承载能力显著提高，城市生态环境逐步改善。这些都为“十三五”时期开展新一轮基础设施建设奠定了良好的基础。

（5）公共安全方面：在食品、药品安全领域，沈阳市已基本建立了科学高效、行为规范、制度完善、反应迅速、协调有力、监管到位的食品安全综合监管组织体系，在保障全市食品安全工作中发挥了突出的作用。该体系包括市局、业务处室、区（县）局三级食品药品安全风险会商制度、多部门共同参与的突发事件应对协调联动及快速反应机制、全市食品药品应急组织机构以及应急管理工作的规章制度。市食药监局还通过制定企业诚信工作制度，推行企业量化分级管理，建立健全企业诚信档案，结合日常监管对等级评定进行动态调控，加强了食品药品安全监督管理，推动了企业诚信体系建设。

在安监领域，市安监局不断创新监督抽查工作机制，突出消费品为监督抽查重点，重点监督抽查产品转向消费品、行业性、区域性问题产品和具有规模生产的生产企业集聚区。它们还创新监督抽查通报发布形式。定期在市政府新闻发布厅向社会发布监督抽查通报，突出质监部门的权威发布，提高监督抽查结果发布的影响力。建立了产品质量社会监督机制。市质监局不断推动社会力量参与质量监督，基本实现了质量监督从政府监督向社会综合治理的转变，初步建立了政府监督抽查、社会监督、消费者监督的产品质量社会共治机制，构建了产品质量安全共治格局。

（二）社会治理能力领域

1. 现状评价

第一，法制工作方面。沈阳市的法制工作目前面临的主要矛盾是人大代表与群众的联系渠道仍需扩宽。群众的意见还需及时地反映到人大和政协，为立法工作和政府决策提供参考。造成渠道不畅的主要原因在于人大和政协的民意调查机制仍有待完善，调查内容的深度和广度有待提高。

第二，社区工作方面。社区工作是沈阳市社会治理方面的重中之重。沈阳市社区工作面临的难题如社区工作人员待遇低、任务重、晋升困难等并不是沈阳市独有的困难，在全国各地均有不同程度的体现。但是，沈阳市的独特之处在于沈阳市的社区工作与东北老工业基地的改造紧密相连，面对的旧体制、旧思维要多一些。这既是难题也是挑战，更蕴含着优势。优势在于可以充分利用中央振兴东北老工业基地的扶持政策，争取有关资金、特殊政策和试点的机会，升级改造沈阳市的社区治理机构。

第三，信用体系建设方面。虽然沈阳市社会信用体系建设取得了一定的成绩，但仍面临诸多待解决的问题：法规制度体系不健全；覆盖全市的公共信用信息平台尚未建成；信用信息和信用产品应用不广泛；守信激励和失信惩戒机制不完善；诚信文化未全面普及；市场主体信用意识有待加强；信用管理专业人才相对匮乏等。

2. 当前优势和重要举措

（1）法制领域：2015 年以来，沈阳市立法工作取得重大进展。市人大先后制定了《沈阳市生活垃圾管理条例》《沈阳市城市公共汽车客运管理条例》和《沈阳市妇女权益保障条例》等一系列地方法规，填补了沈阳市地方法律体系的空白。其中，《沈阳市生活垃圾管理条例》填补了沈阳市生活垃圾管理工作的立法空白，标志着生活垃圾管理工作自此步入法制化轨道。《沈阳市城市公共汽车客运管理条例》首次以地方法规的形式确定了公共汽车客运的公益属性、政府主导的保障机制、公共财政投入补贴原则、提高公交客运职工工资福利待遇，从规划建设、投入机制、保障体系、运营服务、安全管理等方面，明确和完善了各项具体制度规范。《沈阳市妇女权益保障条例》是沈阳市首部关于女性权益保障方面的地方性法规，该项法规极大地推进了沈阳市妇女权益保障工作，促进沈阳市妇女事业发展进步，同时也有助于社会治理体制的创新，促进和谐社会建设。

司法方面，2015 年沈阳市中院共受理案件 189210 件，审结 167000 件，同比分别上升 12% 和 8.5%，其中，市法院受理 24356 件，审结 22255 件，同比分别上升 22.4% 和 24.3%。为维护社会大局稳定、促进社会公平正义、保障人民安居乐业、全面深化改革提供了有力的司法保障。

（2）信用体系建设领域：2015 年，《沈阳市创建国家社会信用体系建设示范城市实施方案》获得国家批复，标志着“信用沈阳”建设步入一个新阶段。随着信用体系不断完善，目前沈阳市的信用法规建设、信用示范建设都取得了积极进展。公共信用信息平台基础框架、信用服务市场初步形成，奖惩联动机制已经初步建立。诚信宣传不断加强。截至 2015 年年底，沈阳市相继制定了《沈阳市企业信用信息归集和使用管理办法》（沈阳市人民政府令第 19 号）、《沈阳市企业信用信息查询管理办法（试行）》《沈阳市企业环境信用等级评价管理办法（试行）》《沈阳市企业信用档案管理暂行办法》和《沈阳市失信企业惩戒联动工作方案（试行）》等一系列文件。有效地完善了沈阳市信用体系中的法律体系建设。全市具有市重点建设工程项目招标投标领域信用评级资格服务机构 20 家，具有信用管理师资格从业人员 300 余人。全省首张“三证合一、一照一码”的工商营业执照在沈阳市颁发，标志着沈阳市统一社会信用代码制度正式实施。

（三）体制创新能力领域

1. 现状评价

目前，沈阳市在体制创新方面仍面对许多难题，主要表现在：

第一，政府职能转变进程迟缓。政府仍未跟上市场经济的步伐，转变为一个服务型政府，“衙门气”“老爷作风”浓厚。

第二，政府与市场边界没有有效划分。政府仍把持着许多本可市场化运营的领域，造成行政垄断，市场力量无法有效运作。

第三，企业尤其是国有企业产权制度的实质性改革迟迟未展开，国有企业缺乏活力，主要表现在创新不足，人才外流严重。

第四，金融创新不足，筹资渠道单一、金融产品供给不足，贷款门槛过高，缺乏成规模、管理先进的风险投资，制约了沈阳企业主要是小微企业的崛起。

第五，人才成长的软环境有待改善。人才，尤其是非国有企业中的人才在职称、资助、住房等领域无法享受到与国有企业人才同等的待遇。而国有企业中的人才无法获得与非国有企业中技术人员同等的利润索取权。

2. 优势及重要举措

尽管沈阳市与京、津、沪及副省级城市中的发达城市相比，体制创新能力存在着一定差距。但是，2015 年以来沈阳市在体制创新方面的举措还是有目共睹的。2015 年 4 月，市政府下发了《沈阳市政府提高行政效能行动计划》，明确了各级政府提高行政效率的具体准则和监督部门。该计划要求各级政府再造政府系统工作流程，强化“不能说不、马上就办”意识，实现日事日毕、日清日高。在行政审批方面要求深化行政审批制度改革，推行网上并联审批，实现“一个窗口受理、一站式审批、一条龙服务、一个窗口收费”，实行限时办结制，各类审批事项必须在规定时限内办结。在依法行政方面深入推进依法行政，加快建设法治政府，真正做到政府“法无授权不可为、法定职责必须为”，企业“法无禁止皆可为”。在民主决策方面要求各级政府的重大决策事项，要及时向同级党委汇报，向人大、政协通报，积极主动接受监督。

2016 年 3 月，国家批准设立沈大国家自主创新示范区。2016 年 7 月 4 日，国务院正式对外发布《国务院关于沈阳市系统推进全面创新改革试验方案的批复》（以下简称《批复》），原则上同意《沈阳市系统推进全面创新改革试验方案》。这些都是中央给予沈阳的优惠政策，为沈阳今后的崛起奠定了政策层面的基础。

除了获得中央政策扶持，沈阳市政府近年来不断进行体制创新、制定长远发展规划并取得了诸多成效。这些创新、规划和成效主要体现在：

第一，2016 年 5 月，沈阳市在辽宁全省率先组建政务审批服务局，其中“全业务办理”行政审批为全国首创。“全业务办理”行政审批制度将 16 个职能部门统一合并办理，进一步优化审批程序。它不受事项类型限制，统一对外颁发证照，由原有的 108 枚审批用章改为“一颗印章审批”，大大压缩了审批时限，缩短了办事时间，提高了办事效能。以企业注册为例，原本需要 3 个工作日才能办完的，现在即来即办，并当场可以取得证照。

第二，2016 年 6 月，沈阳市出台的《进一步降低企业成本减轻企业负担的若干意见》从 7 月 1 日起施行。主要从降低企业收费成本、税收成本、审批成本、融资成本、用地成本、用工成本、采购和流通成本七个方面支持实体经济发展。为了推动“大众创业”，沈阳市还出台了一系列针对创业带头人、失业人员等八类人员的创业扶持政策。沈阳市还将发展电子商务促进就业纳入就业发展规划和电子商务发展整体规划，对信誉良好的网络商户创业者可按规定享受创业担保贷款及贴息政策。

第三，沈阳市政府为配合智慧城市建设积极推进电子政务工程。2016 年 2 月，沈阳市政府发布了《沈阳市促进大数据发展三年行动计划（2016—2018 年）》。2018 年年底前，沈阳计划建成智慧城市统一平台，80% 以上的市直部门接入平台，形成跨部门数据资源共享共用和统一开放格局，50% 以上的市直部门公布数据开放清单和开放计划，50% 以上的市直部门依托统一平台开放数据。

第四，金融市场建设进一步完善。沈阳联合产权交易所集团化发展取得重大突破，2014 年年底已注册成立。2010 年以来，交易资产总额超过 500 亿元。全省唯一一家区域性股权交易市场——辽宁股权交易中心在沈阳市设立。东北首家农村综合产权交易中心在沈阳市挂牌运营。2010 年以来，沈阳市共有机器人、辉山乳业、盛京银行等 9 户企业成功上市，融资总额 306 亿元。共有 20 户企业在“新三板”挂牌，目前沈阳市储备上市后备企业37家，数量位居东北第一。沈阳市已有63家基金和创投机构，股权投资市场正在加快发展。累计发行9只企业债券，融资总额106亿元，债券市场融资势头良好。

第五，服务于科技研发的金融创新不断推出。沈阳市拟出台多项保险业促进实体经济发展的举措，其中明确提出要促进保险业支持企业开展科技创新，扩大科技保险覆盖面，创新科技保险产品；探索开展国产首台（套）重大装备保险风险补偿机制，建立涵盖运输风险、安装风险、使用风险等一揽子保险保障体系；探索推进科技创新产业链的保险产品。同时，沈阳还将创新推广各类研发主体、创新企业的研发责任险，针对关键设备、技术交易、关键研发人员、企业高管开发设计相关保险产品和服务。沈阳市还将大力发展出口信用保险、境外投资保险、境外承包工程保险等，为企业开展对外贸易和“走出去”提供投资、运营的全方位保险服务。沈阳的金融制度创新将重点支持战略性新兴产业领域的重点产品、技术、服务，利用出口信用保险开拓国际市场，加大大型成套设备出口综合金融支持力度，推动发展进口信用险和国内贸易信用保险，进一步发挥信用保险的融资功能。

第六，对外开放程度进一步加深。具体表现在：首先，利用外资的水平持续提升。“十二五”期间，沈阳市实际利用外资达204.5亿美元；利用外资结构不断优化。沈阳市工业项目实际利用外资持续增长，第三产业利用外资发展较快，占全市的64.5%。其次，外资项目质量不断提高，沈阳市重大外商投资项目不断增多，世界500强企业在沈投资项目112个，实际调资超千万美元的项目244个。最后，对重点国家和地区招商取得成效。来沈阳市投资的国家地区达到104个。其中，德国投资异军突起，中德装备园的设立标志着德国投资正成为在沈阳外商投资的主力军。

二 发展规划

沈阳目前正处于“中等收入陷阱”当中，为摆脱“中等收入陷阱”，保持经济中高速增长，必须推动发展向中高端水平迈进。实现经济提质增效升级，关键要靠创新驱动，突出的是要使科技创新和体制创新相互融合、相互激发。要合理确定科技创新战略布局。瞄准国际技术前沿，在基础研究和应用研究领域两头发力，积极作为，努力取得原创性突破，掌握关键和核心技术。大力促进科技成果转化为现实生产力，推动沈阳市产业跃上全球竞争新的制高点，拓展新的市场需求，用无限的创意使有限的资源转变为更加丰富的创新成果。

要以体制创新提高科技创新的效率，冲破形形色色体制机制障碍的羁绊，由市场决定创新资源配置。继续加大财政支持力度，引导更多企业和社会资本增加研发投入，尤其要注重盘活存量，提高资金使用效率。要把股权激励、科技成果处置权、收益权改革等鼓励创新的政策和机制推广到更大范围，开花结果，通过开放合作汇集更多创新资源、凝聚更多创造力量。同时，沈阳市政府要加速政府职能转变，理顺政府和各市场主体之间的关系，厘清政府与市场边界，变管理型政府为服务型政府。市政府还要加强法制建设，建设完善的信用体系。在政府决策如产业合理规划，金融体制如投融资方面，法律制度如知识产权、技术入股分红、劳动者权益保护等方面为市场中的企业和个人创造优质的投资和创业环境。

在大力推进体制创新的同时，要注意保障民生，保护弱势群体的权益，加强社会保障体系建设和创新、创业软环境建设。通过提高教育、医疗、社保、基础设施和公共安全等方面的质量水平来提高居民对于城市大环境的满意度和幸福指数。

三　战略目标

（一）公共服务生产力方面

为实现市政府“十三五”规划中打造以人为本的“宜居城市”的总目标，沈阳市在未来几年内应在副省级城市中率先全面建成小康社会，基本形成具有沈阳特点的特大中心城市治理体系，基本形成国家中心城市框架体系，巩固综合经济实力全国副省级城市第一集团地位，东北中心地位进一步凸显。在民生方面实现基本公共服务均等化，完善保障水平大幅提升，城乡居民收入增长与经济增长保持同步，率先实现精准脱贫任务，市民城市认同感、幸福感明显增强。

（二）社会治理能力方面

为实现市政府“十三五”规划中“社会建设水平显著提高”的总目标，沈阳市应加强法治城市建设，全面重构超大城市基层社会治理体系，基本实现社会由管理向治理转变，社会更加和谐稳定。提高社会事业发展水平。同时，要继续加强民生等重点领域立法，突出解决沈阳市需通过立法来规范的现实问题。强化社会治理创新。全面建成国家社会信用体系示范城市。深入实施社会治理创新工程，全面提升社会治理效能，打造具有沈阳特色的现代城市治理模式。

（三）体制创新能力方面

为全面完成创建自主创新示范区并建设国家创新型城市的任务，沈阳市应在未来几年着力构建发展新体制。紧紧围绕发挥市场配置资源的决定性作用，深化经济体制和法治政府的改革，激发市场主体活力，转变政府职能，着力破除制约转型发展的深层次问题和结构性矛盾，进一步增强发展动力。

第三节 主要任务与实现路径

一 主要任务

（一）公共服务能力方面

第一，提高教育质量和教育资源均等化，完善保障外来人员随迁子女与沈阳户籍人口享有相同教育政策。大力发展职业教育，把沈阳建设成全国最大的装备制造业技能型人才培训基地。

第二，推进医疗资源合理布局，大力建设社区、村镇医疗卫生机构和基层医疗队伍，避免医疗资源过度集中。

第三，提高全民健康水平，让沈阳的居民健康各项指标达到副省级城市前五。

第四，健全社会保障体系，做到全体居民应保尽保，实现各项社会保障的全覆盖。并努力实现城乡居民社保制度的整合。

第五，创新人口政策，不仅要实行适龄人口全面“二孩”政策，还要在大城市中率先进行全面放开生育限制的试点，为全国大城市的生育政策改革、生育环境改变树立榜样。

第六，实施精准扶贫，到 2020 年实现全国国家贫困标准的人口全部扶贫。

第七，完善并升级沈阳基础设施水平，加快畅通城市工程、公交都市、海绵城市、国家综合管廊试点城市、农村新型城镇化工程建设的步伐，争取做到沈阳的基础设施水平在北方仅次于京津。

第八，加快智慧沈阳建设，不仅智慧沈阳的各项指标应达到副省级城市前列，还应培养一批大数据创业龙头企业辐射东北。

第九，全面完成安全生产重点工程和平安沈阳建设工程，建设一批食药监、安监重点实验室并配备高素质的科研人员。

（二）社会治理能力方面

第一，推进法治社会建设，健全依法决策机制，提高立法质量，完善公众广泛参与的立法机制。

第二，创新社会治理体制，主要是加强社区工作，大力发展社会中介组织，形成多方共同治理社会的新格局。

第三，完善社会信用体系，推动信用信息共享，推进国家信用体系建设示范城市建设，完善守信奖励和失信惩戒制度。

第四，推进城市精细化管理，推进公共工程的管理模式创新，推进城市管理精细化、数字化，科学布局各类市场和社会公共机构。

（三）体制创新能力方面

第一，推进自主创新实验区和国家创新城市建设，建设全面创新体系，尤其要增强沈阳市自主创新能力。

第二，加快国有企业产权制度改革，全部经营类国有企业都应进行经理层持股、科技人员技术入股和员工持股的产权改革。

第三，积极培育有利于创新的软环境，让沈阳的创新、创业环境不仅做到东北最优，还要达到副省级城市前五。该项工作的重点放在为人才提供适宜发展的大环境，以良好的创新环境留住人才而不仅是以待遇留住人才。

第四，加快行政体制改革，全面改革事业单位。将政府正在行使的一切可以市场化的行为全部市场化，让政府退出尽可能多的经营领域。目前由事业单位垄断的经营类、中介服务类业务一律退出，转由市场主体在该领域自由竞争以降低社会成本、提高效率。

第五，构建适合非公有制经济发展的大环境。尤其是对于小微企业的设立、重组、审批、融资、财政扶持、技术转让等领域要降低门槛，本着服务、培育市场主体的原则促进小微企业遍地开花、飞速发展。

第六，破除企业、各类社会机构、教育机构的行政级别，大力发展社会中介组织和社会公益组织，减轻政府负担。

第七，完善要素市场体系建设，让各类生产要素均在市场机制内自由交易，减少行政干预。尤其要完善技术转让和人才流动方面的市场机制，促进技术和人才的自由流动。

第八，建设适应现代市场经济的财政制度和金融体制。增加政府购买公共服务规模和范围。增加对小微企业和高科技企业的财政扶持。大力发展互联网金融，组建全国范围的新型商品交易所。

第九，抓住“一带一路”战略的契机，大力构建沈阳与国外的物流渠道并提高外贸渠道的流通效率，加强区域合作，鼓励外资尤其是德国、日本、韩国资金的进入。

二 实现路径

（一）公共服务生产力方面

1. 教育领域

实施基础教育提升工程。推进义务教育优质均衡发展。加快现代职业教育体系建设。促进教育公平，优化教育资源配置，落实城乡学校在布局规划、办学条件、师资共享、质量提升等方面的一体化。逐步实施普通高中免除学杂费，逐步分类推进中等职业教育免除学杂费。办好各类特殊教育。深化办学体制、管理体制、教师人事制度和考试招生制度改革。探索互联网时代未来教育新模式。鼓励社会力量和民间资本提供多样化教育服务。大力提升市属高校办学质量和水平，同时支持东北大学、辽宁大学、中国医科大学、沈阳药科大学等建设成为世界知名的高等学府。

2. 医疗卫生领域

实施基本医疗服务提升工程，完善医联体、分级诊疗等基层卫生服务体系，稳步推进基本公共卫生服务均等化，积极稳妥推进公立医院改革试点，健全覆盖城乡居民的基本医疗卫生制度和现代医院管理制度。倡导健康生活方式，加强心理健康服务。坚持中西医并重，促进中医药发展。加强传染病、慢性病等重大疾病综合防治。加强医疗质量监管，构建和谐医患关系。探索“互联网＋医疗”发展模式。鼓励社会力量兴办健康服务业，推进非营利性民营医院和公立医院同等待遇，积极引进国际知名医院，打造若干医疗健康集聚区，加快建设国家医疗卫生服务中心。

3. 社会保障及就业领域

推进全民参保，着力构建覆盖城乡居民的社会保险体系。加快实现城乡养老保险制度衔接，完善农村居民养老与城镇职工养老保险的衔接办法。全面实施城乡居民大病保险制度，促进城镇职工医疗保险、城镇居民医疗保险和新型农村合作医疗保险三项制度之间的有序衔接。积极发展商业健康保险、医疗互助和慈善医疗救助为补充的多层次医疗保障。完善失业、工伤和生育保险。促进社保基金可持续发展，探索建立国资、财政和土地收益等多元投入的社保筹资机制。完善社会救助政策，发展社会福利和慈善事业。增加“二孩”生育财政补贴，在副省级城市中率先试点全面放开生育限制。实施保障性安居提升工程，加快推进棚户区和城乡危房改造，改善城乡住房困难家庭居住条件。支持残疾人事业发展，健全扶残助残服务体系。实行更加积极的就业创业扶持政策，鼓励创业带动就业，加强对灵活就业、新就业形态的支持，大力发展吸纳就业能力强的中小微企业，着力解决结构性就业矛盾。加强就业失业动态监测预警，完善就业援助机制，健全公共就业服务体系。强化劳动者职业技能培训。健全劳动关系协调机制，完善工资集体协商制度，打造和谐劳动关系示范城市。

4. 扶贫领域

以“精准扶贫、不落一人”为总要求，强化各级党委、政府“一把手”负总责的扶贫工作责任制，构建政府、社会、市场协同推进的大扶贫格局，充分发挥新型城镇化辐射带动作用、农业现代化引领带动作用，优先支持贫困村和贫困人口比较集中区域的小城镇建设、新农村建设、农业产业化和社会事业发展，通过产业扶持脱贫一批、技能培训转移一批、助学扶智帮扶一批、医疗保障扶持一批、低保“五保”兜底一批，确保2016年现有全市扶贫考核对象全部脱贫，确保率先全面建成小康社会。

5. 公共服务均等化领域

促进城乡要素平等交换、合理配置和基本公共服务均等化。加快建立事权与支出责任相适应的基本公共服务承担机制，把社会事业发展重点放在农村和接纳农业转移人口较多的城镇，推动城镇公共服务向农村延伸。加快农村公路提档升级，实现镇村公交全覆盖、城乡客运无缝衔接和零距离换乘。全面推进城乡供水供电、邮政通信一体化，建设优质生活圈，提高人口就地城镇化率。

6. 基础设施建设领域

进一步完善公共设施和交通市政基础设施规划，实施重大公共设施和交通、水利等基础设施建设工程，构建更加合理的资金筹措机制。优化交通基础设施空间布局，完善城市轨道交通线网和城市道路网络建设，提升干线公路网覆盖率和通达性，建立公路、铁路、航空顺畅衔接、高效中转的现代综合交通运输体系。优化水、电、气等市政公用设施建设。实施城市地下管网改造和综合管廊建设行动计划，积极推进平战两用人防工程建设，充分利用民防资源统筹规划和开发利用城市地下空间。完善城乡防洪安全基础设施体系，加快推进流域防洪治理，系统开展骨干河道综合治理，提高水资源调配能力。加快推进海绵城市建设。

7. 智慧沈阳建设领域

适度超前布局高速大容量光通信传输系统，争取在沈阳地区率先实施5G商用，尽快实现100M宽带入户，成为国内带宽和服务最具竞争力的地区之一。实施“互联网+”和物联网应用示范工程。实施“互联网+”行动计划，把沈阳建设成为“互联网+”创新创业试验场，超前布局物联网，谋划“物联网+”发展。加快推进智慧平安、智慧交通、智慧水务、智慧管网、智慧城市家居、智慧电网、智慧商圈、智慧社区、智能建筑等建设，提升城市管理和公共服务智能化水平。

8. 公共安全领域

完善城市建设重点项目公共安全规划，将公共安全基础设施建设与重大项目同设计、同施工、同验收、同交付使用，加强地下空间安全使用管理，强化交通枢纽、大型商场、学校等人员密集场所安全管理。健全突发公共事件和重大自然灾害事件应急体系，有效提升防灾减灾、风险应对和应急处置能力。加强全民安全教育，增强市民安全防范意识和自救互救能力。

（二）社会治理能力方面

1. 法制建设领域

改革和完善行政执法体制，整合市、区两级执法主体，规范行政执法行为，增强行政执法的严肃性、权威性。按照政事分开、事企分开和管办分开的要求，积极稳妥地推进事业单位分类改革。提高人大提案质量，完善机制提高公众对立法的参与程度。

2. 社会治理体制创新领域

继续完善党委领导、政府主导、社会协同、公众参与、法治保障的社会治理体制，加强社会治理基础制度建设，推进社会治理精细化，构建全民共建共享的社会治理格局。深化拓展网格化管理，推动街道和乡镇成为基层发现和解决问题的中枢。完善社区及村的治理体系，动员社会力量参与治理，实现政府治理和社会调节、居民自治良性互动。

3. 社会信用体系建设领域

积极建设诚信沈阳，深入开展政务诚信建设，坚持依法行政、“阳光行政”，全面实施行政许可、行政处罚双公开，完善政府服务承诺制和行政问责制，提高政府公信力。深入推进商务诚信建设，强化企业社会责任，促进企业自觉履行诚信义务，营造诚信市场环境。全面推进社会诚信建设，建立完善自然人在经济社会活动中的信用记录，引导职业道德建设与行为规范。大力推进司法公共信用建设，深化司法体制和工作机制改革，提高司法工作科学化、制度化、规范化水平。完善信用信息归集和管理制度。进一步扩大社会信用信息归集覆盖面，建立健全全市统一的公共信用信息平台，实现公共信用信息畅通共享和依法查询、公示、使用。强化信用分级分类管理，建立完善信用联合惩戒制度，建立各行业黑名单制度和市场退出机制。强化诚信教育，弘扬诚信文化，树立诚信典型，健全守信激励和失信惩戒机制，让守信者处处受益、失信者处处受限，营造诚信和谐的社会氛围。

（三）体制创新能力方面

1. 创新试验示范区和国家创新城市建设领域

把握新一轮科技革命和产业变革的规律、趋势，围绕加快发展信息技术、航空产业、机器人及智能制造、新材料、现代建筑、节能环保等产业，坚持需求导向和产业化方向，着力谋划建设一批重点平台、实施一批重点产业化项目、推进一批重点创新改革举措，打造更有活力的创新创业生态系统，加快构建以企业为主体，产业链、创新链、人才链、资金链、政策链五链统筹的产业创新体系，打造促进产业承接欧盟对华转移的战略支点，建设具有全球影响力的产业创新中心。

2. 国有企业体制改革及非公有制经济发展领域

激发各类市场主体活力。放宽市场准入，以制定负面清单为抓手，废除对非公有制经济的各种不合理规定，消除各种隐性壁垒。鼓励民间资本进入市政公用、社会事业、金融服务等领域。落实中央各类退税政策，切实减轻企业税负。鼓励非公有制企业参与国有企业改革，鼓励发展非公有制企业控股的混合所有制企业。完善国有资产管理体制，以管资本为主加强国有资产监管，加快市属国有经济战略布局调整，使国有资本重点投向提供公共服务、发展重要前瞻性战略性产业、保护生态环境、支持科技进步等领域。推动国有企业完善现代企业制度，强化国有企业经营投资责任追究。

3. 创新软环境建设领域

鼓励龙头企业主动承担起模范带头作用。通过龙头企业的影响力，进一步发挥行业协会、行业交流会、交流论坛在行业内部和行业间的作用。要加强行业间，尤其是校企间的合作平台建设。要大力发展技术转移转化、科技金融等科技服务业，完善场地、网络、资金、人才等扶持政策，支持众创空间降低成本、良性发展，为大众创业、万众创新提供低价优质的服务平台和发展空间。充分发挥市场机制作用，优化创新创业的管理与服务，完善事中、事后监管。引导广大青年树立正确就业创业观念，加大创业扶持力度，降低创新创业门槛，帮助更多青年创业者施展才华、建功立业。大力弘扬敢为人先、宽容失败的创新精神，宣传先进典型和创业事迹，营造积极向上的创新文化。

4. 行政体制改革领域

进一步提高政府效能，持续推进简政放权，完善权力清单、责任清单、程序清单，简化办事程序，继续完善行政审批局职能，变“多头受理”为“一口受理”。加快政府职能转变，健全事中、事后监管。积极稳妥实施大部门制，探索形成适应信息化时代发展要求、体现特大中心城市功能特点的现代政府架构，建立从企业设立到退出全过程规范管理制度及适应从业人员灵活就业、企业运营服务虚拟化等特点的管理服务方式。

5. 市场要素体系和公共财政体系领域

建立健全现代财政制度、税收制度，构建城乡统一的建设用地市场，改革完善要素市场体系，进一步推进水资源等价格改革。整合建立全市统一的公共资源交易平台。全面推进社会诚信建设，健全信用联动奖惩机制。

6. 金融体制改革领域

深化多层次、多功能的金融市场体系建设，重点建设全国性商品交易所，加快吸引集聚高能级的国际性金融机构，进一步扩大金融合作，推进金融制度、产品和业务创新。加强金融监管，稳步推进金融开放，确保不发生区域性、系统性金融风险。

7. 进一步扩大服务业对外开放，更大限度放宽外商投资准入限制

瞄准国际高水平贸易便利化，深化贸易监管模式改革，优化国际贸易“单一窗口”，健全货物状态分类监管，扩大海关诚信管理体系应用，提高通关效率，全面推行通关一体化。

第十一章 沈阳信息生产力

第一节 现状与问题

近年来，沈阳市政府在大力发展信息生产力、推广新一代信息技术创新应用、加强智慧城市建设等方面做了许多工作。为实现数据兴市、信息强市、智慧融市、创新立市的目标，市政府集成落实各项国家信息化政策，整合市内信息化和数字化资源，加强了新常态下信息化促进四化融合、加快创新发展的工作力度。

一 信息生产力发展现状

（一）沈阳市信息产业发展现状

近年来，沈阳市的信息产业取得了长足发展，"十二五"期间沈阳市信息产业的产业结构和产品结构调整取得实质性进展，以智能制造为重点的两化融合取得新突破，战略性新兴产业电子信息产业快速发展。2011 年，沈阳市的信息产业主营业务收入也第一次突破千亿元，成为继机械装备、农产品深加工、汽车及零部件后第 4 个超过千亿元的支柱产业。表 11 -1 列出了 2011—2014 年沈阳市信息传输、软件和信息技术服务业增加值及其占 GDP 比重。

表 11 -1　沈阳市信息传输、软件和信息技术服务业增加值　单位：万元

行业	2011 年	2012 年	2013 年	2014 年
信息传输、计算机服务和软件业	1475149	1627201	1970843	2428753
电信和其他信息传输服务业	1284632	1371987	1545551	1939667
计算机服务业	81317	138685	74292	85436

续表

行业	2011 年	2012 年	2013 年	2014 年
软件业	109200	116529	351000	403650
信息产业增加值占沈阳市 GDP 比重（%）	2.2	2.3	2.9	3.4

资料来源：有关年份《沈阳统计年鉴》。

表 11－2　　沈阳市信息产业从业人员信息调查

年份	从业人员人数（人）	从业人员工资总额（万元）	从业人员平均工资（元）
2012	8997	57137	63506
2013	21460	154444	71968
2014	22054	179649	81459

资料来源：有关年份《沈阳统计年鉴》。

从表 11－1 可以看出，自 2011 年以来，沈阳市信息产业增加值年年递增，而且信息产业对 GDP 的贡献也越来越大。其中，电信和其他信息传输服务业在信息产业中所占比重最大，计算机服务业 2012—2013 年，有明显下滑。表 11－2 说明了信息产业的人员逐年递增，间接表明沈阳市信息产业正蓬勃发展。

（二）沈阳市信息制造业发展现状

这里所述的信息制造业是指信息产业中的硬件制造部分，主要包括电子计算机设备制造、通信设备制造、广播电视设备制造业、家用视听设备制造、电子器件和元件制造等。沈阳市作为一个制造业优势城市，始终没有放松信息制造业的发展。近年来，沈阳市加大产业结构调整，加快提升企业自主创新能力，推动沈阳市信息制造业的转型升级。在保增长的同时，把调结构作为抢抓下一轮全球经济发展机遇的重大举措，这其中包括行业结构调整、企业结构调整和以产品品种质量为重点的产品结构调整。具体来说，目前正抓紧进行以下几方面工作：

第一，用高新技术和先进适用技术提升现有信息制造业，引导企业把技术改造同结构调整、产业升级、兼并重组结合起来，围绕改进质量、增加品种、降低消耗、提高效益，推动信息制造业整体水平和竞争力跃上一个新台阶。

第二，抓好企业兼并重组，完善产业政策，加快技术标准的制定修订，提高市场准入门槛。支持有优势的大企业实施跨地区、跨行业的联合、兼并、重组，从而提高产业集中度，提升产业整体竞争力。

第三，充分发挥科技引领和支撑作用，提高自主创新能力，组织实施行业重大技术攻关，加快科技成果向现实生产力转化。

第四，优化中小企业发展环境，支持中小企业加快结构调整和产业升级，向“专、精、特、新”以及产业集聚方向发展。

第五，加强信息产品质量管理，促进开发品种、提高质量、创建品牌和改善服务，从而引导消费，提升消费结构。

第六，培育新的经济增长点，尤其是加强高新信息技术在信息制造业中的推广应用，催生新产业、新技术、新产品。

沈阳市一直都是以制造业为主的区域中心，在“工业 4.0”时代，为跟上时代的步伐，越来越重视信息制造业的发展，重点发展智能制造基础通信设备、制造信息安全保障产品等。在政府的大力支持下，移动通信网络基础设备制造的规模不断壮大。根据沈阳市信息制造业的相关统计数据分析，我们看到沈阳市信息制造业的企业数量有所减少，导致从业人员也有所减少，但其工业销售产值和利润总额并没有随之减少，说明信息制造业很有发展前景。同时，国家对于沈阳市信息制造业的投入不断增加。根据 2008—2012 年计算机、通信和其他电子设备制造业增加值及其发展速度的统计数据，沈阳市信息制造业整体呈增长的趋势，但是其速度越来越缓慢。其中，广播电视设备制造、家用视听设备制造呈增长的趋势，但电子计算机制造的增长速度有明显的下滑趋势。通信设备制造的增量 2008—2010 年先上升，而后有较大幅度的下降。

（三）沈阳市信息服务业发展现状

信息服务业是利用计算机和通信网络等现代科学技术对信息进行生产、收集、处理、加工、存储、传输、检索和利用，并以信息产品为社会提供服务的专门行业的综合体。根据国家统计局发布的《统计上划分信息相关产业暂行规定》，信息服务业通常包括电子信息传输服务业、计算机服务与软件业和其他相关服务业。沈阳市信息服务业发展主要经历了以下四个阶段：

第一阶段：信息化萌芽阶段（1978—1989 年）。开始信息化试点工作。

第二阶段：信息服务业起步阶段（1990—1999 年）。信息服务业作为一种独立的产业形态开始形成。

第三阶段：信息服务业积累阶段（2000—2005 年）。“18 号文件”出台（2000 年 6 月 25 日国务院颁布《鼓励软件产业和集成电路产业发展的若干政策》），信息服务企业如雨后春笋般涌现。

第四阶段：信息服务业腾飞阶段（2006 年至今）。抓住两化融合、国内外信息产业突飞猛进和产业转移的历史机遇，走具有沈阳特色的信息服务业腾飞之路。

近年来，沈阳市信息服务业发展成效显著，呈现出产业持续快速发展，产业地位逐步提升的良好发展态势，产业体系日趋完备，产业集群优势突出，政策环境逐步完善，产业发展基础条件优越。

沈阳市电子商务交易增长迅速。2014 年，沈阳市电子商务交易额达 1500 亿元，同比增长 21%；沈阳市淘宝网活跃买家 210 万人，同比增长 114%；沈阳市已经成为东北地区网购群体最多、电子商务交易量最大的城市。在互联网、云计算、大数据、物联网的背景下，沈阳市电子商务的应用也越来越广泛。全市电子商务应用企业（项目）数量不断增多、分布行业更加广泛。目前，全市 33 万家工商企业中电子商务应用企业 5 万家，占总数的 15%，重点分布在工业、农业、商贸流通业、物流业、银行保险业、信息研发业、通信业、医疗业、公共服务业、社区服务以及各种缴费等领域。据不完全调查统计，2014 年沈阳工业企业电子商务应用率为 42.85%，大型龙头骨干企业为 54.4%。

2015 年，沈阳市电信业务总量 173.4 亿元。信息传输服务业的几个主要指标中，固定交换机、移动交换机、移动用户和国际互联网注册用户分别为 419.2 万门、1454.4 万户、1349.3 万户和 179 万户，比 2014 年分别增长了 -66.05 万门、8.97 万户、305.4 万户和 16.1 万户。电子政务网络建设逐步完善，教育、交通、城建、社保、民政、房产等部门开始在网上提供面向社会的服务。从而说明沈阳市信息服务业发展迅速，产业发展态势强劲。

（四）信息基础设施建设发展水平

1. 沈阳高校网络建设调查

网络建设情况是信息基础设施建设的一部分，能够间接说明城市信息生产力的发展水平，而校园网络又是整个城市网络的一大分支，应该成为信息生产力调研的一部分。由于辽大校园网网络建设存在许多问题，网速比较缓慢，并且掉线的情况频繁发生，会给学生的学习以及生活带来诸多不便，为了更好地了解沈阳市高校整体网络建设情况，以问卷的方式统计了沈阳市 10 所高校的网络建设情况。调查结果见图 11－1，显示沈阳高校网络网速、下载速度、断网频率以及 WiFi 覆盖程度四个方面的比例图，表明沈阳高校网络建设有待大幅度改善。

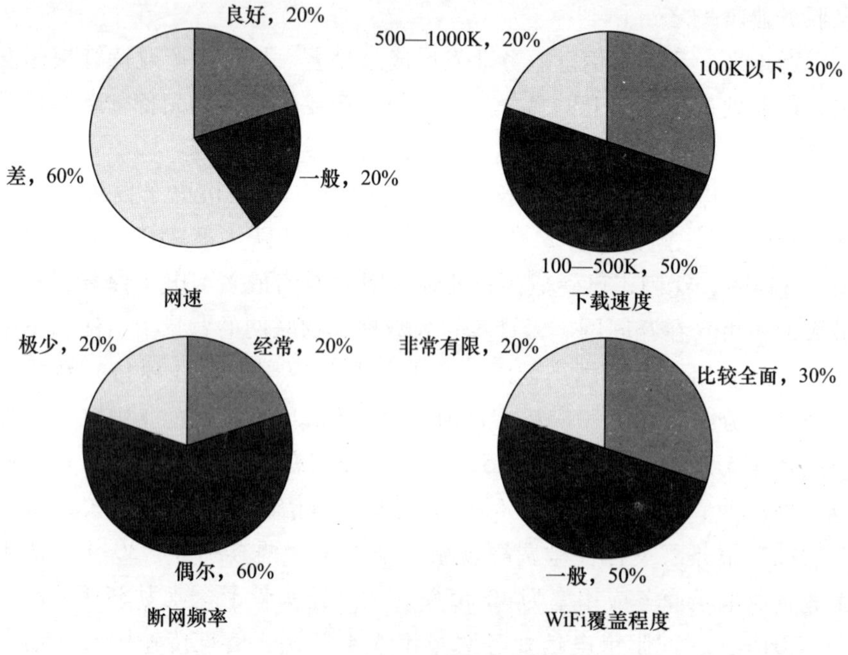

图 11－1 沈阳高校网络调查统计

2. 以北行商圈商店为例调查 WiFi 覆盖情况

城市商业区的移动互联基础建设能够促进商业区的发展，增强消费者的购物意愿，从而能够带动城市居民消费水平的不断上涨，促进城市经济的发展。然而，沈阳商业区的移动互联基础建设 WiFi 覆盖率相对较低，以北行商圈商店为例调查 WiFi 覆盖情况如下：

本次调研共取样本商家 52 家，据统计，有 WiFi 开放的商店共 16 家，WiFi 覆盖率 31%，这个比例是比较低的，为进一步提升北行商圈在沈阳市的影响力，拉动沈阳市经济并为北行商圈创造更多活力，必须加快北行商圈无线网络的建设。通过对北行商圈服饰类商店的 WiFi 布置情况的调研，业主确认店内提供 WiFi，能够为顾客提供更加完善和满意的服务，同时能够吸引顾客并且增加顾客的逗留时间，增大顾客购买的成功率。虽然现在我们进入了 4G 时代，但流量资费却让大多数人负担不起，店内 WiFi 的覆盖可以让等待的人随意上网，既不会因等待同伴挑选衣服时间过长而产生厌烦情绪，又获得了贴心的服务，这样会给顾客留下一个很好的印象，增大再次购买的概率。我们已进入移动互联网时代，一个城市商业区网络的配置情况也可以反映这座城市的信息生产力情况。

3. 沈阳市公交智能化程度

沈阳市一直致力于打造智慧城市，实施"互联网＋"发展战略，以"惠民、兴业、善政"为总体目标，加快信息基础设施和重点领域（如城市交通）智慧应用建设，着力构建以人为本、数据驱动、精准治理、惠及全民的智慧城市。沈阳不断加强"互联网＋公共服务"，推进便民服务平台建设，大力推进智慧交通工程建设，努力建设"我的沈阳"综合门户。沈阳公交智能化近年来取得很大成绩，居民不用再为坐公交没零钱而苦恼。但是，沈阳仍有许多不能刷卡的公交，使很多乘客出行不太方便。当然，一些智能化建设成果大大提高了出行效率，比如沈阳市推出盛京通卡，这种卡除可在公交车上使用，还可以在地铁、有轨电车上使用。并且截至 2015 年 8 月，沈阳"盛京通"卡可在互联互通的其他 48 个城市使用，更方便了沈阳人的出行。

二　智慧城市建设现状

沈阳市十分重视智慧城市的建设，专门成立智慧沈阳建设领导小组，制订了一系列智慧城市建设规划方案，取得了阶段性的进展。随着沈阳智慧城市这张大网越织越密，沈阳市民借助移动互联网和大数据只需动动手指，足不出户就能享受到智能生活。目前，智慧沈阳建设进入新阶段，力争在重点领域和关键环节取得更大突破，以智慧城市建设引领和推进沈阳加快实现转型升级，全面提升城市的竞争力和发展力。2016 年 8 月，市政府进一步确定智慧城市的总体发展目标，以此来促进产业转型、智能转型和城市转型，推动智慧沈阳的建设进程。

（一）智能制造

随着人工智能、大数据、云计算等新技术的不断发展与成熟，以及物联网时代的开启，互联网正在改变我们生活的各个领域，并推动着社会经济的发展进程。2015 年年底，继老工业基地沈阳市出台《沈阳市“中国制造 2025”实施方案》之后，国务院发布了关于《中德（沈阳）高端装备制造产业园建设方案》的批复文件。作为“中国制造 2025”与德国“工业 4.0”战略对接合作的重要载体，中德装备园成为国家批复的第一个以中德高端装备制造产业合作为主题的战略平台。中德高端装备制造产业园坐落于东北装备制造业密集区沈阳铁西区，这里规模以上企业 482 家，跨国公司超 100 家，世界 500 强企业超 50 家。该园区的产业定位就是基于两化融合与智能制造的先进装备制造业产业集群，它包括规划中的四大产业簇群。首先是智能制造簇群：面积 3 平方公里，主要发展机器人及智能装备、智能信息技术、智能硬件产业及智能工厂技术。其次是先进机械制造簇群：面积 5 平方公里，主要发展数控机床及核心部件、轨道交能装备、新能源及节能环保装备、特种用途机械、关键基础零部件、基础电子元器件及器材制造（传感器件）。再次是汽车制造簇群：面积 5 平方公里，主要发展整车及新能源汽车、动力总成、车身及内外饰、转向系统、行走系统、传动系统、制动系统及汽车电子。最后是工业服务簇群：面积两平方公里，主要发展科技研发、工程总承包、工业设计、工业贸易、现代物流、电子商务、信息服务以及现代服务外包。

智能制造是中德沈阳高端装备制造产业园建设中的一个亮点。智能制造绝不仅仅是工业化和自动化这么简单，智能制造是要给客户提供高附加值的服务，而确保实现定位目标的关键就是实现智能物流、智能服务和智能产品制造，其中的核心能力就是智能制造。目前，中德两国科研和企业界正以智能制造为核心，展开多方面合作。中科院沈阳自动化所已与德国电气电工信息技术委员会建立长期合作关系，推进工业物联网和智能工厂标准的制定。目前已推出面向工业过程自动化的工业无线网络标准等两项国际标准，其中一项标准已于 2015 年被欧盟接受，成为欧洲标准。

（二）沈阳信息化民生服务

随着信息社会的快速发展以及互联网思维的创新应用，信息化在经济社会中的引领驱动作用不断增强，信息资源作为战略性资源的价值越来越大。随着移动互联网和大数据不断发展，沈阳市信息化民生服务水平越来越高，各种应用 APP 的不断推广，使得市民智能生活水平越来越高。市民在不出家门的情况下，就能使自身需求得到满足。沈阳市以智慧沈阳统一平台为基础，不断梳理、整合教育、卫生、社区、就业、公共安全等网上服务，深化“我的沈阳”智能门户建设和推广构建便民服务“一张网”。

随着沈阳市智慧城市建设的不断深入，民生服务特色越来越显著。“我的沈阳”智能门户上线运行，功能逐步完善。教育信息化成果显著，教育城域网实现全面覆盖，基本普及校校通、班班通，建成300所数字校园，建设了教育资源库和资源超市，提供“千节微课”网络视频教育服务。基础医疗卫生机构已全面实现网络互通和数据传输，居民健康卡试点发放，支持新农合报销、网上预约挂号等功能。部分社区建成区级公共服务平台，形成区、街道和社区三级网格化信息管理体系，提供低保、医保、计生、综治、房产和就业等民生服务。智能交通指挥系统建成，对营运车辆实现视频动态监控，向市民提供快速、直接、精准的乘车信息查询服务。

2014年12月29日，沈阳建立了国内首家实现社区全覆盖的政务微信服务平台——“沈阳新社区”。上线运行一年多来，已初步构建了多层次、立体化的运行机制，在“惠民”的同时努力实现“兴业”与“善政”并举。“沈阳新社区”是为沈阳城乡社区（沈阳共有10区1市2县：和平区、沈河区、铁西区、大东区、皇姑区、浑南区、于洪区、苏家屯区、沈北新区、辽中区、新民市、法库县、康平县）200万家庭提供便捷化、智能化的网络服务，构成沈阳智慧城市体系的重要部分，承担新形势下创新社会管理、完善民生服务、依法治国治网、创新媒体融合等作用。如今，“沈阳新社区”平台由沈阳市网信办宏观把控，实现了对全市800多个社区的覆盖。每个社区都配有独立后台，自主管理。教育局、公安局、房产局、旅游局等14家市级单位入驻“服务大厅”，并根据各单位需求，建立独立的管理后台和功能板块，市民可以根据需求，自主查询，及时了解各单位的政务服务信息。“沈阳新社区”基本搭建完成市直政务服务和各区政务服务的整体构架，显著增强了公共服务能力，提升了政府的在线服务能力，提高了社会管理和民生服务水平。经过近一年多时间的运行，“沈阳新社区”平台粉丝已近40万，还在持续增加中；社区论坛点击量73万次，解决群众反映的各类问题1.7万件次，发布各类信息6.1万条，已经成为沈阳市最大的政务公开平台、民生服务平台和新型媒体平台。2016 年，“沈阳新社区”计划实现所有城市社区、涉农社区全覆盖。目前，沈阳新社区政务微信服务平台可查近 30 项社区代办服务，重点体现以下四项功能。

第一，政民交流功能。平台上各级党委和政府通过论坛、公告等版块发布权威信息，社区工作者通过“广播站”第一时间将最贴近社区居民的各项社区服务、惠民活动、突发事件、生活信息等资讯发送给居民。另外，居民可通过“意见箱”进行反馈，社区工作者收到信息后，将快速回应和处理或转给相关部门。

第二，民生服务功能。居民足不出户可通过“政务服务”版块查询医疗、养老、就业、计生等近 30 种社区的代办服务事项和办理流程，并通过留言系统进行预约，确保能够节约时间、及时办理。

第三，公益互动功能。“沈阳新社区”开设了“社区论坛”“易物大集”“拼车”等版块，将“微公益”融入其中，同时也是居民互动的新形式。

第四，媒体融合功能。沈阳当地媒体入驻“新社区”服务平台，提供资讯及便民服务。

“沈阳新社区”未来计划将更多的服务项目引入“沈阳新社区”平台，比如公积金、社保、医保的查询和办理；线上的社区养老、社区医疗服务。同时，“网上医疗”“快递配送”“订餐送餐”等服务也将出现在“沈阳新社区”平台中，力图整合各方资源，开发更多应用，实现便民、利民、惠民，建立起覆盖面更广、更接地气的移动互联网服务平台。

三 沈阳信息生产力发展的突出问题

（一）信息产业规模较小

沈阳市信息产业企业专业化、集约化程度较低，难以形成规模经济，缺乏可形成带动作用的重点企业。信息产业的发展在很大程度上靠的是信息技术的创新，企业核心竞争力的提升也是由信息技术的创新开始的，而沈阳市信息产业发展中的信息技术处于低端，与信息产业发达的地区或国家比还存在较大距离，这直接制约了规模经济的形成，阻碍了企业的快速发展。

（二）人才外流和人才结构性矛盾突出

沈阳市高校毕业生中硕士以上的高层次人才有 80% 以上都流往外

地，留在沈阳本地的人才数量十分有限。同时，在沈阳市信息产业人才中普通劳动力过剩，管理人才、技术带头人以及高层次、复合型人才严重短缺。沈阳信息产业人才结构尚不合理，软件“高端人才”（系统分析师、项目技术主管等）严重短缺，人才结构性矛盾较为突出。

（三）数据资源价值未得到充分释放

沈阳市基础数据库建设尚未完成，数据开放共享和基于数据的社会化应用程度低，数据红利没有得到充分挖掘。各部门自身的数据采集不规范，数据更新机制不完善，无法保障数据的准确性、真实性和实时性，可用性较差。受到条块分割、各自为政的束缚，部门间无法进行数据共享，“纵强横弱”、信息孤岛现象明显，数据开放的条件尚不完备。

（四）民生服务的便捷度有待加强

行政审批未能实现并联处理，市民、企业办事程序仍较烦琐。交通出行方面，交通拥堵、停车不便等问题突出，乘车信息服务便捷度不高。由于信息系统相互独立，加剧了大医院看病难、看病烦问题，“掌上医院”等智能化服务系统对老年人的服务能力不强。教育资源库建设与教师需求匹配度不高。全市健康卡、电费卡、公交卡、居游卡等多张卡功能未集成，尚未实现真正的“一卡通用”。

（五）信息基础设施建设相对落后

无线城市建设尚未全面开展，重点场所无线网络覆盖不全，仍有提升空间。移动网络升级速度缓慢，覆盖范围需要进一步扩大。与信息基础设施建设较好的城市相比，沈阳在信息技术方面还相当落后。水、电、气、热、通信等城市基础设施、配套传感器等尚未整合，地下管网、城市部件等基础设施的智能化感知和监控管理水平有待加强。政府部门业务尚未统一接入政务云，云计算服务能力有待整合，系统统筹建设情况不理想，未能充分整合既有功能。信息安全基础设施建设滞后，各部门建设的信息化系统存在防护能力不强、安全隐患严重等问题。

第二节 分析、规划与目标

一 沈阳市信息生产力的比较分析

通过比较沈阳、上海、杭州的信息生产力情况，沈阳信息生产力发展面临的优势、劣势和机遇、挑战如下：

（一）与上海比的劣势和优势

1. 沈阳信息生产力与上海相比的劣势

（1）信息产业的地位有待提高。沈阳主要以传统的制造业为主，而上海市的信息产业已经成为支柱型产业，发展速度更是远远超过沈阳。并且，沈阳市信息产业的企业专业化、集约化程度较低，难以形成规模经济，缺乏可形成带动作用的重点企业。沈阳市信息产业发展中的信息技术处于低端，与上海市信息产业所处的技术层次相去甚远，这严重制约了沈阳市信息产业形成规模经济的能力，发展速度滞后。

（2）急需加大对信息制造业发展的支持力度。从统计数据中可以看出，沈阳市的信息制造业企业数量、年平均从业人员、销售收入、利润总额等指标，远远低于上海市。虽然沈阳市的信息制造业已有较快的发展，但与信息制造业发展迅猛的上海市相比，还有很大的提升空间。沈阳市需加大对信息制造业发展的支持力度，从资金以及政策上给予大力扶持，使信息制造的龙头企业能够带动其他中小企业的发展，培养信息制造人才，大力研发信息技术，从而促进信息制造业的发展。

（3）“互联网+”电子商务的应用需进一步加强。在互联网蓬勃发展的时代，沈阳市电子商务交易快速增长，电子商务应用日渐广泛，但是与上海市的电子商务发展状况仍有很大的差距。沈阳市要紧跟时代的步伐，加强电子商务与传统产业融合，积极引导其他行业转型升级，扩大电子商务产业规模，普及深化电子商务应用，促进“互联网+”电子商务更快、更好地发展。

2. 沈阳信息生产力与上海市相比的优势

（1）沈阳市信息生产力发展的区位优势。沈阳是辽宁省的省会，是东北地区最大的中心城市，也是东北地区的经济、文化、交通和商贸中心。地处东北亚经济圈和环渤海经济圈的中心，具有重要的战略地位。以沈阳为中心，半径150公里的范围内，集中了以基础工业和加工工业为主的八大城市，构成了资源丰富、结构互补性强、技术关联度高的辽宁中部城市群。这为人才的流动、为外商投资提供了便利而优越的条件。沈阳拥有东北地区最大的民用航空港，全国最大的铁路编组站和全国最高等级的“一环五射”高速公路网。沟通世界各大港口的大连港、正在开发建设的营口新港和锦州港，距沈阳均不超过400公里，具有得天独厚的地理区位优势，作为东北中心城市的沈阳，对周边乃至全国都具有较强的吸纳力、辐射力和带动力。

（2）具有较好的政策优势。在经济下滑压力较大的情况下，国家层面正在加紧出台扶持实施东北老工业基地再振兴战略的各项优惠政策。及时配套制定沈阳市的有关政策措施，逐步建立支持老工业基地振兴的长效机制，以构建东北地区新的经济增长极为目标，致力于打造以沈阳市为核心的沈阳经济区。为加快沈阳近海经济区发展，全力打造最优良的投资“洼地”，出台了一系列优惠政策，对重大项目实行一事一议、特事特办。这为大力吸引投资提供了动力，为沈阳市信息产业的发展提供政策保证。在发展专项基金方面，沈阳市政府也给予了大力支持。其中大部分资金用于支持软件服务业企业和基地、园区建设，惠及了沈阳市的绝大部分企业。特别是对于企业规模的壮大，成长性好的新注册企业的成长起到了关键性的扶持作用。

（3）具有较低的成本优势。信息产业尤其是软件产业，作为知识密集型产业，对原料、市场、交通以及设备的要求不高，主要需要的就是大量的高素质的人才，主要投入要素是人力资本，资本有机构成较低，40%以上的成本来自人工成本。沈阳市信息产业人才相对较丰富，具有相对优势。全国在校信息产业学生总量在100万人左右，沈阳市占全国的3%，在全国主要大城市中排名第十位左右。与沈阳的信息产业现状相比，沈阳的信息产业人才数量相对丰富。同时，沈阳市信息产业方面人才的成本较低，这使沈阳在发展信息生产力时具有一定的成本优势。

（二）与杭州比的劣势和优势

1. 沈阳信息生产力与杭州相比的劣势

（1）信息化基础设施建设有待加强。沈阳市信息化基础设施建设有了较大提高，但是，与杭州市相比，在信息技术、通信网络建设、移动客户端网络升级等方面还有很大差距。沈阳市城市建设的互联网辐射功能还未真正形成，主要功能区域的网络覆盖率较低，存在着智能化发展的空白点。城市配套的基础设施及相应的控制系统还未实现统一的信息化深度改造，仍停留在传统的信息管理阶段，严重阻碍了智慧城市基础设施及其管理体系一体化发展的进程，使城市社会经济的日常运营受到很大的影响。同时，政府职能转变所要求的系统再造任务也未能如期进行，新旧系统基于新型信息化技术手段的协调整合未能及时跟进，导致行政改革遭遇贯彻落实上的技术难题，相应的改革方案因信息安全和信息障碍而大打折扣，未能形成智慧城市发展的基本条件。

（2）信息化人才数量有待增加。从沈阳市信息制造业主要指标和杭州市信息制造业主要指标的统计数据看，2014 年沈阳市和杭州市信息制造业的从业人员与 2013 年相比，都有所减少，但是杭州市的企业数量增加了 3 家，而沈阳市的企业数量减少了 5 家，故沈阳市从业人员流失现象比较明显。人才是产业发展的重要因素，沈阳市要更加注重信息化人才的培养，招贤纳士，为信息生产力的不断发展创造必要条件。

2. 沈阳信息生产力与杭州相比的优势

（1）“我的沈阳”智能门户建设使其具有了“惠民”优势。“我的沈阳”智能门户综合服务平台聚合了与市民生活息息相关的政府服务资源、社会公共服务资源和便民服务资源，充分对接和共享公安、交通、社保、医疗、房产、旅游、气象、环保、体育、档案信息等各领域信息资源，并将其他部门分散的、单一的服务集中由“我的沈阳”统一开发集成，为不同群体提供协同性、综合性、针对性服务，线上为市民提供“足不出户网上办事”窗口。依托街道便民服务中心或社区便民服务中心，将社区服务站作为“我的沈阳”门户的线下服务网点，形成线上线下互动的市民公共服务体系。借助统一服务入口实现公共服务事项和社会信息服务的全人群覆盖、全天候受理和“一口式”办理。以手机门户端作为牵引，配套搭建 PC 网页、热线和社区服务站等多种服务渠道，形成多方位、全覆盖的市民综合服务。

（2）智慧旅游建设平台特色明显。沈阳市政府着力构建行业管理、企业运营、电子商务三大信息体系，加快推进沈阳经济区旅游公共服务平台、沈阳经济区旅游智能服务卡、沈阳经济区旅游数据中心建设项目。规划、开发具备产品营销、个性定制、担保支付、游团跟踪、电子合同、咨询投诉等功能的智慧旅游应用系统。深入挖掘旅游消费数据，分析、引导游客消费需求，试点开展智慧旅行社、智慧旅游景区、智慧旅游餐饮、智慧旅游饭店、智慧旅游商场建设工作，逐步实现旅游消费在线化、旅游经营平台化和旅游管理智能化。建立旅游预测预警机制，实现与公安、交通、工商、卫生等部门形成信息共享与协同联动，为决策、调控提供科学依据。

（3）智慧文化体系建设比较完整具体，有自己的地域特征。沈阳市政府加快推进公共文化数字化平台建设，打破公共文化资源条块分割，构建集展现、服务、交流、供需互动、文化定制等多种服务功能于一体的一站式公共文化服务平台，为市民提供不受时间地域限制的快捷服务。推进图书馆、文化馆、博物馆、影院、演艺单位等公共文化服务机构的数字化建设，通过多种形式逐步实现文化资源、文化服务、文化管理的数字化与智能化，大幅增强民众的优质文化体验，为市民提供更加高效、便捷的文化服务，切实提升沈阳城市文化软实力。

二　规划方案分析

全面贯彻十八届三中、四中、五中全会精神，落实国家关于智慧城市、大数据、"互联网+"等的战略部署，抓住新一轮东北振兴、全面创新改革试验区和沈阳经济区一体化发展的战略契机，以沈阳市经济社会发展的实际需求为导向，以改革创新为动力，以释放数据红利为核心，以信息惠民为宗旨，以产业振兴为基础，以善政法治为保障，以数据流引领技术流、物质流、资金流、人才流，从而提升沈阳信息生产力发展水平，加快智慧城市建设的步伐。

沈阳市需要促进大数据产业、智慧城市建设和传统产业的改造协同发展，推进信息技术应用与经济社会发展的深度契合。同时，沈阳市应积极提升信息化建设成效，充分发挥信息流对技术流、物质流、资金流、人才流的驱动作用，突出现代工业城市的历史特色，以新兴信息技术驱动装备制造业、高新技术产业发展，推动现代服务业发展，针对区域中心城市功能特点，促进周边城市群共同繁荣，以"大产业"实现"大繁荣"；充分发挥政府在规划设计、政策扶持、标准规范、试点示范等方面的引导作用，创新与沈阳经济社会发展相适应的投融资机制，充分调动市场积极性，广泛吸引社会资金投入信息化深度发展和"两化"融合的建设，以"大创新"带动"大跨越"。

三 主要目标

（一）加快智慧沈阳建设

通过加强沈阳信息生产力建设，不断推进智慧沈阳建设，增强城市竞争力水平，推动沈阳市由东北地区区域中心城市向国际化中心城市迈进。集中落实各项国家信息化政策，构建以人为本、惠及全民的民生服务新体系，打造精准治理、多方协作的社会治理新模式，培育高端智能、新兴繁荣的产业发展新生态，提升城市的凝聚力、辐射力、带动力，打造国内发展创新型智慧城市样板。

（二）加快推动工业化、信息化的两化融合

在信息化时代，沈阳要充分抓住发展、转型的机遇，加快“两化融合”的步伐，让传统的工业企业实现转型升级。完善数据资源、数据技术、数据应用一体化的大数据全产业链。打造一批以智能制造为主的国际知名品牌，形成一批在东北地区规模大、效益高、集聚作用强的产业园区。

（三）以高水平的信息化建设提升市民的幸福感

与传统理念相比，一个城市的竞争力水平不仅仅取决于城市的 GDP 增量的大小，还应该包括城市居民的幸福感指数。沈阳应该增强城市智能化水平，让市民的生活更加便利，从而增强居民的幸福感，带动城市更好、更快地发展。沈阳接下来要实现市民卡“一卡通”覆盖率100%，电子健康档案和社区卫生服务全覆盖，医疗服务信息共享达到95%以上，社区公共服务信息对全市社区100%全覆盖，所有校园实现数字资源全覆盖，提供多样化、高质量的就业、养老、文化体育服务。

第三节 主要任务与实现路径

沈阳大力发展信息生产力，也就是要以“数据驱动、智慧引领”为核心理念，充分利用现有数据、系统等资源，统筹全市各方力量，有序推进智慧城市的建设。其实现路径可以从信息化基础设施建设、信息化人才与资源建设、政务信息化建设、信息化公共管理与服务建设、企业/部门信息化及服务建设等方面入手，从而加快智慧沈阳建设，进一步推动“两化融合”，增强市民的幸福感。

一　信息化基础设施建设

（一）加快光纤网络建设

积极推进宽带沈阳建设，加快光纤网络建设，发挥三大通信运管企业的主体作用，推进新建区域宽带共享接入网络部署和已建区域网络扩容升级，优化网络结构，提升网络质量，持续扩大网络基础设施覆盖范围和深度。城市地区加快扩大光纤到户网络覆盖范围和规模，农村地区积极推进宽带乡村工程，加快宽带网络向行政村延伸，有条件的农村地区推进光纤到村，加快部署基于 IPv6 技术的下一代互联网试点应用。

（二）加快无线网络建设

完善 3G/4G 网络建设，加强对 5G 技术的研究和探索，适时推动新一代移动网络建设。推广基于北斗卫星导航系统的基于位置服务。加快 WLAN 建设，扩大无线网络覆盖范围，推进建设多层次、立体覆盖的无线网络，提升公共交通、行政办公、旅游景点、医院、高校、商业金融等重点场所 WiFi 网络覆盖率，优化网络服务质量，鼓励社会资本进行 WiFi 接入点建设，构建支撑各类移动互联网应用的无线城市网。

（三）推进城市地下综合管廊的信息化建设

整合沈阳市范围内水、电、气、热、通信等各类城市信息基础设施，配套建设传感器、RFID 标签等附属设施，提高智能化感知和监控管理水平。构建城市智能化基础设施公共信息平台，推进市政综合管网数据资源可视化，实现辅助审批、智能分析、共享服务及维护，以及在线监督、监控预警、突发事故应急管理和信息发布等功能。

（四）建立和发展大数据与云计算平台

建立沈阳市大数据交易中心，搭建大数据交易平台，通过开放的 API 数据录入、检索、调用，为政府机构、科研单位、企业乃至个人提供数据交易和使用。在确保数据不涉及个人隐私、不危害国家安全，同时获得数据所有方授权的情况下，为数据所有者提供大数据变现的渠道，为数据开发者提供统一的数据检索、开发平台，为数据使用者提供丰富的数据来源和数据应用。建立法律保障、技术保障、真实性认证等保障性措施，完善大数据交易体系及交易规则，建立覆盖东三省、面向东北亚的数据衍生品交易中心。加快完善人口、法人、空间地理信息、宏观经济、信用信息五大基础数据库建设，为智慧城市建设提供全面、及时、准确的信息资源，为政府公共管理、居民生活服务和企业生产经营提供有力的信息支撑。

(五) 打造信息化教育网络

实现所有校园宽带网络和数字资源全覆盖，推进智慧教育终端建设。整合全市教育基础数据资源，推进市级教育资源公共服务平台建设。建立全市的教育管理与决策支持服务系统和教育信息化评估系统，各区打造教育门户网站，实现市、区两级平台对接。升级改造沈阳教育城域网，打造服务型的云数据中心。整合学校网络安全系统，形成市、区、校三级全方位网络安全体系。

二 信息化人才与资源建设

(一) 加强信息化人才培养

信息化人才拥有量是城市信息化建设的基础之一。为促进沈阳信息生产力建设，如何培养和留住信息化人才显得十分重要。一方面，政府应出台政策鼓励信息类专业毕业生留在沈阳工作，并提升高端人才的待遇。另一方面，可采取校企联合办学模式，培养更专业的信息化人才。这种模式首先以高校为人才培养的“根据地”，依托高校的教育资源优势，合理地安排学生的课堂学习，培养学生扎实的理论功底和专业技能。其次以企业为人才需求的大市场，针对企业信息化的要求，不仅在课程设置上满足企业需求，更重要的是把企业作为学生的实践基地，这样可以使学生能够学以致用，以用促学，使企业与高校达到“双赢互惠”的目的。

(二) 构建智慧文化体系

推进公共文化数字化平台建设，打破公共文化资源条块分割，构建集展现、服务、交流、供需互动、文化定制等多种服务功能于一体的一站式公共文化服务平台，为市民提供不受时间地域限制的快捷服务。推进图书馆、文化馆、博物馆、影院、演艺单位等公共文化服务机构的数字化建设，通过多种形式逐步实现文化资源、文化服务、文化管理的数字化与智能化，大幅增强民众的良性文化体验，为市民提供更加高效、便捷、优质的文化服务，切实提升沈阳城市文化软实力。

三 政务信息化建设

(一) 完善政务数据资源目录体系

制定完善政务数据资源采集、更新维护、共享交换、评估监督相关的各项制度和标准，建立政务数据资源管理与使用的长效机制。加强对全市数据资源需求的梳理，明确数据来源和需求，明确管理与使用的权责，按“一数一源”方式加快推进数据资源的统一采集、管理和共享，提升政务数据资源质量。

（二）建设数据共享交换台

加快建设部署统一的市级数据共享交换平台，实现各领域、各部门数据的统一目录管理、统一认证和统一交换。建立以信息资源共享为核心的政务协同工作机制，统一数据交换标准和接口规范，实现不同网络、不同系统之间的互联互通和交换共享。基于统一的数据共享交换平台，实现政务部门间的信息共享和业务协同。

（三）政务信息网上公开

完善沈阳市政务公开服务网，在统一政务云平台的基础上，建立沈阳市政务公开综合服务平台。及时公布行政执法、时政解读、权力运行和重点项目进展等，并将已存在的政务公开载体纳入平台。提升民众获取政务公开信息的便捷性，增加政民互动渠道，开展模型预测并调整平台公开业务的方向和力度，提升政务公开平台的智能化水平。

（四）推进政务信息化协同办公

统筹各业务系统，制定统一的政务协同机制，开发政务协同办公系统，推进各委办局无纸化办公，加强电子文件归档。在全市统一政务云的框架下，统筹建设网站群，遵循统一技术及框架标准，将各部门的官方门户网站及全市统一的政务公开服务平台纳入网站群管理，在同一管理平台上进行统一规划、建设、维护和后台管理，降低网站维护难度和运营成本。

（五）公安系统信息化

整合公安系统人口、案件、驾驶员、出入境、交通违章等数据资源，规范基础信息采集标准，明确信息采集职责分配，构建“一次采集、全网通用”“一次变更、全网更新”的工作格局，加强数字化采集设备和移动警务终端的实时对接，建立相应的数据更新和维护机制。划分数据信息的涉密等级，在统一信息共享机制下制定公安信息资源共享目录，按需分级进行数据共享。将视频专网、无线通信网等非涉密对外业务网络纳入市级统一网络。在市级大数据中心的支撑下，运转情报研判、指挥调度等应用平台，构建应急指挥决策支持系统，为全市突发事件提供应急处置服务。

四 信息化公共管理与服务建设

（一）构建信息化智能交通体系

以现有信息系统为基础推进沈阳智慧交通体系建设。推进交通运输电子政务系统建设，对公交、出租、道路运输、维修驾培、公路管理、执法等行业的车辆、设备、人员进行监督和管理。整合沈阳交通行业各种数据，建立综合交通智能指挥中心和交通行业统一数据平台，在共享全市统一地理时空信息“一张图”的基础上，建立交通行业地理信息共享平台，充分发挥交通运输数据资源优势，构建一体化、多方位的公众出行信息发布与服务体系，通过移动终端等多种方式为市民提供快速、直接、精准的乘车信息查询服务。加强交通指挥调度系统建设，通过整合交通运输信息和视频监控资源，结合应急预案系统建设，完善交通行业应急指挥系统，实现交通运输运行监测调度及突发交通事件的统一指挥与处理，提高交通事件处理效率。整合各类停车资源，推进智能停车场建设，通过停车引导屏、手机移动终端等渠道集中发布停车引导动态信息。

（二）城市一卡通建设

统筹和整合现有社保、居民健康卡（含新农合居民健康卡）、城市交通、智慧社区、金融 IC 卡小额支付、公共事业代收费、电子政务、医疗、文化旅游等领域信息系统，由大数据运营公司进行市民卡运营，构建全市统一制卡平台、信息交换平台和资金清算平台，实现一卡多用，避免一事一卡。集政府公共服务、社会事业服务、商业金融服务于一体，形成信息共享机制、协同服务机制，提升城市信息化水平。

（三）构建智慧医疗体系

加快推进卫生信息化平台建设，以居民电子健康档案管理为中心，建设集预防、保健、医疗、康复、健康教育及计生技术指导“六位一体”的基层医疗卫生服务网络体系。推进区域人口健康信息平台建设，建立电子病历和健康档案，实现各级医疗机构电子病历、检查结果数据互联互通，为居民提供全生命周期医疗健康管理服务，打造“保健在家中、小病在社区、大病进医院、康复回社区”的就医新格局。结合卫生系统实际管理需求，建立和完善重大公共卫生、传染病、应急指挥、院前急救系统等健康信息监测预警体系。建立覆盖城乡的“城市云医院”平台。

（四）提升智慧旅游水平

加快推进沈阳经济区旅游公共服务平台、沈阳经济区旅游智能服务卡、沈阳经济区旅游数据中心建设项目。深入挖掘旅游消费数据，分析、引导游客消费需求，试点开展智慧旅行社、智慧旅游景区、智慧旅游餐饮、智慧旅游饭店、智慧旅游商场建设工作，逐步实现旅游消费在线化、旅游经营平台化和旅游管理智能化。建立旅游预测预警机制，实现与公安、交通、工商、卫生等部门形成信息共享与协同联动，为决策、调控提供科学依据。

（五）加强应急救援指挥平台信息化建设

将应急指挥平台纳入政务云平台，在此基础上开展主题数据库建设和各类业务应用。将应急预案、应急队伍等主题数据库统一整合至城市大数据中心。充分利用移动应用技术、物联网和4G网络，扩展移动应用，开发智能终端管理系统，实现基础信息规范完整、动态信息随时调取、应急处置快捷可视。建设安全监管信息平台，通过门户网站和移动终端为社会公众提供安全生产和社会治安信息查询、政府信息公开、网上办事流程图、警示教育、安全咨询、举报投诉等服务，提高公众的安全意识。

（六）建立网格化城市综合治理体系

按照集约化原则，强化跨部门数据整合、系统整合和业务协同，以网格化管理体系进一步完善“大城管”格局，设计市区两级联动的工作流程和操作规范。围绕城市管理工作全局，整合执法、环卫、社区等各方面的力量，协调工商、公安等其他执法部门，以网格化管理促进上下联动，形成逐级负责、各尽其责、各司其职的责任落实机制和工作推进机制。

五　企业/部门信息化及服务建设

（一）发展大数据产业链

搭建以沈阳大数据运营公司为主体，智慧城市研究院、大数据产业联盟、大数据产业基金、大数据交易中心共同支撑的大数据产业体系，立足本市、辐射东北。汇聚基础网络运管商，借助沈阳成为国家级互联网骨干直联点城市的契机，充分整合已有设施资源，合理规划，避免盲目新建数据中心。培育数据应用市场，与企业合作，探索在工业、生产性服务业、电商等领域率先进行政府数据开发利用。通过实施智慧应用汇聚行业数据，推动数据运营，并逐步探索数据交易。形成数据资源、数据技术、数据应用一体化的大数据产业链。

（二）促进传统制造业的信息化建设

积极争取成为国家级“两化”深度融合暨智能制造示范区，浑南、大东、沈北、铁西和于洪五大试验区加快实施生产设备的智能化改造。发展基于互联网的个性化定制、众包设计、云制造等新型制造模式，提高精准制造、敏捷制造能力。以智能工厂为载体，以全面深度互联为基础，以端到端信息数据流为核心驱动，构建从设计、供应、制造和服务各环节无缝协作的智能工业生态系统。

（三）大力发展电子商务

在 B2B 领域，寻求与龙头企业、专业市场和综合性电商平台合作，依托产业优势发展工业品垂直电商平台及大宗农产品电子商务平台。在 B2C 领域，积极开拓农村电子商务和社区电子商务，探索农产品与社区服务站对接模式。积极融入“一带一路”、中韩自贸区等国家战略，充分利用沈阳面向蒙古、俄罗斯、韩国等东北亚国家的区位优势，打造国际化内陆口岸，发展以制造业为主的跨境电子商务。引进支付、物流、人才培训等支撑性服务项目。借助国家电子商务示范城市建设、沈阳经济区建设，以发展环境提升吸引电商产业聚集，打造东北地区电商服务发展中心。

（四）物流公共信息平台建设

通过物流公共信息平台改进和优化物流信息流程，建立科学的物流运作与服务规范以及信息交换标准，提高物流业务的服务效率和水平，降低社会物流成本；建立完善、高效、可靠的物流信息系统，为物流企业提供良好的信息环境。

第十二章　沈阳生态环境生产力

第一节　现状与问题

一　生态环境总体质量得到改善，但是污染问题仍然不容乐观

（一）现状

1. 空气环境质量

2015 年沈阳市空气质量相比于 2014 年有明显改善。2015 年沈阳市环境空气质量优、良天数为 207 天，与 2014 年相比，增加 16 天。环境空气中可吸入颗粒物（PM10）、细颗粒物（PM2.5）、二氧化硫（SO_2）、二氧化氮（NO_2）和臭氧日最大 8 小时滑动平均浓度同比下降，一氧化碳（CO）浓度升高。

2. 水环境质量

2015 年，辽河干流沈阳段水质符合国家地表水环境质量Ⅳ类水质标准；浑河干流沈阳段水质劣于国家地表水环境质量Ⅴ类水质标准。在“十二五”期间，沈阳市污水处理能力稳步提高，2015 年污水处理率达到 95%（见表 12－1）。

表 12－1　沈阳市“十二五”期间污水处理能力

年份	2010	2011	2012	2013	2014	2015
污水处理能力（万吨）	117	113	140	219	218	234.5
污水处理率（%）	71	85.20	87.10	95	95	95

资料来源：《沈阳统计年鉴》（2015）。

目前，全市共建成的日处理能力 1 万吨以上的城镇污水处理厂共计

28 座，其中有北部、西部、沈水湾、仙女河四座大型污水处理厂，现有排放标准为二级标准。

3. 声环境质量

2015 年，沈阳市道路交通干线声环境质量为一般及以下水平。2015 年，沈阳市道路交通声环境、区域声环境监测分别于 5 月、9 月起进行。道路交通声环境平均等效声级为 69.9 分贝，噪声强度等级为二级，23 条交通干线监测值大于 70 分贝。

4. 绿化质量

沈阳市总体绿化状况有明显改善。2015 年，沈阳完成舍利塔碑林公园和万泉、仙女湖等 10 处公园改造，实施 5 条出口路景观提升、50 块节点绿地绿化、389 条街路行道树补植，新增 17 条绿篱街路、8 条特色花街，全市植树造林 26.1 万亩，城市绿化水平得到提升。截至 2015 年年底，沈阳全市城区绿化覆盖率达到 42.2%。到 2015 年年底，村屯森林覆盖率达到 25% 以上，绿地率 35% 以上，绿化覆盖率 45% 以上。绿化以乔木为主，乔木绿化面积占 60% 以上。街路、河渠、池塘、广场、隙地、门前、宅旁、村旁绿化率达到 100%。

5. 闭坑矿山治理

2015 年，沈阳市圆满地完成了青山工程闭坑矿山生态治理任务。按照省青山保护局 2015 年“青山工程”闭坑矿生态治理工作总体部署，沈阳市 2015 年计划实施闭坑矿山生态治理项目 12 个，面积 573 亩。在辽宁省每亩补助资金 1.5 万元的基础上，沈阳市财政配套补助每亩 1 万元，使每亩地总计补助资金达到了 2.5 万元以上。特别是浑南区政府在省市补助的基础上，又拿出 60 万元补贴本区闭坑矿生态治理项目。截至 2015 年年底，沈阳市 12 个闭坑矿山生态治理项目均预先编制工程设计方案，并通过省市专家的评审。治理项目实行工程化管理，严格招投标手续，确保治理工作按时保质保量完成。沈阳市所有闭坑矿山生态治理项目已全部完成主体工程施工，并顺利通过了省青山保护局的核查验收。共完成治理面积 573 亩，投入配套资金 1492 万余元。至此，沈阳市 2015 年度青山工程闭坑矿山生态治理任务圆满完成。

6. 生态质量

2014 年，沈阳市区植被覆盖度中等，生物多样性一般水平，较适合人类生活，但有不适合人类生活的制约性因子出现；其余区县（市）

处于良好级别。2014 年沈阳市生态环境质量指数（EI）为 56.48，各区县（市）的生态环境状况指数（EI）在 52.32—59.93。

（二）问题

1. 燃煤问题是沈阳空气环境改善的最大障碍

根据沈阳市环保局公布的沈阳市污染源解析初步结果，按照污染贡献率排名，燃煤对空气污染的贡献率在 50% 以上。其中，冬季采暖大量燃煤以及众多小锅炉的不充分燃烧是导致燃煤污染的主因。

目前，沈阳缺少水电、核电，无可奈何之下燃煤不得不占一次能源消费的 85% 以上，低污染能源和清洁能源利用率远低于全国平均水平（64.2%）。

近年来，随着经济的发展，沈阳市燃煤总量增长较快，由 2001 年的 1528 万吨增加到 2014 年的 3175 万吨。其中，仅仅冬季采暖期燃煤量就在 2100 万吨以上，占全年燃煤消耗总量的 66%。目前，沈阳市 20 吨以下锅炉有 2572 台，占燃煤锅炉总数的 83.7%。

2. 扬尘污染是影响大气环境的直接因子

根据沈阳市污染源解析初步结果，沈阳市扬尘污染中建筑工地扬尘对空气的污染相对突出，贡献率超过 20%。

据统计，目前三环以内共有建筑工地 600 多个，能达到防尘要求的建筑工地不到 200 个。而全市施工工地 1140 多处，影响范围更广。

3. 污水处理厂出水标准有待进一步提升

根据国家制定的《城镇污水处理厂污染物排放标准》，城镇污水处理厂出水执行污水二级排放标准。目前沈阳运营的 28 座污水处理厂中，只有 4 座大型污水处理厂的出水达到了国家二级标准，剩余 20 余座污水处理厂出水标准亟待改善。

4. 城市绿化缺乏整体规划

沈阳市绿化主要面临的问题是：绿地分布不均衡，绿地内植物类型分布不均衡，绿地不能构成一个完整的整体。沈阳市绿地主要集中分布在公园、高校和城市外围，城市中心区和主要干道两侧绿化相对缺乏。由此可见，绿地分布不均衡。沈阳市道路绿地中阔叶植物和灌木较多，针叶植物相对较少，造成冬季城市自然景观相对苍白，缺乏生机。所以，绿地内部植物类型分布不均衡。沈阳市内绿地分布零散，关联较小，并且绿地的利用也相对单一，仅有棋盘山等几处自然环境利用城市用地形态，形成独特的自然风景区，将旅游和环境结合起来。因此，绿地不能构成一个完整的整体。

5. 施工工地噪声投诉案件比例大幅增加

根据“12369”环保热线和华商晨报的报道，仅2015年上半年，沈阳市民共投诉噪声污染1953件次，其中和平区投诉量居首位，近五成投诉反映建筑工地施工噪声扰民。

以和平区为例，和平区为沈阳市居民居住密集区，区民对环境的要求较高。由于如北市场电影院附近，东北大学周边，建筑密度较大，导致居民区离建筑工地距离过近，故投诉量高。

6. 闭坑矿山生态治理技术手段不多

目前，沈阳市闭坑矿山生态治理采用的技术主要是削坡、客土植树种草等常规技术手段，期望达到裸露的山体能够尽快绿起来的目的。但是闭坑矿山体情况复杂，如采石场、石灰厂的开采面是岩石结构，并且十分陡峭，不可能再采取削坡、客土等常规技术手段来治理。

二 绿色产业发展势头较好，但是绿色产能优势还未得到释放

（一）现状

1. 沈北新区致力于生态环境建设，强化对高端产业的吸引和聚集能力

“十二五”期间，沈北新区以区域生态环境的优化为基础，使其对创新型高端产业的吸引和汇聚能力进一步增强。近年来，沈北新区在生态建设上，先后投入45亿元，将境内33.2公里蒲河进行全方位治理。基本建成辽河七星湿地公园，建成区绿化覆盖率达到52%。重点实施了水利、治污等一系列综合治理工程，修建污水处理厂6座，关停和淘汰污染企业80余家，建成滨河路66公里，跨河交通桥16座，锡伯族文化广场、和平友谊广场等休闲文化广场6个，实施绿化1000万平方米，真正实现了水通、路通、岸绿、水清、景美。

有了优质生态环境作为保障，沈北新区基于蒲河生态廊道的绿色发展战略定位，大力发展食品医药、手机及先进制造等战略性新兴产业以及现代服务业，使其成为拉动全区经济高速发展的核心引擎。目前，辉山地区已汇聚农产品加工、食品和医药制造企业400余家，虎石台汽车产业园引进汽车企业70余家，手机产业园已引进智能终端与移动互联网企业160余家。投资50亿元的利源轨道整车制造、投资13亿元的普洛斯现代服务业产业园、投资3.2亿元的华润怡宝矿泉水等一批重大项

目已经落户蒲河生态经济带。在新型城镇化建设上，重点完善了基础配套，提升综合承载能力和公共服务能力。引进东北金融后援基地、华强、碧桂园、尚柏奥莱等一批重大项目。进一步完善供水、供电、供气和路网等基础设施，重点推进高铁新沈阳北站、地铁 4 号线、地铁 2 号线北延线建设。这种“产城融合”的生态城市建设模式在以蒲河生态廊道为依托的沈北新区发展进程中，得到充分的体现，不仅集中践行了“创新、协调、绿色、开放、共享”的发展理念，而且以产业的活力和宜居的引力激发了沈阳生态城市建设的巨大潜力。

2. 以绿色集约发展作为中德装备园建设的基本定位

2015 年 12 月，国务院正式确立中德装备园五大发展定位：打造创新驱动和绿色集约发展引领区；成为拉动沈阳市转型发展的新引擎；打造“中国制造 2025”和“德国工业 4.0”战略合作试验区；构建开放型经济新体制探索区；建设国际先进装备制造业发展试验区。

沈阳现已成为全国 8 个全面创新改革试验区之一。在此大背景下，中德工业园准确把握“推进新型工业化进程”这一创新改革的主体，一批国内外高端、智能、绿色制造项目正加紧推进。宝马欧洲以外的第一家发动机工厂已经在园区内投产；西门子智能交通研发中心即将投入运营；库卡机器人工程示范中心正在建设当中；纽卡特行星减速机建设方案已经确定；通用机器人项目正在办理注册。

3. 新能源汽车产业已经成为沈阳市生态环境生产力的新增长点

“十二五”期间，沈阳市重点推进新能源汽车项目的建设，目前成效十分显著。2015 年沈阳市新能源汽车产量达到 1796 辆，实现工业产值 12.2 亿元，除宝马、华晨及五洲龙等企业外，金杯车辆也开始尝试新能源汽车的生产，同时在沈阳市的积极推动下，华龙新能源客车项目也已正式落户浑南，未来将成为新的增长点。

4. 绿色发展成为沈阳装备制造业的新亮点

“十二五”期间，沈阳市以各大科研院所为依托，对装备制造业的绿色发展提出了更高的要求，同时取得了显著的成果。

沈阳市依托沈阳鼓风机集团公司、沈阳盛世高中压阀门有限公司、沈阳远大集团公司、沈阳华晨金杯汽车有限公司、沈阳华创风能有限公司、沈阳中科天道公司、沈阳工业大学风能技术研究所等骨干企业和科研院所，以新能源开发利用为重点，开展传统能源清洁利用，推进康平、法库等风电场建设，加快智能电网建设。重点发展风电装备、核电装备、新能源汽车、太阳能电池、半导体照明应用产品、节能环保产业。随着产业发展的转移和人们生活水平的提高，在消费和休闲领域的需求越来越大并且层次也越来越高，因此大力发展农产品精加工和深加工装备、旅游和休闲保健产业的装备产业成为沈阳市绿色装备制造业的发展方向。

5. 突出以龙头企业引领的现代生态农业全产业链建设

以辉山乳业集团为龙头的沈阳现代生态农业全产业链发展模式，着重从绿色源头出发打造成东北的典范和产业集群中心。辉山乳业集团通过打造生态化全产业链发展新模式，在国内乳制品市场一片萧条的大背景下，为沈城人民从全产业链生态标准化保障角度塑造了自己的品牌信誉度。辉山乳业采取从上游奶源建设到下游乳品生产，依托全产业链发展模式从各个环节确保了乳制品的安全与品质，为中国乳业的健康发展注入了一股安全新力量。源头是产业链的开端，也是保障产品质量的关键环节，各行各业均相通。对于乳制品行业来说，这个源头就是自建自控的安全奶源。辉山乳业多年来致力于规模化自营牧场建设，为乳制品的生产积累了安全高品质奶源，从源头保障了乳制品的品质与安全。辉山乳业依托全产业链发展模式建立起了“从牧场到餐桌”的全程信息追溯体系，信息化建设涵盖了草场管理、牧场管理、原奶运输、乳品生产、质量管控、产品销售、消费者跟踪等各个环节。

6. 以保护生态旅游资源为出发点，推出多种多样的生态文化旅游产品

在“十二五”期间，沈阳市在保护自然资源的基础上，重点推出沈城森林氧吧和生态休闲旅游胜地建设项目以及生态文化旅游产品带建设项目。

沈阳国家森林公园、棋盘出国际风景名胜区和沈阳植物园，经过近几年卓有成效的建设，这里已不再是单一的旅游休闲胜地，而是传承展示人文历史和关东风情的文化圣地，被国家文化部批准为国家级文化产业示范区。与此同时，沈阳市以旅游产业发展为引领，突出滨湖健康休闲生活的特色，突出康平卧龙湖生态品牌的价值外溢，带动周边城乡旅游发展；建设以金沙滩国家沙漠公园为重点的“绿色长城”生态观光带，以辽河国家湿地公园为重点的“辽河文明”生态休闲带；辽中区

围绕打造“沈阳休闲后花园”的目标，以建设蒲河生态休闲农业景观带为核心，开发珍珠湖至滨水新城蒲河生态资源，将休闲旅游与自然、人文、历史等元素有机融合，发展休闲农业与乡村旅游，建设自然环境优美的特色生态景观，规划建设湿地运动公园，打造北方生态休闲农业景观带。新民市依托辽河生态经济廊道，以辽河文化为主题，以公主屯后山遗址、高台山古人类生活遗址、清柳条边遗址和辽滨塔历史文化名胜景区等重要人文景观为依托，发展辽河两岸自然风光和休闲游船、鸟类鱼类观赏、人工湖、湿地景观等生态旅游产品带。

7. 加大技术创新力度，促进绿色发展与智能制造的有机融合

沈阳市近年来将绿色发展和智能制造相结合，助力一大批优质企业高速发展。沈阳 IC 装备产业基地和沈阳自动化研究所等科研院所企业依靠对共性智能技术、软件平台、软件系统、嵌入式系统、大型复杂装备系统仿真软件的研发，开发 CAX、MES、ERP、MRO、PLM 等软件产品。沈阳新松机器人自动化股份有限公司开发具有国际竞争力的加工、装配工业机器人及系列自动化产品；沈阳机床集团依靠高档数控系统、伺服驱动装置、机床自诊断等技术与装置的研发力度，提高主机智能化水平，开发基于 I5 系统的系列化高速车削中心，智能化卧式加工中心，五轴立式加工中心以及汽车、石化和光伏等领域的自动化装配生产线。重点支持以同轴送粉为特征的激光沉积制造装备、关键核心器件。开发重大智能制造集成装备、高精度冶金智能成套设备、石油石化智能成套设备、大型煤炭及大型露天矿开采智能成套设备、大型工程施工智能成套设备、汽车及零部件（发动机、变速箱）智能化制造生产线等重大智能制造成套装备。

（二）问题

1. 循环经济还处于规划阶段，绿色产能优势不明显

2016 年年初沈阳市被国务院确定为国家级循环经济示范城市，开始制定并组织实施《国家循环经济示范城市建设实施方案》，期待以此来提高沈阳市的能源使用率和资源综合利用率，拓展循环化产业链条，提高污染集中治理水平，为全市各领域循环经济工作的全面开展积累经验。但是毕竟还属于推进绿色、循环、低碳发展，建设生态文明和美丽中国的战略部署阶段，沈阳市还处于“初绿”阶段。沈阳市在全国生态城市其他指标如环境友好型、景观休闲型和综合创新性等方面还处在中等水平，这些还未达到将沈阳市打造成全国生态城市的要求。需要进

一步使“青山、碧水、蓝天”工程扎实推进，形成生态建设的长效机制。

2. 生态绿色旅游产业链产品特色不足，品牌效应较弱

总体来看，沈阳生态绿色旅游产品仍然以观光游览型的产品为主，体验型和创新型的项目较少。同时，沈阳市没有把互补性强的景区联系起来，没有形成真正意义上的链状组合。以怪坡、沈阳国家森林公园为例，两个景区在接待游客人数和旅游收入中占有绝对优势，但并没有充分带动周边旅游项目，辐射作用不明显。另外，两者没有形成具有吸引力的组合旅游产品，和其他省市景区相比，没有突出的特色，雷同性很强，特色品牌影响力不够。

3. 智能制造应用市场不活跃，智能化升级意识有待提高

目前，沈阳智能制造尚处于初级阶段，一些企业对产业变革的危机感不强，在一定程度上抑制了智能制造的现实需求。同时，智能设备应用企业大多还停留在引进几台智能化加工设备的水平上，技术配套能力不足，缺乏将研发、设计、应用服务各个环节进行系统诊断和智能化整合的战略思维和全盘规划，智能制造市场需求有待培养。另外，由于受大环境影响，下游用户企业效益不佳，盈利能力不强，导致很多沈阳地区的工业企业没有足够的资金，无法通过智能制造装备来进行企业转型升级。

4. 绿色装备制造业创新资源整合能力差

沈阳装备制造业虽有良好的技术基础，核心制造企业和科研院所具备一定的研发能力，内部创新数量也较多，但同一区位的科研、高校等机构与制造企业缺乏良好的信息沟通以及成果转化机制，共性技术的联合攻关较少，企业创新行为普遍呈现出模仿化、分散化的特征，企业内部技术存量与外部知识资源难以整合、优化，进而导致产业创新能力的提升速度较慢，无法获得由此带来的竞争优势。这也是沈阳高端绿色装备制造落后、关键技术受制于人的主要原因。

三 生态健康的市场需求潜力巨大，但相应的开发力度不够

（一）现状

1. 沈城市民绿色消费意识和意愿日益增强

“十二五”期间，沈阳市民总体上对绿色消费有了全新的认识，绿色消费意愿正在逐渐提高。

长期以来，沈阳市由于受到传统发展方式的影响和传统产业机构的

制约，市民的绿色消费意识相对较低。然而，在2016年7月，阿里研究院和阿里社会公益部联合发布了《中国绿色消费者报告》，该报告是国内首份从大数据角度发布的绿色新经济报告，通过对阿里零售平台上亿件商品的交易数据进行分析，揭示了绿色消费人群的规模和主要特征。其中，沈阳消费者的“绿化程度”占比近70%，处于偏高的水平。除此之外，辽宁大学也在公众绿色消费行为的微观综合影响因素分析中，对不同户籍、收入、健康状况的居民进行了抽样分析。在有效的2195个样本量内，共有1483人绿色消费意愿较强，占样本总量的67.6%；711人绿色消费意识较弱，占样本总量的32.4%。由此可见，沈阳市民绿色消费愿望较强，并且未来市场提升空间广阔。

2. 以房地产绿色建材的热销为标志的生产性绿色环保消费能力凸显

从2015年开始，随着沈阳以城市建筑、小区、道路、绿地与广场等为载体开始建设海绵城市，沈阳市建筑行业中绿色建材的使用量大幅增加，并且在可预见的未来还会进一步增长。为加快建设海绵城市，同时配合“资源节约型、环境友好型”社会建设，推进绿色建筑发展和绿色材料的普及，实现沈阳市建设领域节能减排工作目标，沈阳市政府在2015年7月启动绿色建筑示范评比，财道大厦、金地悦峰一期住宅项目、万科金域蓝湾南区33号楼、34号楼等众多建筑在节地、节能、节水、节材和利废环保等方面采用多项技术集成，达到《沈阳市绿色建筑评价标准》（DB2101/TJ0092012）设计阶段评价要求，成为沈阳市一星级绿色建筑。

3. 城市建设的转型升级释放出强大的生态环境市场动能

近几年，沈阳市政府颁布了多份具有权威指导性的规划文件，其中着重从城市的生态环境出发，强调土地、水、自然生态资源以及绿色循环治理等资源集约型生态城市建设。这些官方文件将会充分激发沈阳市基于生态环境的需求动力和市场潜力。

进入21世纪第二个十年以来，尤其是在新一轮东北老工业基地再振兴的要求下，沈阳市先后出台并实施了《沈阳市土地利用整体规划（2006—2020）》《沈阳市城市水系环境综合规划》《沈阳市宜居乡村建设行动方案（2015—2017）》《沈阳市智慧城市总体规划（2016—2020）》以及《沈阳市国民经济与社会发展十三五规划纲要（2016—2020）》等文件。这些文件的内容如景观水系规划，从景观水系构筑角度将融水系与绿化建设为一体建设城市水系新景观，其释放的城市水系景观大众需求十分广泛。目前沈阳市结合浑河整体开发计划，建设全国最长的城市生态内河，拓展城市空间，与南北金廊共同构建沈阳市中心城区“大十字”城市空间发展战略格局。通过对内环水系的节点改造、岸线整治改变城市内部环境景观。节点的选择以贴近市民、靠近重要道路交叉口为原则。包括蒲河生态廊道、彩塔地区节点、方形广场节点、省政府南节点、新华社东节点、建设湖公园、仙女湖公园、万泉公园、怒江西公园等。这一系列围绕生态水系的景观休闲工程必将带来市民乃至游人的巨大休闲旅游需求。由此可见，沈城生态环境市场潜力巨大，前景广阔。

（二）问题

1. 城乡居民绿色消费意愿差距仍然较大

近年来，虽然沈阳市民绿色消费意愿显著增强，但我们仍应注意到，城乡间居民的绿色消费意愿差距仍然巨大。

根据辽宁大学对沈阳地区公众绿色消费行为的微观综合影响因素分析显示，绿色消费意愿在居民户口所在地上存在差异，且差异显著。主要表现为非农业户口居民绿色消费意愿发生率为56.6%，而农业户口居民绿色消费意愿发生率仅为28.3%。

2. 企业对于绿色产品的开发动力不足

生产决定消费，要实现绿色消费首先要有绿色产品的生产。由于绿色产品的开发难度大、成本高、风险大、获利不确定，如果没有政府的扶持，一方面，由于外溢的收益无法内化；另一方面，与非绿色产品生产的企业竞争不公平，必然使企业选择绿色产品生产、营销的动力不足。此外，沈阳企业目前普遍缺乏对绿色产品发展前景的深刻认识，很多企业仍然重视短期收益，轻视长期前景好、眼前投资高、能长久增加社会效益的绿色产品的生产与开发，从而使制造商提供的绿色消费品非常有限。

3. 政府在绿色消费相关政策的制定上缺乏力度

首先，从沈阳市目前绿色产业发展状况来看，虽然政府重视对生态环境造成破坏的源头——生产者的治理，但治理措施尚不完善、力度不够，有些引发环境破坏的行为仍存在治理盲点。

其次，沈阳市绿色产品生产尚处于起步阶段，绿色产业幼小，但政府缺乏对幼小产业保护的政策体系，使其按一般性市场规律的要求与非绿色产品展开竞争，从而形成了不利于绿色产品生产、消费的替代效应。

最后，由于对绿色产业的社会效应、经济效应、个人消费效应的认识脱节，使政府、企业、消费者在绿色产业中的角色模糊，进而造成绿色消费动力基础脆弱。

四　城市资源的集约化利用有很大提升，但落实程度还有较大差距

（一）现状

1. 以优惠政策全力助推沈城节能环保产业的发展

自 2011 年至今，沈阳市政府已经颁布多项优惠政策，为沈阳市节能环保产业指明了发展方向，确定了发展目标，制定了发展路线。2012 年，沈阳市政府编制和颁布了《沈阳市战略性新兴产业指导目录》，其中节能环保涵盖高效节能技术与装备、先进环保技术与装备、生态环境建设及保护技术与设备三个方向，具体包括 54 种技术、装备和产品。2013 年，沈阳市颁布的《沈阳市“十二五”战略性新兴产业发展规划》明确提出沈阳市发展节能环保产业路线，提出“到 2020 年，产值达到 330 亿元以上”的宏伟目标。2014 年，为了摸清沈阳市节能环保产业基本情况，有针对性地制定切实可行的措施，沈阳市经信委资源节约与综合利用处开展了沈阳市节能环保产业发展情况调查，调查对象包括在沈阳市登记注册，并从事节能环保产业的企事业单位。节能环保产业基础资料的进一步完善，为更加有的放矢地促进沈阳市节能环保产业发展奠定了基础。2015 年，沈阳确立了“产业治霾”的新思路，开启了“以节能环保产业撬动雾霾治理，通过治理雾霾壮大节能环保产业”的全新模式，建立了政府与社会资本合作（以下简称 PPP）项目储备库，先后公布了两批总共 89 个 PPP 项目，总投资 1652.85 亿元，有效地推动了沈阳市节能环保产业的发展。

2. “十二五”末期沈阳节能减排成绩凸显

“十二五”期间，沈阳通过优化产业结构，控制能源消费总量，节约集约利用能源，在节能减排方面取得一定成绩。以 2015 年为例，沈阳市通过调整产业结构，来提高清洁能源消费比重。实施以背压机组和大型集中热源为主，以清洁能源供热为辅的城市集中供热；稳步推进风能、太阳能、生物质能等可再生能源的开发利用，到 2015 年年底非化石能源占一次能源消费的 4%。同时，全市完成 60 家年能耗 3000 吨标

煤以上的重点用能单位能源计量器具配备的监督检查和审查；完成50个老旧小区节能暖房改造任务，拆除20吨以下燃煤供暖锅炉189台；全市22家大型商场和68家三星级以上酒店大堂温度控制标准为：夏季不低于26℃，冬季不高于20℃。截至2015年年底，沈阳实现万元GDP能耗同比下降2.5%，圆满完成“十二五”下降17.5%的目标；全市能源消费增量控制在140万吨标煤以内；万元工业增加值能耗同比下降3%。

3. 土地资源节约集约利用程度有较大提高，但是区域节约集约利用水平差异较大

“十二五”期间，沈阳市土地利用结构和布局得到了进一步的优化，节约集约利用程度有了很大提高。2014年，中国科学院遥感所利用先进技术手段，对沈阳市土地利用及分类情况进行了深入研究并统计了有关数据。结合2010年沈阳市规划和国土资源局对土地利用的总体调查信息，表明：农用地保持稳定，建设用地规模得到有效控制，未利用地得到了合理开发。沈阳市因地制宜调整各类用地布局，逐渐形成了结构合理、功能互补的空间格局。

4. 以新型工业化为重点提升沈阳市产业的可持续发展水平，通过集约化建设重塑制造业中心城市的全新形象

近年来，沈阳市通过促进产业园区的建设，推动新型制造业集约和可持续发展。这方面的典型就是中德装备园助推高端制造业集约化发展。中德装备园是中德两国在沈阳共同建设的产业园区，重点发展智能制造、高端装备、汽车制造业、工业服务和战略性新兴产业。目前，沈阳中德装备园5平方公里起步区建设初见成效。在园区内汇聚了宝马、采埃孚、库卡、麦德龙等德国汽车、机械、电气及零售企业近30家。其中宝马工厂总投资300亿元人民币，拥有全球最先进环保的整车工厂、发动机工厂以及德国本土以外唯一的研发中心，2014年实现产值377亿元人民币，成为中德合作的典范之一。

沈阳经济技术开发区以产业集约和创新助推低碳产业高速发展。沈阳经济技术开发区创建于1988年，综合经济发展水平排在国家级开发区前十位，工业经济规模占沈阳市总量的25%。开发区在2009年被列入国家首批新型工业化示范基地，2013年通过国家生态工业示范园区建设验收。有了集约化和科技创新的强有力支撑，园区逐渐形成了以先

进制造业为主要特征的低碳产业新格局。近年来，园区通过扶植高新技术产业促进低碳发展，成功引进贺利氏特种光源有限公司等108家企业，其中高新技术企业达到57家。目前，开发区已经拥有沈阳汉锋新能源技术有限公司、辽宁双益硅业有限公司、沈鼓集团等一大批风能、太阳能和核电装备的制造企业。

（二）问题

1. 节能环保相关技术创新乏力，技术应用效益低

据沈阳统计年鉴数据显示，2008—2013年规模以上工业企业高新技术产品中节能产品种类数量逐年降低，由2008年的1142种产品种类下降到2013年的850种。这一方面缘于技术突破日益困难，另一方面缘于企业本身创新热情的降低。相应地，在新能源、高效节能产品、环保产品方面的高新技术创新产品种类数量最初所占比重就很小，目前也呈现下降的趋势。仅2013年规模以上工业企业高新技术产品产值为5642.7亿元、产品增加值为1615.1亿元、产品销售收入为5347.6亿元、实现利税464.4亿元。但新能源、高效能源和环境保护类的高新技术产品投产之后的单位产品的产值、增加值、销售收入和实现利税一般为平均水平的40%左右，而固体废弃物处理设备的单位产品收益一般为平均水平的10%左右。节能环保高新技术产品收益偏低，这也是企业不愿投资于节能环保产品创新的主要原因。

2. 节能环保产业需求量大，难以仅靠政府投入

节能环保产业是一个资金密集和创新密集的“双密集型”产业，前期发展必然需要大量资金。尤其是节能服务产业，由于其合同能源管理运作模式，导致其承担了节能项目实施的前期投资和绝大部分风险，所以面临着持续融资的问题。又因项目风险大而难以获得银行传统的信贷融资。支持节能环保产业的发展，不能仅靠财政预算。2009—2012年，节能环保投资的持续高速增长给政府带来了沉重的财政负担，2009年节能环保支出为80228万元，2012年该项支出达到213077万元。而2013年由于财政预算减少，该项支出仅为183678万元。如果仅仅依靠财政支持节能环保产业的发展，就会因不良的资金环境而在一定程度上限制产业的成长。

3. “大城市病”伴随城市土地节约集约利用程度的提高而产生

目前，沈阳市城市中心较为单一，少数几个中心区域都集中在市区

的地理中心位置，城市发展以类似于“摊煎饼”的方式展开，城市土地开发呈现外延平面式扩张趋势，忽视了内涵立体的土地开发与利用，导致了城市土地的利用率虽然较高，但是产出率较低，土地节约集约化的经济效益没有得到最大程度的释放。

五 城乡基础设施建设全面铺开，但是建设水平参差不齐

（一）现状

“十二五”期间，沈阳市政府持续加强城乡基础设施建设，在众多领域取得了很大的成果。

1. 畅通工程助力沈城交通网络高效运行

2015 年，地铁 4 号线、南北快速干道、五爱立交桥开工建设，地铁 9 号线、10 号线和 2 号线北延长线工程进展顺利，二环快速路（二期）、迎宾路高架桥、东陵路高架桥建成通车，沈阳北站北广场、沈阳南站等一批城市重点交通工程、基础设施项目建成并投入使用。加快创建“公交都市”，新建停车场（站）16 处，增加新能源公交车 500 辆，新开调整公交线路 38 条，公交出行率提高到 43%。加快城际交通发展，京沈客专建设积极推进，沈丹高铁、沈康高速三期建成通车，城市交通体系不断完善。

2. 市政设施日益完善，服务支持能力显著提高

通过五年的不断努力，沈阳市已经全面解决了居民生活用水问题。城市燃气、供电、电信等基础设施服务能力得到显著提高。供给水方面，全面启动大伙房水库输水配套一期工程，对全市给水旧管网进行改造，提升了城市供水服务水平。排水方面，重点完成了地铁施工降水排水工程等，排水管网长度（含开发区）达到 3093 公里。燃气方面，新建 20 万立方米全国最大燃气储罐；改造燃气管网 470 公里，新建次高压环线约 100 公里。天然气供气管道总长度达 2625 公里，各类用户约 161 万户。供电方面，扩建 500KV 沈东、沙岭变电所，增加变电容量 4000MW，全市 500KV 变电所 3 座，220KV 变电所 19 座。

3. 棚户区改造阶段性计划圆满完成

“十二五”期间，沈阳市委、市政府高度重视棚户区改造工作，坚决将这项民生工程落到实处。为提早落实改造任务和资金，沈阳市超前谋划，与住建部和省住建厅沟通，于 2014 年年底落实了 2015 年第一批和第二批共计 22549 户棚户区改造任务计划，并得到省住建厅和住建部

批复，为2015年棚改工作早落实、早分解、早启动、早完成赢得了先机。2016年4月，按照国务院进一步做好棚户区和城乡危房改造工作的通知要求，让更多的棚改居民受益，沈阳市又增加了第三批11528户改造任务，这部分任务也顺利完成。2015年沈阳市棚改任务34077户，截至11月末，已开工38163套（户），开工率达112%，提前超额完成了省政府下达的任务目标。

4. 村镇建设稳步推进，农村人居不断改善

“十二五”期间，沈阳市不断加大对村镇交通、能源、市政公用设施建设投入力度，全面实施了村镇环境整治工程，农村人居环境不断改善，有力支撑了县域经济的发展。在“百村整治计划”基础上，实施200余个村屯环境治理，累计完成534个中心村环境治理。小城镇建设全面推进，重点建设了市级以上中心镇80余个道路、排水、路灯、绿化工程项目。修建农村公路2000多公里，实现了村村通公路。新建65处乡镇客运站，所有乡镇和行政村通公交。能源设施建设加快，开展了农村秸秆燃气及户用沼气等农村生态能源建设，共建设沼气池2.5万多个。同时开展了太阳能热水器、太阳能路灯等清洁能源利用工作。完成农村电网改造。先后建成康平县康平镇、新民大民屯、梁山、法库县法库镇、辽中潘家堡镇5座生活垃圾处理场，村屯生活垃圾处理能力大幅提高。

（二）问题

1. 市政公共基础设施建设规模与城市发展水平不协调

近年来，沈阳市市容市貌发生了巨大的变化，但是，在这些光鲜的背后，存在着一些比较突出的问题。城市基础设施对于城市固然重要，但是，它又不能脱离城市的发展而独立存在，必须与城市社会和经济发展的阶段性任务相适应，发展滞后会制约经济和社会的进步，过于超前，将会因设施闲置而造成资金和土地资源的浪费。

2. 有关开发PPP项目的制度环境与体制建设不完善

目前，我国尚未形成完善的PPP制度框架与法规体系。同时，沈阳市政府内部没有设置专门负责PPP项目统计、政策制定和协调的常设机构，PPP决策处于一事一议的状态。除此之外，PPP项目的立项审批仍然沿用一般政府项目投资流程，没有针对其特点设计专门的审批流程与项目评估标准。

第二节 分析、规划与目标

一 分析

（一）燃煤导致的空气污染问题突出

目前，沈阳市燃煤主要用于火力发电和冬季供暖两个方面。由于流经沈阳的26条主要河流大多属于季节性河流，即汛期流量大，枯水期流量小，不利于水力发电；由于沈阳市地处内陆，也不利于发展核电。同时，整个东北地区缺乏天然气资源，国家“西气东输”工程没有修建输往东北地区的线路，从西伯利亚输往东北地区天然气的工程也尚处于规划阶段，清洁能源的使用比重较小。因此，沈阳市发电和供暖主要源自燃煤。截至2015年年末，沈阳全市有供暖锅炉3100台，其中20吨以下的小锅炉为2400台，占全市总数的80%左右。煤炭在小锅炉内无法充分燃烧，从而产生大量如二氧化硫、二氧化氮等有毒有害的污染气体，从而导致了沈阳市冬季的重度空气污染和雾霾天气。

针对燃煤污染这一问题，沈阳市政府在“十二五”期间采取了多项措施。2015年，沈阳市发布《沈阳市蓝天行动实施方案（2015—2017）》，今后沈阳供暖环保改造将从“拆小并大”转为改用清洁能源。计划2016年改造800台燃煤锅炉，到2017年全市20吨以下的小锅炉全部变为用气、电供暖的清洁锅炉。

（二）循环经济处于起步阶段

首先，沈阳市循环经济基础能力的建设不完善。一个较为完善的循环经济基础设施体系，至少需要建立三个产业体系作为保障：一是废弃物回收利用的网络配送中心；二是清洁生产技术市场；三是循环经济的资本市场。循环经济本质上是一种生态经济，通过将经济活动组成一个具有低开采、高利用、低排放特征的“资源—产品—再生资源”的闭环反馈式流程。废旧物质能否有效回收利用，决定了经济发展能否实现循环。由于缺少统一的网络配送中心，沈阳市废旧物质的回收、再用、再生和循环利用缺乏政府有效的指导和监管，没有形成规模化和系统化。又由于缺乏先进的工艺技术支撑，资源再生利用层次较低，大多转化为低附加值的产品，不能进入电子产品的生产领域。同时，清洁生产技术市场和循环经济资本市场的建立也是循环经济及社会建设的技术和资本基础，二者的缺乏难以保障经济发展能够从量变转变为质变，从传统方式转变为循环方式。

其次，政策环境导致企业发展循环经济动力不足。循环经济作为一种新的发展形式，同样存在成本和利润，同样存在经济效益和社会效益。在实践中可以看到，沈阳市全社会的循环经济发展仍不成熟，规模还比较小，技术推广速度慢，产业化程度较低，实际运营中存在大量概念化的情况。从微观领域看，许多企业由于要考虑成本，不愿意推广使用先进的循环经济技术，缺乏在市场经济环境下发展的动力。客观上讲，发展循环经济确实存在长期利益与短期利益之间的矛盾，而在沈阳市当前的政策环境下，短期内发展循环经济投入会比较多、成本会比较高、收益会比较小、风险则较大，许多企业可能会因为追求短期盈利而不愿意加大对循环经济的投资，客观上造成了“循环不经济”的局面。

（三）绿色农产品发展不足

首先，沈阳市对于绿色农产品发展的政策支持不到位。外地的经验证明，发展绿色农产品行业必须有好的扶持政策，利用政策的导向作用和调控优势支持企业发展。沈阳市近几年相继出台了一系列扶植农业发展的政策，但是，对于生产绿色产品、有机食品、无公害农产品的政策还不明确，有些区县虽然提出了把绿色食品作为主导产业，但是，缺少行之有效的办法。想要加快发展，就应该有一个明确的相对稳定的政策，给企业发展绿色产业指明方向。

其次，沈阳市对绿色农产品行业的资金扶持力度不够。以 2014 年沈阳市颁布的《沈阳市支持农产品加工业发展若干政策措施》为例，其中规定：各个区、县（市）政府当年每引进 1 个 1 年期内开工建设并投产，固定资产投资达 5000 万元以上的农产品加工项目（企业），市财政给予其以奖代补资金 10 万元；固定资产投资达 1 亿元以上的给予以奖代补资金 20 万元；固定资产投资达 3 亿元以上的给予以奖代补资金 50 万元。以奖代补资金用于鼓励区、县（市）招商引资、农产品加工产业规划设计、农产品加工项目基础设施配套建设补助等。从中可以看出，沈阳市仅针对具有一定规模及以上的绿色农产品生产和加工企业给予相应的政府财政补贴。然而，沈阳市绿色农产品行业发展仍处于初级阶段，企业规模大多较小，许多具有发展潜力的优质农产品企业无法获得政府财政上的补助，想要扩大经营规模和快速发展难度较大。

虽然沈阳市绿色农产品发展仍有待提高，但是，在“十二五”期间也取得了巨大进步。沈阳市加强农村土地整治和土地改良，建设高标准基本农田，大力推广和发展“辽中大米”“辽中玫瑰”“康平地瓜”和“康平花生”等国家地理标志保护产品以及诸如寒富苹果、榛子和花生等特色农产品种植；积极开展国家级黑土地改良试点，为有机蔬菜生产加工出口提供了基地；扎实推进国家级“粮改饲”试点，实现绿色养殖，打造种植、养殖、屠宰、加工、奶制品生产一体化的牛产业化经营体系，拉长产业链条。以辉山乳业集团的奶牛繁育及乳制品加工产业集群为依托，推动实行“乳企 + 牛业合作社 + 农户”的组织模式和“订单牛业”的经营模式，加快发展饲料加工、食品加工、有机肥生产、沼气发电等相关产业，打造完整的畜牧业产业体系，实现农业产业发展的循环经济。

（四）新能源产业发展仍需提高

新能源产业对于经济增长的支撑作用体现于三个方面：一是投资拉动效应；二是能源供给效应；三是技术进步效应。通过对沈阳新能源产业发展的市场因素、政策因素进行综合分析，发现由于受制于市场、成本、技术和政策激励等，沈阳新能源产业短期内仍无法担当起支撑经济增长的重任。

市场方面，新能源产业供给结构性有余而需求不足。长期以来，沈阳新能源产业发展缺乏明确的发展目标，没有形成连续稳定的市场需求，新能源支持技术发展相对缓慢。除了风电和太阳能热水器有能力参与市场竞争外，大多数新能源产业因开发利用成本高、资源分散、规模小，而缺乏竞争力。

成本方面，新能源产业发展的政策扶持及激励措施力度不够，激励角度存在偏差。支持风电、生物质能、太阳能等新能源发展的地方性法规和政策体系还不够完善，经济激励力度弱，相关政策之间缺乏协调，没有形成支持新能源持续发展的长效机制。从其他国家的已有经验来看，对新能源产业发展进行政策激励方向主要集中于用户方面，旨在提高消费者对新能源产品的需求能力，这经过理论论证和实践印证都是最有效的激励方式。目前，沈阳新能源产业政策，各级政府通过补贴、投资等激励方式，对企业进行直接支持，帮助企业降低生产成本和扩大其账面收益。但这不利于提高企业的自主研发能力和积极性，也不利于继续拓展市场。

技术方面，经济社会发展对新能源技术进步提出更高需求。科技投入不足，研究成果转化缓慢，新能源产业的研发偏重单项技术突破，而缺乏综合解决方案。新能源产业具体到实际应用，成功的案例少之又少。总体而言，沈阳技术开发能力和产业体系薄弱，新能源资源评价、技术标准、产品检测和认证等体系还不完善，人才培养不能满足市场快速发展的需求。

虽然问题和挑战依然严峻，但也应该看到，近年来沈阳市以新能源汽车为代表的新能源发展取得了不小的进步，正逐渐成为沈阳城市的新名片。2015 年，沈阳汽车产业向智能化、绿色化发展取得了较大成绩，产业结构调整迈出新步伐。华晨金杯、华晨中华及金杯车辆已被列入全市智能升级重点支持项目；华晨汽车与东软集团已签署合作协议，在汽车智能化、互联网汽车及新能源汽车等方面展开全面合作；华晨汽车与博世签署战略合作协议，在底盘主动安全、新能源汽车、车载终端及发动机控制等几大领域展开深入的技术合作。2015 年，华晨宝马 530Le 插电混动版汽车销售城市达到了 20 个，充电网络已经覆盖到 24 个城市，其中北京、上海、沈阳还自主建设了公共充电网点，以满足消费者充电需求。

二　规划

在遵循沈阳市“十三五”规划内容的基础上，沈阳市生态环境生产力的发展应以问题为导向，加大对重点和难点问题的解决力度。

（一）着力改善污水出水标准

在保证现有污水处理厂正常运转的基础上，着力改善污水处理后的出水标准，力争在“十三五”期间将全部 28 座污水处理厂的出水提升到国家污水二级排放标准。

（二）重点深入推进“一县一热源”战略

加大力度开展供热锅炉“拆小并大”工作，对新建和改扩建热源进行严格审批，同时推进清洁能源供热。

（三）建立和完善城市扬尘监管体系

消除裸露地面，特别要加强对建筑和拆迁工地的管理力度；建设城市通风廊道系统。

（四）努力做到城市均匀绿化

加大对沈阳市城区的绿化强度，努力做到城市绿地均匀分布。同时，还要丰富绿地中植物的种类和层次，加大常绿树木的种植比例，保证做到沈阳一年四季“常绿”。

（五）开展闭坑矿治理

因地制宜，推进形式多样的闭坑矿生态治理模式。在有资金保证的条件下，可以适当发展经济项目，如种植基地、观光园等。

（六）推动低碳循环发展

提高非化石能源比重，推动煤炭等化石能源清洁高效的利用，建设清洁低碳、安全高效的现代能源体系。实施循环发展引领计划，大力推进法库经济开发区国家级循环化改造示范试点和沈本环保循环经济产业园建设，实现产业园内资源能源梯级利用和循环利用。努力做到以企业“小循环”带动产业园区“中循环”，以产业园区“中循环”带动全社会、跨部门共同协作的“大循环”。

（七）打造沈城绿色旅游品牌

将沈阳绿色旅游资源依据市场定位进行合理组合形成特色品牌，然后推向市场，才能产生良好的综合效益。以沈北新区为例，可以打造“以线串珠，形成二带、三区、四个风情小镇”。“二带”是指北部旅游经济带和南部蒲河时尚旅游景观带，“三区”是指怪坡风景区、七星山风景区和石佛寺水库风景区，“四个风情小镇”是指体现关东民俗饮食文化为主要特色的中寺风情小镇，以体现北欧风情为主要特色的马泉风情小镇，以发展休闲度假旅游为主要特色的洋什风情小镇和以展现锡伯族民俗文化为主要特色的风情小镇。

（八）“五位一体”促进制造业智能化升级

第一是产品智能化，让产品能够被自动化生产线有效识别、定位、追溯，从而让生产线上的智能机器设备可以根据不同产品的定制要求进行制造加工。第二是工业设备智能化，例如，从单个的智能机械手、智能传感器、智能机床到智能生产线、智能工厂，工业生产设备都采用高水平的人工智能。第三是生产方式智能化，主要是指个性化生产与服务型制造。第四是管理智能化，它可以指导企业在工业大数据的帮助下，实现纵向、横向、端对端集成，可以及时、完整、精确地获得海量的用户数据。第五是服务智能化，由于实现了与消费者的全程无障碍沟通，智能工厂可以在整个产品生命周期中为消费者提供更加人性化的服务。

（九）出台绿色产品补贴政策

沈阳市可以出台“绿色家电下乡补贴”等促进绿色消费政策，减轻村镇居民的购买压力，激发村镇居民的绿色消费热情。

（十）建立利益补偿的激励机制，鼓励企业开发绿色产品

节能环保产业和生态产业，往往是社会效益大于个体效益，具有公共产品特性。要保证投资者有所回报，就必须采取一系列鼓励节能环保和生态产业发展的政策措施。沈阳市应综合运用经济手段，发挥市场配置资源的基础性作用，营造有利于节能环保等绿色产业发展的环境。采取财政贴息、税收优惠、差别电价、阶梯水价等措施，鼓励企业加大环保投入、加快节能环保改造，引导项目投资和产业发展向绿色转型。鼓励各类投资进入环保市场，通过政府和社会资本合作等模式吸引社会资本参与环境治理和生态保护。

（十一）通过“双螺旋促进模式”实现节能环保产业的创新发展

“双螺旋”即“技术创新推动 + 市场需求拉动”，两者通过相互作用、螺旋上升，推动节能环保产业向更高形态发展。

（十二）通过“绿色金融”充分调动社会资金促进产业发展

绿色文明是一种追求环境与人类和谐生存、发展的文明。为有利于人类、经济与自然的协调发展，人们确立了可持续发展战略，大力倡导绿色文明，并在政策、舆论导向上向环保产业和绿色经济倾斜。绿色金融常被称为可持续融资或环境融资。认为可持续融资是银行通过其融资政策为可持续商业项目提供贷款机会，并通过收费服务产生社会影响力，比较典型的收费项目有消费者提供投资建议等；银行还可以集中利用各种知识与信息调配贷款手段刺激可持续发展，这主要是由于银行对各种市场、法规和市场发展方面信息的无可比拟的相对优势。这些特定金融工具往往是为了传递环境质量和转化环境风险而设计的。

由于环保产业具有投资周期长、收益慢、科技含量高等特点，因此，其投融资问题已经成为制约沈阳市节能环保产业发展和公司成长的“瓶颈”。沈阳市可以充分利用多种融资方式，如政策性融资，包括无偿补贴、贷款贴息、科技专项基金、节能环保产业基金、国外的项目扶持基金、沈阳市节能环保产业专项资金等；风险资本融资包括风险投

资、民间资本、信托基金、私募基金等；项目融资包括产品支付、融资租赁、BOT 融资、TOT 融资、PPP 融资和 PFI 融资；节能环保产业创新融资如合同能源管理项目的节能交易，以及银行贷款、债券融资、股权融资、项目融资在内的传统融资方式等。

（十三）优化配置城市土地资源，防治“大城市病”的发生

一方面，要重视旧城区改造工作，把城市中的“棚户区”“都市中的村庄”作为重点对象，既以提高建筑容积率和土地利用率来减少土地资源的消耗，又以优化城市用地结构和提高城市土地整体配置效率来增加土地资源的供给。另一方面，通过级差地租和税费杠杆共同作用，调整土地利用方向，提高土地利用的结构性效率。市区内第二产业用地要逐步置换为第三产业用地实现城区土地“退二进三”，既为工厂企业更新改造创造了新机会，又可以改善城市社会经济活动的区位环境与条件。

（十四）制定和完善 PPP 政策体系

在国家和省级的政策体系之内，沈阳市政府应该结合现实需要，补充制定适合沈阳市要求的 PPP 政策体系，覆盖 PPP 涉及的财政、投资、融资、价格、市场准入、服务质量监管等多个方面与环节，加强部门间的相互配合与协作。

（十五）基础设施建设要做到“提高质量，突出重点，适度超前”

首先，沈阳市应该全面改善市政设施的技术性能和技术寿命，最大限度地满足市民的需要。

其次，应该坚持突出以枢纽型、功能型的交通和信息基础设施建设为重点，以交通和信息现代化带动整个城市基础设施的现代化。

最后，基础设施的建设应领先于经济和社会的发展，既要满足需要，又要能够为城市未来的发展做好铺垫。

三 目标

第一，坚持绿色发展，实施“青山、碧水、蓝天”工程和绿化工程，划定农业空间和生态空间保护“红线”，推进绿色发展、循环发展和低碳发展，为人民提供优质的生态产品，建设资源节约型和环境友好型社会，形成人与自然和谐发展的现代化生态城市。

第二，构建科学合理的生态安全格局，促进沈阳市环境和发展“双赢”共进，实现绿色发展。

第三，充分挖掘生态健康市场，努力将沈阳市建设成百姓安居乐业的绿色、生态、健康之城。

第四，坚持建管并重，建立城市精细化、常态化运行的长效机制，形成指挥有力、运转协调、高效快捷的现代城市管理系统，大力推进城市资源集约化建设。

第五，努力构建稳定、安全、生态、高效、现代化、智能化的城乡一体化市政基础设施体系。

第三节 主要任务与实现路径

一 生态环境质量提升的主要任务和实现路径

（一）实施污水处理厂建设及提标改造工程

2017年年底前，完成国电北部、国电仙女河、国电沈水湾、国电西部（一期）、国电满堂河、浑南区上夹河、浑南区产业区、蒲河新城南小河和经济技术开发区化工园9座污水处理厂的提标改造工程，城市建成区内的污水处理厂全部达到国家一级A排放标准，建成区污水处理率达到100%；建成东部污水处理厂、南部污水处理厂二期工程、辽中区污水生态处理厂扩建工程、新民市工业污水处理厂、法库辽河经济区污水处理厂、康平城南一期工程等新建污水厂工程。2020年年底前，辽中区、新民市、康平县、法库县政府所在地污水处理率达到85%以上。

（二）锅炉“拆小并大”工作进一步深入推进

认真严格落实《关于开展燃煤锅炉综合整治的通告》中的主要内容。在沈阳市行政区域内，单台10蒸吨/小时或者7兆瓦及以下燃煤锅炉，在2016年5月31日前停止使用，并于6月30日前，自行拆除完成并网，不具备并网条件的，实施清洁能源改造，但是，城区外不具备并网或者清洁能源改造条件的燃煤锅炉除外；鼓励燃煤锅炉污染防治设施和清洁能源改造项目实施第三方治理运营，采取委托建设运营、合同能源管理等方式开展合作；鼓励供热锅炉房经营者采用投资入股、合作经营等方式开展拆除工作。原锅炉房除做换热站之外，可由原单位开展多种经营。

（三）提升扬尘防治管理力度

认真、坚决地执行《沈阳市建筑扬尘防治管理办法》中的有关内容。施工工地内车行道应当用混凝土硬覆盖，其余非道路区域可以用砂石覆盖，出入口、办公区和生活区内场地空间要栽花种草，美化、绿化施工现场环境；场内每天应当定时洒水降尘，洒水频次以施工现场地面不产生扬尘为准；出入口应当安装地埋式轮胎自动清洗机，并确保正常使用，严禁车辆夹带泥沙出门；易产生扬尘的物料堆放应当采取覆盖防尘网、喷洒粉尘抑制剂或洒水等措施；禁止现场露天搅拌混凝土砂浆；禁止现场焚烧废弃物；应当在每个作业面设立环保垃圾袋专区，配备环保垃圾袋。所有建筑垃圾、地面灰尘等必须清理干净、装袋运走。垃圾装袋后在48小时内未能及时运走的，应当在建筑工地内设置临时堆放场。

（四）实现均匀绿化，保证四季“常绿”

公共绿地在城市中应该均匀分布。沈阳市可以多设计一些游园，集健身、休息、活动等功能于一身，提高城市公共绿地的利用率，发挥公共绿地的最大效用。另外，市内绿地可以与郊区的农田相结合，在城市绿地中，嵌入适当面积的农田，加强市内与城郊之间的联系，既可以节约农田用地，又可以丰富城市自然景观。同时，可以适当增加植物的种类，合理配置植物，使自然景观从视觉上丰富多彩、生动活泼。由于沈阳地处平原地区，地势平坦，但容易在规划上布局单调，因此，在绿化地段可以人为地适当挖地补高，造成人工的水池、山丘等，增强城市的三维空间感。除此之外，提高常绿植物在绿化中的比重，保证沈阳在秋冬季节依然绿景不断，实现一年四季“常绿”。

二 产业绿色转型升级的主要任务和实现路径

（一）以“国家循环经济示范城市”为依托，大力发展低碳循环经济

2016年1月，沈阳被评为“国家循环经济示范城市”。在国家循环经济示范城市建设地区名单公布以后，预计国家三部委将对示范城市建设地区的循环经济关键补链、生产生活链接、废弃物利用和公共服务平台等项目建设给予政策和资金的重点支持。沈阳市应该抓住此次成功入围的好机会，努力推进生态文明建设、实现绿色发展。未来五年，沈阳应该以“循环经济发展‘3+1’模式”为基本框架，以六大领域为主

要着力点。这六大领域包括：汽车零部件及工程机械再制造、餐厨废弃物无害化处理和资源化利用、秸秆焚烧与资源化利用、城市生活垃圾分类与资源化利用、城镇污水再利用和循环经济示范试点。

同时，在示范市建设期间，沈阳应该运用循环经济理念推进城市废物处理，通过实施中水回用、垃圾分类收集、垃圾资源化利用、减少一次性用品使用、推广绿色消费等方式，进一步减少环境污染，改变城市市容环境。

（二）促进绿色旅游业向集团化、品牌化发展

首先，要加快培育旅游的新业态。沈阳要建立一系列的绿色旅游项目产业名录，并根据特色旅游资源发展当地绿色旅游产业，建设以绿色轨道交通为项目平台，发展沿线交通旅游，深入发展“沈阳一日游”等大都市观光旅游项目。以工业遗产、温泉旅游和文化旅游为核心旅游产品，整合自然生态、宗教文化、民族文化、温泉养生、工业遗产等旅游资源，促进旅游业与文化产业有机融合，培育和壮大旅游市场，形成多种旅游资源结合的复合型现代旅游体系，通过市场化、社会化的手段把沈阳打造成中国知名旅游胜地。

其次，要积极打造精品旅游景区。为了推进文化产业园的建设，积极建造中国版“迪士尼”和东北最大区域的体验式旅游项目，并且将清文化、近代史、冰雪等元素相结合，努力打造成精品的旅游景区试点。积极开发田园农业、民俗风情、农家乐、村落乡镇、休闲度假和科普教育和回归自然等旅游模式大力发展乡村旅游，提升旅游产品的内涵，即旅游产业的内涵。发展精品旅游，要结合推进有代表性企业对游客的开放程度，提高游客的满意度、参与度和体验感。深度发掘世界遗产的旅游潜力，以促进消费热点的形成。

（三）深入贯彻制造业智能升级三年行动计划

沈阳市深入贯彻落实“中国制造 2025”规划，持续推进后续智能升级项目建设。2016—2017 年，市政府将持续推进其余 80 户企业的智能升级工作。一是加快推进上一年度启动的 20 户企业智能升级项目实施；二是完成全部 80 户企业的咨询诊断和智能升级方案编制，并着力推进企业智能升级项目实施；完成智能升级行动计划。2018 年年底前完成全部 100 户企业智能升级，对完成的智能升级项目进行项目验收考核，对具体项目总结经验和进行评估评价，对典型案例进行深入分析和

行业推广，发挥智能升级项目的示范效应和引领作用，带动行业内更多企业启动智能升级。

三 努力开拓绿色产品消费市场

沈阳市应该引领生态文明理念和绿色消费观念牵引的消费，夯实生态有机食品的深入开发，同时将与人民生活密切相关的日常电器进行节能降耗改造，大力推广绿色建材、新能源汽车等节约资源、改善环境的产品和服务，并推动循环经济、生态经济、低碳经济蓬勃发展。同时，要拓展农村消费。拓展梯度追赶型的农村消费，重点满足农村居民交通通信、文化娱乐、绿色环保、家电类耐用消费品和家用轿车等方面的消费需求，挖掘适宜农村地区的分布式能源、农业废弃物资源化综合利用和垃圾污水处理设施、农村水电路气信息等基础设施建设的投资潜力。

四 促进沈城资源节约、高效利用

（一）优化能源消费结构，提高清洁能源消费比重

推进热电联产和大型集中热源项目建设，扩大天然气、电能等清洁能源供热规模；加快天然气管网及储气调峰等基础设施建设，提高燃气保障能力；加快风能、太阳能、生物质能等可再生能源的开发利用，逐年提高沈阳市清洁能源和可再生能源利用率。

（二）加强重点用能单位节能管理

推动全市工业、建筑业、服务业、旅游业以及其他领域重点用能单位建立能源管理体系、依法开展节能监察、实施年度能源利用状况报告制度和能效对标；围绕燃煤工业锅炉节能改造、电机系统节能、余热余压利用等重点节能方向，实施节能降耗改造，推进工业绿色发展和转型升级。

（三）大力推动节能服务产业发展

鼓励节能服务机构以合同能源管理模式开展节能技术服务；鼓励全市工业、公共机构领域以及重点用能单位合理利用合同能源管理模式进行节能技术改造。

（四）推进建筑节能，大力倡导绿色建筑

在“十三五”期间，全市城镇民用建筑设计阶段节能标准执行率达100%，施工阶段达99%；新建居住建筑和公共建筑执行节能率达65%设计标准；城区和辽中区、新民市、康平县、法库县绿色建筑建设面积占新建建筑面积的比重分别达到30%和20%。

（五）通过慢行通道建设，防治交通拥堵等“大城市病”

沈阳正在组织编制《沈阳市慢行交通系统专项规划》，该规划目前已经确定建设560公里的“一纵两环”都市绿道和“两湖八河”滨水绿道以及10条绿道联络道路。这些绿道将连接城区46个景观节点，未来沈阳市民出门不再是人车混行，将会有专门慢行绿道。

在满足基本慢行通行空间前提下，沈阳市将重点构建“功能完善、安全舒适、绿色低碳、立体便捷”的多样化慢行交通体系。在城市特定区域内形成连续慢行空间，提升慢行交通系统功能，提高慢行交通出行比重。在单一的郊野绿道的基础上，强化城市绿道建设，形成多层次、网络化的绿道系统。

五　提高城乡基础设施建设水平

（一）大力开展政府和社会资本合作（PPP）试点工作

沈阳市应大力支持将PPP模式植入与人民生活息息相关的能源、资源和环境等市政设施领域，与人民出行关系密切的公路、城市轨道交通等交通领域和医疗、旅游、教育、体育、文化设施、健康养老、保障性安居工程等公共服务领域，可以将新型城镇化试点项目中政府负有提供责任且适宜市场化运作的公共服务、基础设施类项目作为试点，选择合适项目及适宜的运作方式实施PPP项目。支持已建成的项目植入PPP模式，通过租赁、重组、转让、改建等方式对原项目进行升级改造或合作运营。

优先推进以“使用者付费”为基础、定价机制透明、调价机制灵活、自身收益可大部分覆盖项目成本、政府有能力提供财政补贴的项目。对于具有明确收费基础、自身收益能够完全覆盖项目成本的经营性领域项目，应逐步降低政府性资产的投资比重，推动社会资本主导经营；对于自身收益覆盖率超过50%但尚不能完全覆盖项目成本、需政府补贴部分资金或资源的准经营性领域项目，应视本地区财政补贴能力，合理安排政府性资产的投资额度，引导社会资本积极参与；对于自身收益覆盖率低于50%、难以覆盖项目成本的非经营性领域项目，应视本地区政府性资产的投资能力，探索社会资本的参与方式和投资比重。

（二）大力开展城乡基础设施建设

根据《沈阳市城乡建设“十三五”规划》，沈阳市“十三五”期间将以建设国家中心城市为总目标，推进畅通工程、公用配套工程、智慧沈阳工程、生态环境工程、蓝天工程、地下管廊工程、海绵城市工程、绿化景观工程、民生保障工程、宜居乡村工程“十大工程”。规划到2020年，沈阳城市建成区平均路网密度达到每平方千米6千米，道路面积率达到17%；城市绿地率达到40%，人均公园绿地面积大于12平方米；城区生活垃圾无害化处理率达到100%；建成区污水处理率达到100%；空气质量优良天数达到280天；老旧小区全部改造完毕；城区光纤可接入率达100%。

第三篇

生产力对策与保障

第十三章　八大生产力发展的对策与保障

依据城市生产力发展规律及其系统演化的本质规定性，结合沈阳市城市生产力发展的宗旨及其主要目标，针对沈阳市城市生产力发展现状及其存在的主要矛盾和问题，为了有效地实施并达成沈阳生产力发展战略及其主要任务，需要制定相应的对策及保障措施。

第一节　产业生产力发展的对策与保障

一　产业生产力发展的对策

（一）构建多层次、宽领域、开放、高效的产业体系

产业发展是一个系统，从宏观角度包括三次产业之间的关联，中观层面表现为产业与关联产业之间相互的依存、促进关系，从微观层面表现为核心企业与非核心外围企业之间的分工合作。所有的科技资源（包括科技人才、资金、硬件设施等）都包含在各类产业体系之中。而相同的科技资源配置在不同的产业体系节点，以及内部产业体系关联、密切程度等因素，会造成产业产出效率的巨大差异，这就是“产业结构生产力”。要提升沈阳市整体产业生产力，仅仅通过政府引导企业投入、吸引人才、扩大企业产业规模等传统产业扩张模式是不够的，要从根本上解决产业生产力问题，首先要厘清产业体系构建中存在的问题，以构建开放、高效、适应市场变化的产业体系作为前提。沈阳市当前产业体系的各层级都存在诸多亟待解决的问题，只有破除现有产业体系中的各类制约因素甚至是桎梏，才是提升产业生产力的根本。

首先，以“生产性服务业”为纽带构建第二、第三产业间互促体系。当前产业发展的一大特征就是高服务化，传统工业与制造业间泾渭分明的边界被打破，“制造 + 服务”成为工业企业转型升级不可逆转的

方向。国际上的大量传统制造企业已经成功转型，并通过服务能力提升制造环节竞争力。沈阳市拥有较为雄厚的工业基础和完备产业体系，但大部分企业仍沿袭传统内部生产模式，主导业务锁定在一般生产制造环节，大量具有竞争力的服务环节内化于企业内部生产体系，制造业与生产性服务业互动不足。沈阳需加快工业与生产性服务业协同发展，依靠新一代信息技术、云平台等促进传统制造型企业向生产服务型制造转型。依靠当前沈阳重点实施“服务业剥离互促”的十家试点企业，推动在技术研发、工业设计、检验检测、融资租赁等高端生产性服务业发展。依托生产性服务业促进传统制造业升级和竞争力的提升，形成第二、第三产业体系联动、互促发展的良好局面。

其次，以骨干企业为龙头构建完整的产业分工协作体系。沈阳特有的产业组织特点是大中型国有企业数量较多，而民营中小企业发展不足。大企业坚持内部封闭式生产模式，外协、配套比重不高。这种现象一方面导致大企业资源运用分散，内部生产运营低效率，不利于大型企业核心竞争力构建。另一方面大企业封闭生产模式导致对本地中小企业产品、服务采购不足，导致本地区缺乏中小企业发展的市场基础，也造成本地中小企业投资不足、发展缓慢，而这又进一步加剧了一些想寻求配套的大型企业合作对象的不可获取性，形成了一种恶性循环。要打破这种低效的产业分工体系，一是推动大型国有企业的改革改造，剥离效率较低的生产环节，将追求市场效益作为企业根本目标。二是要改变政府原有的政策扶植思路，实施向中小企业倾斜的财政、税收等优惠政策。只有中小企业发展起来了，才能既拉动当地经济发展，又能够促进本地高效的产业分工体系构建，促进大中型企业效率的提升。

最后，以高新区、产业集群等为载体构建多组织参与的创新合作体系与平台。

沈阳市工业产业集群、高端服务业集群等已初具规模，但与成熟产业集群相比，沈阳市现有高新区、产业集群的“竞合效应”“创新效应”发挥不足。主要缘于产业集群内部企业间缺乏以市场交易为纽带的分工合作体系，集群内企业间生产分工协作不足。特别是集群效应发挥不足不利于内部创新资源共享、知识共享和技术外溢。未来要将创新发展、提质增效作为产业集群转型升级的核心，完善有利于内部企业创新实现的发展环境。加快建设以龙头企业为主体的产业集群研发中心、设计中心和工程技术中心；建设产业、产品协同研发平台，鼓励和引导企业组建产业联盟或研发联盟；加快培育龙头骨干企业，提高集群龙头企业的核心竞争力，促进集群增长由主要依靠要素投入带动向主要依靠科技进步和人力资本带动转变。

（二）将智能制造、两化融合作为推动工业转型升级的重要推手

首先，运用信息技术推动沈阳传统工业升级。沈阳市机器人、工业软件开发、IC 装备等产业表现抢眼，新松机器人、东软集团等一批具有全国竞争力的高技术企业发展迅速，是未来沈阳市高技术产业发展的主要主体。以智能机器人、智能化生产线等为抓手，推动新一代电子信息技术与传统制造技术的融合发展，构建符合沈阳市工业转型升级的工业生态体系，增强传统制造产业向智能化生产转型的支撑能力。选取具有代表性的传统工业领域，推进智能制造提升示范工程，探索智能制造提升传统工业的模式与路径。分类推进全行业智能制造升级工作，推动两化融合成效显著、智能制造基础较好的企业建设数字化工厂和数字化车间，开展定制化和个性化生产服务，迈向工业 4.0；引导具有一定智能制造基础的企业建设自动化生产线，积极开展两化融合试点工作。

其次，提升沈阳智能产业的整体水平与创新能力。整合沈阳市智能制造的科技资源，打造产业智能化制造服务平台，提高智能制造创新效能。充分发挥全市国家、省级企业技术中心的创新主体优势，引导其与沈阳市国家级科研院所、实验室等优质创新资源协同创新，建立利益共同体，重点对智能制造涉及的基础材料、关键流程和工艺、核心零部件、高端软件、系统集成等领域，进行有针对性的研发攻关，突破一批智能制造关键技术。

最后，催生培育智能制造新业态、新模式和新产品。充分发挥云计算、物联网、大数据等新一代信息技术对制造模式的变革作用，以重点行业或领域的智能制造示范试点为牵引，积极培育新技术、新业态、新模式、新产品。

（三）完善生产性服务业发展的创新环境

首先，统筹生产性服务业发展规划，完善政府部门协调机制。加快推动生产性服务业集聚区与工业集聚区的配套建设，完善产业集群的科学运行机制，推动生产性服务业与先进制造业的融合发展。强化部门间协同配合，完善政府部门协调机制，推动服务业不同产业间

的协调发展。促进生产性服务业集聚化、基础性服务业网络化、公共性服务业均等化，加快信息基础设施建设，实现沈阳生产性服务业增速加快、比重提高、结构优化、集聚增强、竞争力提升的系统目标。

其次，放宽生产性服务业市场准入，加强负面清单管理模式。合理放宽生产性服务业市场准入条件和范围，鼓励和引导非公有制服务业企业发展，形成专业化的运作体系。促进生产性服务业的企业管理体制、组织形式、经营业态以及服务产品等的创新，促进先进服务技术和标准的引进与创建。以市场需求为导向、以提升产品质量为抓手，大力发展研发设计服务和检验检测服务。围绕先进装备制造、汽车制造等产业，开展关键技术和共性技术研发。建立完善的融资租赁、检验检测和专业维修服务等相关管理制度和办法。对行业发展有重大积极影响、具有较大发展潜力的服务业企业，采取“一企一策”的特殊政策支持。创立服务业综合改革和政策转型试验区，为企业发展创造良好政策环境。以负面清单管理模式支撑生产性服务业企业的快速发展。形成市场准入公平、竞争有序、协调发展的良好局面，培育沈阳市服务业，特别是生产性服务业的竞争优势。

再次，设立生产性服务业专项补助资金。对新引进的生产性服务业项目、母体中分立出来的企业项目给予相应补助。市、区两级财政设立或整合促进服务业发展专项资金，与上级财政支持资金形成合力，对现代服务业重点行业、关键环节给予扶持。坚持扶优扶强，聚焦支持的原则，加大支持力度，重点支持基础好、成长性强的行业和领域及项目，尽快取得成效。加大对成规模、有代表性、地标性的大项目的支持力度，培育一批具有区域影响力的现代服务业集群和集团企业。重点支持产业化起步阶段且市场前景好的生产性服务业企业和项目在重大设备购置、关键技术采购、高端人才和团队引进培养、公共服务平台建设、信息化技术研发应用等环节的活动。积极争取“铁西生产服务业改革示范区”的先行先试，争取国家相关的资源和政策，为生产服务业发展积累可行的发展经验。争取“铁西先进装备制造业产业基地”“中德先进装备制造产业园”等具有产业基础和条件的区域确定为国家“两化”融合发展试点，借鉴“德国工业 4.0”，将物联网和服务应用到装备制造业，打造信息化与工业化深度融合的高端装备制造。中央和省级服务业发展资金主要采取贷款贴息、补助和奖励等方式，推进现代服务业综合试点。

最后，形成良好的政策支持体系。推动各试点发展区域和全市研究出台支持现代服务业特别是生产性服务业发展的政策措施，从财税、土地、融资、价格、统计等方面支持现代服务业发展。市财政在每年安排服务业发展专项资金基础上，将根据财力情况逐渐扩大资金规模，整合相关的专项资金，并向重点生产性服务试验区、生产性服务业集群及典型生产性服务企业倾斜。各级政府要安排现代服务业试点配套资金，用于支持试点项目和现代服务业的发展。基于外资生产性服务企业投资不足，要积极响应中央简政放权的号召，简化审批流程。当前对外资企业投资的审批流程可否特事特办，将传统的“审批制”转向“备案制”，包括在外汇汇兑等方面的支持。实行价格优惠政策，对列入国家鼓励类的生产性服务业企业和项目实行土地和水、电、气与工业同价格、同政策。

（四）加快实施、引导制造业与生产性服务业互动发展的政策环境

目前制造业与生产性服务业的分离还存在诸多制度上的障碍，在分离发展生产性服务业的过程中离不开必要的政策扶持与保障。政府要鼓励工业企业进行管理创新、体制创新，就市场准入、税费、用地、价格、产权变更等方面制定有关优惠政策，为企业分离发展生产性服务业营造良好的政策环境。

首先，增加资金投入，提供财政补贴，适度减免税收和金融信贷支持。制造业中生产性服务业分离发展的新企业在实施重大服务业项目或在发展新兴服务行业中，因投入较大，地方财政应在安排每年度服务业发展引导资金时给予资金扶持，尤其要优先扶持重点企业、重点领域及生产性服务业集聚区的建设。新分离企业如实际缴纳的房产税、契税、营业税、企业所得税、土地增值税的税负高于原母体企业税务标准的，则高出部分应在一定年限内（一般不低于三年）由财政部门给予相应的补贴、补助或减征、免征，降低其运营成本，提高其经济效益和实施业务分离的积极性。在金融政策上，应鼓励生产性服务企业通过发行股票、企业债券等多渠道筹集资金，积极引导产业投资机构和信用机构优先支持生产性服务企业开展创业投资，运用新技术、发展新业态。通过以上政策切实解决分离后新设立的生产性服务业企业在发展初创阶段面

临的资金短缺等瓶颈问题，真正从经济利益上调动企业分离发展生产性服务业的积极性。

其次，予以冠名、准入、审批、认定等相关扶持。经原隶属企业同意，应允许具有独立法人资格的新分离设立的生产性服务业在名称中以适当方式体现原隶属企业的字号或简称。放宽分离设立生产性服务业企业的市场准入标准，降低对分离设立服务业企业的注册资本最低限额。开通行政审批服务“绿色通道”，简化手续，从快办理。鼓励和支持符合条件的分离后的生产性服务业企业参加技术先进型服务企业、高新技术企业的认定。

再次，对生产性服务业企业用地、用电等提供优惠。为鼓励制造业企业实施“退二进三”，凡整体转型或分离设立的服务业企业，需要建造自用商务办公用房的，应优先安排用地计划，允许利用原工业用地发展生产性服务业项目。积极支持以划拨方式取得土地的单位利用工业厂房、仓储用房、传统商业街等存量房产、土地资源兴办信息服务、研发设计、创意产业等生产性服务业，且土地用途和使用权人暂不作变更。对不涉及重新开发建设且无须转让房屋产权和土地使用权的，应暂不征收原产权单位土地年租金或土地收益。

最后，鼓励分离高新技术企业，建立以企业为主体的科研机制。工业企业分离发展的科技服务、现代物流、工业设计、技术咨询服务、信息化服务等国家重点支持的高新技术领域的生产性服务业企业，应按规定认定为高新技术企业。对认定为高新技术企业的，科技政策上应优先享受科技创新资金、软件产业发展资金、中小企业信用担保等各项财政扶持政策。应尽可能地赋予科研院所对自身改革和发展的选择权和探索权，鼓励技术开发类科研院所转制为企业或进入企业，建立以企业为主体的科研开发、技术创新机制，引导科研机构与企业紧密结合。

（五）构建完善的产业扶持体系

首先，完善金融支持政策。鼓励金融机构创新业务，加大对战略性新兴产业、生产性服务业重点企业的金融支持力度，重点向支持企业加快智能制造转型等方面倾斜。支持金融机构开展面向开发区、产业链和科技型企业的金融服务，推进工业企业与风险投资、股权投资等金融资本的融合。加强投资体系建设，充分利用种子基金、天使基金、产业基金、创业投资基金、私募基金等多种投资模式，支持产业发展。加快推进行业龙头企业、中小型科技企业上市步伐，深入推进投贷联动。鼓励企业通过金融创新拓展融资渠道，积极开展融资租赁业务，加大债权融资、票据融资等金融产品发行力度。重点围绕企业征信平台、融资担保机构、股权交易市场、保险保障体系等培育完善投融资服务体系，改善金融生态环境。

其次，帮助工业企业开拓市场。对全市工业企业产品和市场销售情况进行一次全面调查摸底，按年度发布沈阳市工业产品生产和市场销售报告，召开工业产品产销对接大会。全市交通、电力、水利、市政等重点工程和民生项目建设所需材料、机械设备以及政府采购等，同等同质同价条件下，鼓励依法依规选用本地产品。鼓励和支持工业企业争创中国驰名商标、国家地理标志保护产品、国家免检免验产品等，创建沈阳制造名牌名品。

再次，完善人才支撑体系建设。通过制度创新，完善多层次人才培养体系，建立“以人为本”的宽松的人才环境。研究制定战略性新兴产业人才开发目录，加大优秀企业家群体、技术领军人物、高技能人才队伍建设力度，在户籍管理、出入境管理、子女教育、医疗保健、住房等方面给予倾斜。落实科研、创业、重大项目资助及相关奖励政策，运用技术入股、期权、股权、分红权等激励手段，健全经营管理、自主创新和成果转化的激励分配机制，引导高层次人才向企业集聚，鼓励科研机构和高校科技人员积极从事科技发明。加强重点产业相关专业学科建设，建立校企联合培养人才的新机制，促进创新型、应用型、复合型和技能型人才的培养。

最后，加大财政政策的支持力度。充分发挥财政性资金的融资引导作用，集聚社会资金支持现代工业发展。进一步研究和探索扩大财政资金使用效能的创新方式和办法，利用好沈阳创信基金等市级工业发展创业投资基金，鼓励和支持具备条件的区县组建专业、专项、专题式工业创投基金，引导和吸引更多的社会资金投向现代工业发展。沈阳市工业发展专项资金要继续坚持无偿补助、有偿支持和无偿与有偿组合支持的方式，集中力量支持重点产业、骨干企业发展和重大项目建设。充分发挥沈阳市多个担保机构的作用，引导融资性担保机构和小额贷款公司形成紧密联保联贷联盟，促进银行的金融创新。

二 产业生产力发展的保障

(一) 健全组织实施机制

成立沈阳市“制造强市”工作领导小组，由分管副市长任组长，小组成员由有关部门负责人和区主要领导构成，明确责任分工，加强各区、各部门协作，形成工作联动。专项小组办公室设在市工业和信息化委，办公室主任由市工业和信息化委主要领导兼任，承担专项小组日常工作。专项小组统筹协调全市制造强市建设工作，推动落实国家重大政策措施，研究部署全市制造业发展的重大规划、重大政策、重大工程专项和重要工作安排，指导和协调各区、各部门开展工作。

(二) 深化体制机制改革

深化审批制度改革，建设项目审批“绿色通道”，推行行政审批标准化，缩短审批时限。探索投资领域实行负面清单模式，加快政府职能转变，推进制造领域的市场化进程。紧抓新一轮国有企业改革，鼓励私有资本投资制造领域。创新产业园区管理模式，支持与国外共建园区(合作区)，探索区域经济合作新模式，逐步向全市产业园区推广。扩大军工开放，推进军民资源共享、促进军民用技术转化和军民结合产业发展。

(三) 强化政策支持力度

全面落实国家税收优惠政策，加大收费清理，切实减轻企业负担。整合现有财政资金，统筹安排工业转型升级专项资金，市级工业基金优先向重点领域内的项目倾斜。发挥沈阳市工业转型升级发展基金作用，创新支持方式，对系统集成等“轻资产”类项目加大支持力度。鼓励金融机构对先进制造业项目优先给予信贷支持，通过资本市场、融资租赁、互联网金融等方式拓宽企业融资渠道。支持先进制造业企业改制上市、在全国中小企业股份转让系统和辽宁股权交易中心挂牌，利用多层次资本市场做大做强。

强化用地支持，制定和完善制造业用地政策，每年确保一定比例的土地指标用于制造业项目，对鼓励类项目优先保障用地。结合城市更新，鼓励中心城区老工业园区提高容积率，推进土地的节约集约利用；建立公共研发平台，打造制造业研发集聚区。

(四) 完善人才支撑体系

以“盛京人才”战略为龙头，以拥有尖端技术的高端人才、急需的紧缺专业技术人才、创新型人才为重点，面向海内外大力引进海外领军人才及领军团队。研究制定沈阳“2025产业人才开发目录”，实施企业经营管理人才素质提升工程，推进企业管理人才职业化、专业化和国际化，提高企业现代化经营管理水平和企业核心竞争力。加强院地、校地合作，建立人才培养与企业需求的有效对接机制，打造高素质专业技术及技能型人才队伍。

（五）营造良好的发展环境

高起点、高标准建设园区，完善园区配套资源环境，打造“产城融合”新型园区。围绕中德装备园建设，构建国际性交流平台和营商环境。加强知识产权运用和保护，强化国家和行业强制性标准实施的监督检查。加大公共服务资源配置的专业化、市场化，扶持科技、会展、创意、商贸等专业化的服务机构。建设企业信用数据库，利用大数据等技术构建“诚信沈阳”制度体系，建立公平有序的市场环境。

第二节　空间生产力发展的对策与保障

一　空间生产力发展的对策

（一）建立区域生产力空间发展协调委员会

在市场经济条件下，各区域经济利益相对独立，各区域产业布局都是以区域经济利益为导向的。产业重复布局、优势产业布局分散、区域行政分割使得区域内各股力量之间各自为政，为谋求各自发展而恶性竞争，从而引发区域发展问题。区域之间的不协调归根结底是区域间利益分配不合理，因此区域经济利益的有效协调成为区域生产力布局调整和经济发展的关键。

在区域利益主体多元化的前提下，为寻求区域协调发展首先应科学分配区域发展利益，通过建立区域生产力空间发展协调委员会，促进区域生产力空间协调发展。该委员会主要负责协调沈阳市内及沈阳经济区在生产力空间发展过程中出现的区域内部恶性竞争和区域产业重复建设等问题，降低城市生产力空间发展阻力，并能够做好整体协调工作。

（二）制定优惠政策，鼓励产能过剩区域产业外迁，实现协调发展

由于产业基础和城市产业发展政策的原因，沈阳市东南部地区（主

要为浑南新区）和西北部地区（主要为沈北新区）产业发展相对落后。而沈阳市二环内中心区域企业多为计划经济时代的产物，中心区内重工业企业占据中心区地理优势位置，工业企业的存在导致中心区环境恶化，且污染严重。中心区多种产业产能过剩，布局不断向外无序蔓延，中心区土地资源短缺，密集发展面临诸如成本上升、环境污染等问题。而沈阳市外围的铁西区、沈北新区和浑南新区产业利用率却较低，城市产业空间发展的非协调性开始出现。沈阳市应给予东南部地区和西北部地区适当的产业优惠政策，鼓励城市中心区过量的产业产能迁出中心区，寻找降低自身生产成本的新区位才能保持自身发展，促使沈阳市东南部和西北部地区形成新的发展空间。此外，中心区工业企业的搬迁可以为城市提供宝贵的土地资源，为城市空间结构优化做出贡献。

（三）强化“一区多园”的先进发展模式，扩大、提升辐射能力

从沈阳市高新技术产业园区目前状况来看，具有较强辐射能力的生产性服务业比重不高，约占45%。因此，沈阳市实施“一区多园”先进战略的关键在于做强先进装备制造、生物医药、航空、新能源、新材料等主导产业和新兴产业的同时，做宽以现代服务业为主的第三产业，同时把科技创新作为产业升级和实施高级化战略的支撑，着力发展高端化、高新化、高质化的产业体系，提升沈阳市的核心竞争力，有效增强沈阳市在城市群中的带动辐射作用。

“一区多园”是发展高新技术产业的方法，其运行模式的主要功能是“核心引领、各园联动、合作共进”。核心引领是要明确沈阳高新区核心区的地位和优势，明确其城市功能定位，提升产业能级，增强辐射影响，将其作为引领“多园”发展的引擎和高地。在核心区的引领下，一个核心区和不同区产业园之间以及各区内产业园之间，通过发挥区内比较优势，发展产业联动网络，实现产业和资源的主动相向对接，以达到空间的功能提升、能级转换以及地理延伸的效果。在此基础上进行合作共进，要求“一区多园”作为一个完整的经济板块，需要创新国内外合作机制，在对内、对外开放方面，积极承接长三角和珠三角的产业转移，加强各区和各园之间的合作以及与省内及省外发达城市的合作，构建内外联动、互利共赢、富有活力的开放型园区经济体系。

沈阳市“一区多园”模式的实施分为两个递进的步骤。第一步是实施以主体功能区为导向的空间均衡发展战略，进一步做大做强核心

区，着力促进沈阳机床、沈阳电气、沈阳现代建筑、沈阳汽车零部件、沈阳光电信息、沈阳农产品深加工及生物制药、沈阳航空制造业的工业园区发展，提升其区域竞争力评价在全国排名的关键指标，同时整合各个分园区的资源，兼顾各个分园区的建设和发展。第二步是实施以产业升级为导向的高级化发展战略，强调所有园区的合作共进，提升产业层级与整个园区经济体系的竞争力。主动与城市群内的抚顺新材料和先进装备制造、本溪生物医药、铁岭专用车改装、鞍山达道湾钢铁深加工、营口仙人岛石化、辽阳芳烃及化纤原料和阜新彰武林产品加工等 14 个千亿产业集群进行广泛交流与合作。这要求沈阳市与经济区内其他城市的企业、政府、高校及科研院所三个创新主体的协同合作。企业是主体，政府是制度保证，高校及科研院所是创新源。三位一体的政、产、学研协调创新机制就是各部分清晰定位、优势互补、分工明确、成果共享、风险共担，进而加快成果转化和产业化进程。

（四）推进信息化与工业化的深度融合，使城市群整体生产力转型升级

依托沈阳集成电路装备产业园、沈北光电信息产业园、沈阳方大半导体照明产业园、东软国家级高技术产业基地、沈阳国家级动漫产业基地等信息技术产业园区，努力实现沈阳市工业化与信息化的深度融合，加速推进信息网络技术在工业领域的普及和应用，鼓励利用信息技术等高新技术对传统工业结构调整改造，扶持信息化与工业化融合催生的新型产业，不断提升产业核心竞争力，形成沈阳市新的经济增长点。同时积极寻求与营口富士康科技园、辽阳电子信息材料产业园、阜新电子工业园等能力较强的信息技术产业园区的合作发展，加快现代服务业与先进制造业更大范围的融合，带动实现城市群整体生产力水平得到根本性的提升。

二　空间生产力发展的保障

（一）创新政府管理模式，转变政府职能

沈阳市应打破传统的行政管理模式，加强公共服务职能，完善城市群内政府间的沟通协调机制，着力建立与沈阳经济区一体化发展相适应的政府管理体制。沈阳市政府重点要放在宏观规划、政策制定和指导协调上，要积极加快健全宏观调控体系，实现对经济区管理的统筹规划和危机管理的高效及时。进一步退出微观经济领域，更多地运用经济手段

和法律手段调节经济活动，加快政府职能转变。

（二）建立区域产业布局的协调促进机制

配合生产力空间发展协调委员会建立沈阳市区域发展的统筹规划机制、目标管理机制、示范推进机制和考核评估机制，对空间发展各节点的动态进行实时监控，统筹研究、及时解决区域基础设施建设、产业布局、功能区开发、园区协作、政策制定、土地管理等方面的重大问题；建立分类引导的产业发展导向机制，编制沈阳市产业发展指导目录，明确产业分类标准，做到政策制定有的放矢；建立落后产能淘汰退出机制以及企业、项目在经济区内转移的利益协调和补偿机制，并推动试点运行，突破行政区划限制，引导生产要素合理流动；建立大沈阳城市群区域协调联动决策机制，开展以沈阳市为中心的多领域对接与合作。

（三）采取措施充分发挥市场机制的调节作用

作为规划实施背后的决定力量，市场的作用作为空间生产力发展的重要元素十分关键。沈阳市应支持沈阳商业银行等金融机构在各城市设立分支机构，为各城市发展提供金融服务。进一步完善沈阳商品交易市场，发挥沈阳市区域商贸的核心带动作用，构建以各市为区域商贸中心、各县地区为基础、覆盖城乡的多层次市场网络体系，带动区域间商品贸易的快速周转，促进沈阳市区域间、城乡间的产品市场一体化。在贸易流通上消除贸易壁垒，建设功能完善、覆盖面广的一体化区域物流网络，共建经济区生产要素和商品的交易市场。

规范沈阳市劳动力市场，打破行政区划带来的就业障碍，对区域劳动力市场实行统一管理，并逐步规范沈阳经济区内的劳动力市场，争取实现经济区内劳动力资源的有效整合和优化配置，防止人才的浪费和外流。

建立完善的市场监督机制，利用信用管理与监管等措施强化沈阳市的市场监管力度，并逐渐扩大监管范围，争取实现经济区内市场监管一体化，为沈阳经济区市场体系一体化提供制度保障。

（四）进一步加强基础设施建设

只有依托良好的基础配套设施，才能更好地实现产业结构升级、生产力空间布局的优化。沈阳市应主动加大跨城市、跨区域之间基础设施和公共服务设施建设的力度，提高基础设施和公共服务设施的利用率和规模经济效益，满足经济区内各城市发展的需要。

信息流和物资流的便捷通畅是沈阳市引领城市群快速发展的重要保障，因此信息流所依赖的信息网、物资流所依赖的交通网便是沈阳市要加强建设的重中之重。沈阳市应加快区域信息网络、综合交通网络等基础设施的建设，强化沈阳市与经济区内各城市在通信信息、城际交通、资源供给等重大基础设施方面的便利沟通和有效合作。构建沈阳市对其他城市各领域的信息管理系统，实现信息资源的快速共享。逐步完善以沈阳市为核心通往经济区各城市道路网络的布局，强化各种运输方式间的顺利衔接和合理利用，打通区域对外联通的多种通道。

第三节　企业生产力发展的对策与保障

一　企业生产力发展的对策

（一）改善国有企业公司治理水平

加快推进经营性国有资产集中统一管理，对全市国有资产进行彻底清查，将各委办局监管的金融类、文化类等国有企业纳入市国资委统一监管；按照企业功能定位实施分类监管，组建国有资本投资运营公司，将工业国资公司建成国有资本运营公司，将恒信投资公司、产业投资集团打造成国有资本投资公司；促进国有企业整体改制上市。

结合企业功能定位优化国有企业股权结构，鼓励非国有资本通过出资入股、收购股权、认购可转债、股权置换等多种形式参与国有企业改制重组或增资扩股。为调动非国有资本参与混合所有制改革，可考虑让非国有资本相对控股或绝对控股。总结试点企业沈阳机床、沈鼓集团、北方重工、东北制药四家企业改革经验，在其他国有企业中推广成熟的改革经验和措施。

以推动企业全面执行“三重一大”决策制度为依托，厘清股东会、董事会、经理层、党委会等的决策边界，完善公司章程、议事规则，确保决策科学。通过增加董事会外部董事人数提高董事会决策质量。

研究出台和实施国有企业改革系列文件，包括市属经营性国有资产集中统一监管方案、市属国有资本投资运营公司试点方案、董事会建设指导意见、国资委监管企业分类方案、国有企业负责人经营业绩考核办法实施细则、国有企业负责人履职待遇和业务支出管理办法等，为全面推进改革奠定制度基础。

针对“三供一业”、离退休人员社会化管理、厂办大集体改革等问题，制定统筹规范、分类施策的措施，建立政府和国有企业合理分担成本的机制。对于壳企业，采取先摸底后清理的方式，加快推进壳企业重组整合或退出市场，加大淘汰壳企业力度。

（二）强化以企业为主体促进技术创新任务的有效落实

依托沈阳新松机器人、中国科学院沈阳自动化所等单位，争取国家、省市资金支持和政策支持，开展机器人及智能制造技术研发；依托沈阳机床、中科院计算所等现有企业技术中心、国家工程技术研究中心、国家重点工程实验室等国家级创新平台，争取国家、省市资金支持和政策支持，开展高档数控机床及高度精密化技术研发；依托沈鼓集团、北方重工、中航工业等现有风机、压缩机、矿山机械、燃气轮机等重大装备及技术研发机构和试验平台，联合东北大学、中科院金属研究所、自动化所等机构，争取国家、省市资金支持和政策支持，开展重大装备及关键共性技术研发；依托沈鼓集团，联合特变电工沈变、东北大学等，整合全球创新资源，形成协同高效的创新网络，开展核电装备及关键技术研发；依托特变电工沈变，联合沈阳变压器研究所、中科院电工研究所等，加大资金扶持力度，充分利用特变电工沈变海外研发资源，与乌克兰扎布罗热变压器研究所合作，开展特高压交、直流输变电设备及技术研发；依托华晨宝马、华晨汽车、沈阳五洲龙、沈阳华龙等汽车骨干企业，联合东软集团、沈阳建筑大学、辽宁凯信新能源公司、沈阳工业大学等机构，开展驾驶辅助系统、自动驾驶汽车、互联网汽车、纯电驱动汽车、混合动力汽车及智能与新能源关键零部件等产品的研发，积极争取国家和辽宁省产业转型升级及新能源汽车资金和政策扶持，加强与特斯拉、宝马、三菱等全球智能与新能源汽车企业的合作；依托沈飞民机公司、沈阳飞机设计研究所和沈阳民用航空产业技术创新联盟，争取国家政策和资金支持，加强与中航工业、中国商飞、波音公司、空客公司、庞巴迪公司等在创新领域的合作；依托沈阳 IC 装备产业园，联合中国电子科技集团公司、沈阳拓荆、沈阳科仪、沈阳芯源、沈阳富创、沈阳自动化所，争取国家重大科技专项支持，开展 IC 装备及关键技术研发；依托东软集团、东软医疗系统有限公司、东软飞利浦有限公司等，借助国家数字化医学影像设备工程技术研究中心、软件架构实验室、医学影像计算教育部重点实验室等国家级创新平台，联合东北大学、自动化所等机构，开展数字医疗设备及关键技术研发；依托东软集团、东网科技、荣科科技、中科院自动化所、计算所，借助计算机软件国家工程研究中心、软件架构国家重点实验室等创新平台，开展工业软件研发。

（三）全面推动企业对外开放

以中德沈阳高端装备制造产业园建设为契机，积极扩大面向德国等发达国家的合作，搭建企业协会、中介为主的招商平台，建设高水准的中德产业合作示范区，加快搭建沈阳与世界产业合作对接的平台。

推进哈萨克斯坦工业园和有色金属产业园建设。推进中白工业园和罗马尼亚工业园区建设。吸引企业入驻乌干达辽沈工业园、秘鲁矿业园。推动企业在阿根廷、俄罗斯、斯里兰卡、印度尼西亚、泰国、越南等国家境外建厂。进一步加强境外经贸合作区建设。

支持远大、特变沈变电工、北方重工、华晨汽车、同联集团等企业建设境外产业园和科研中心、海外建厂、并购海外科技企业、对外工程承包等项目，依托这些企业带动上下游企业跟进，实施政府助推的“走出去”发展模式。深入与央企对接，推动重点装备企业进入国家队的“走出去”项目。大力支持具有竞争优势的企业率先“走出去”。

加强与世界500强对接，争取更多体量大、带动性强、技术水平高、发展后劲足的大项目落户沈阳。加强对港台、东南亚、东北亚等重点地区招商，积极引导外资投向先进制造业、高新技术及战略性新兴产业和现代服务业，提高利用外资质量。进一步加大对重点国家和地区、重点产业的招商力度。

（四）大力引育中小创新型科技企业发展

对获得重点实验室、企业技术中心等认定的创新型中小企业给予一定的资金奖励，推动沈鼓集团、沈阳机床等大型企业向中小创新型科技企业开放研究和检验检测设备，促进大型仪器的共享。加大对咨询、产权交易、行业协会等专业服务机构和中介服务组织的支持，尤其是要充分发挥沈阳中小企业信用担保中心的作用，为创新型中小企业提供融资担保服务。不断完善中小创新型科技企业公共服务体系。

加大沈阳市中小企业发展专项资金向创新型中小企业倾斜，重点对中小创新型企业采用新技术新装备的技术改造以及知识产权保护、自主品牌建设等给予支持，对中小企业技术创新、商业模式创新、管理创新给予鼓励；落实和完善中小企业税收优惠政策，进一步减轻中小企业社会负担。持续加大财税支持力度。

按照公平协作、互利互惠原则，鼓励中小创新型科技企业与沈鼓集团、沈阳机床等大型企业开展多种形式的经济技术合作，引导大企业向中小企业延伸产业链和资本链，为配套或协作的中小企业提供管理、人才、资金等形式的支持，加快提升企业间协作配套水平。积极促进产业对接。

（五）塑造龙头企业品牌优势

引导企业重视品牌建设，从传统的低成本运行方式向依靠品牌拓展市场发展空间的高附加值运行模式转型。对于老字号品牌，政府要支持企业改制，引进先进的管理经验和营销理念及经营模式，深刻挖掘老品牌的文化内涵，改进细节工艺，并引进现代文化要素，使老品牌焕发新的生机；对于已经具有一定知名度的优质品牌，要搭建强有力的品牌信息处理平台，形成有效的品牌维护和竞争策略。采取多种形式加大对品牌企业人才的培养，加快市场推广，逐步走向国际化；对于一些新兴品牌，要加大营销力度，定期组织企业交流，发布行业信息。强化知识产权保护，确保市场竞争环境的公平、公正和公开。

（六）大力推动企业参与国际竞争

增强企业资本运作和资源配置能力。世界500强的发展经验证明，资本市场对于企业国际竞争力的提升具有重要意义。资本市场是企业并购重组的重要平台，是企业优胜劣汰的试金石，也是企业竞争的主要场所。沈阳应进一步利用国际资本市场提高企业资本运作和资源配置的能力。

提高企业跨国经营能力。沈阳企业要继续探索适合自身的“走出去”模式，逐步从发展以跨国公司企业外包为主的加工贸易向收购兼并国外资源为主的国际化战略转变。在并购方式上，尽量采取整体并购的方式，以获得包括技术资源的核心能力；在行业选择上，要将先进装备制造、信息技术等行业作为重点，同时，应探索并购商业、金融证券和综合性上市公司；在地区选择上，应结合世界产业转移、新的科技革命趋势及区域经济的不同情况，重点开拓发达国家市场。

制定《提高沈阳企业国际竞争力发展规划》及三年行动计划。建议每年选取重点行业和重点企业进行聚焦扶持，对于具有良好的发展基础和市场影响力的企业要积极支持，努力打造沈阳市的跨国公司。加强对重点行业、重点企业的跟踪分析，建立工作联系网络，及时掌握行业动态，强化引导、服务和协调工作，切实推进当地企业的国际化进程。

（七）培养具有企业家精神的高级管理人才

完善企业家人才市场。尽快培育起规范的、有竞争力的经理人才市场，进一步加快传统的国有企业干部人事管理制度的改革，引入市场竞争机制，取消政府对企业经营者的行政性任命，促进优秀企业家群体以及企业家监督约束、激励机制的迅速形成，使具备企业家精神的高素质人员能够通过市场优选机制使其价值得到实现，而那些不具备企业家精神的低素质管理者被淘汰出局，进而使整体企业家队伍得到优化、提升，让企业家精神成为企业发展的灵魂。

树立社会责任理念，建立科学的社会价值体系。按照建设社会主义核心价值体系的要求，在全社会培养人们的社会责任理念，倡导诚信意识，形成崇尚诚信的社会价值观。进一步提升创新意识，从思想上、精神上打消对西方企业过于敬畏崇拜乃至胆怯心虚的心理，打破一两百年来的中国人在外国企业与企业家面前自惭形秽的历史心理积淀。加强创新教育及训练，改善政府创新环境，形成营造包容、鼓励企业家创新的社会价值观。倡导合作精神，形成合作共赢的社会价值理念。

完善对企业家失信行为的监督惩戒机制。营造公平竞争的市场环境，确立市场规则和信用。推进企业家社会责任法制化，尽快建立一套对社会和伦理行为负责的企业家社会责任的管理、评价体系及信用监督失信惩戒法律、法规和制度，通过加强和规范商会、行业协会和各类市场中介组织的作用，对企业家行为进行全方位的监督，使不道德行为无处藏身，从而有效促进管理行为的改善。加强道德教育，强化企业家的自律约束。

二　企业生产力发展的保障

（一）营造良好的创新环境

建立有利于创新的市场监管机制，实行严格的知识产权保护制度，破除限制新技术、新产品、新商业模式的不合理准入障碍，保证各类市场主体依法平等进入经济领域，促进市场公平竞争。充分发挥沈阳高新技术产业开发区、沈阳经济技术开发区等国家级经济引导区在科技创新和成果转化方面的示范引领作用，支持沈阳材料国家实验室和机器人与智能制造创新研究院等新型创新平台的发展，打造一批重大产业创新平台，形成一批关键技术创新平台，构建一批产学研协同创新平台。

（二）强化各类要素保障

首先在土地资源利用方面，新兴产业实行差别化用地政策。根据国家和省新兴产业用地支持政策，出台了差别化用地 19 条政策。创新供应方式，推行弹性年期、长期租赁、先租后让等灵活供地制度；盘活存量资源，养老、旅游、文化、体育等新产业利用闲置划拨土地可暂不变更土地使用性质；支持新兴产业用地，按照不同用途制定差别地价，重点支持新兴产业发展。

其次在人才保障方面，加快培育和引进科技创新、经营管理等方面优秀人才。支持引导企业与高等院校、科研院所合作，联合培养高层次人才。鼓励高等院校优化专业设置，与市场需求衔接，培养科技创新和经营管理方面人才。采用多种形式规范并加快培养具有企业家精神的管理人才。支持高层次科研人员出国培训、进修、合作研究。积极创造条件，引进国内外优秀的行业领军人物和技术团队、管理团队，支持专家、学者和技术人员带项目、资金投资创业。

再次是财税方面的保障。加大财税扶持力度，优势产业及新产品实行税收优惠政策。针对《沈阳市“中国制造 2025”实施方案》规划的智能制造装备、航空装备、电力装备、机械装备、汽车、新一代信息技术、轨道交通、生物制药等“244”产业，实行固定资产加速折旧政策。企业开发新技术、新产品、新工艺发生的研究开发费用，未形成无形资产计入当期损益的，在按照规定据实扣除的基础上，按照研究开发费用的 50% 加计扣除；形成无形资产的，按照无形资产成本的 150% 摊销。重点经济园区实行“零收费”。在“中德装备园”、自主创新示范区、国家级开发区以及各区、县（市）重点经济园区实行“零收费”。除资源类、补偿类收费外，免征涉企的其他行政事业性收费；免征工业项目、生产性服务业投资项目城市基础设施配套费；对环评、能评、安评等审批事项，实行区域集中评估评审，由政府购买服务。统计显示，实行“零收费”试点区域面积超过 1200 平方公里，惠及企业近 5 万户，规模以上工业增加值总量超过全市一半。

最后是金融配套方面的保障。开展跨境人民币创新业务试点，拓展企业境外融资渠道；对于通过债券和资产证券化融资的企业，给予一次性补助；承接好国家专项建设基金，建立东北振兴产业基金等多元投资基金，通过政策性担保、风险补偿金、保险和财政直补资金等方式，为企业提供融资支持；对企业通过融资租赁购置的先进研发生产设备，给予一定补贴。

第四节　创新生产力发展的对策与保障

一　创新生产力发展的对策

（一）强力打造装备制造业自主创新体系

1. 构建高效、开放、共享的沈阳装备制造业创新体系

创新是一项系统工程，多学科交叉、多组织参与成为当今创新工程特别是关键技术创新的一大特点。单纯依靠一个企业的力量难以应付快速变化的创新环境。开放性成为创新实现的必要条件，吸收全国乃至全球的技术、人才资源为我所用。而开放性恰恰是沈阳众多核心企业特别是大型装备制造企业缺乏的，众多大型国有企业仍旧沿袭传统的内部创新模式，外部资源获取不足，企业与科研院所、企业与企业、企业与科技中介之间没有形成紧密互动的创新网络，创新整合力不强，创新绩效不佳。要实现技术创新，就要以优势产业为基础。沈阳市政府首先要致力于“创新产业体系重构”，搭建起企业与各组织之间系统性、协同性的创新架构，破解原有创新体系中“创新孤岛现象”；解决创新要素“碎片化”的分散、合力不足问题。加快产业内部开放式共享科技平台建设，鼓励企业将创新资源、有关设备及创新平台向社会开放，整合城市科技资源，培育一批知名科技服务企业和若干科技服务产业集群。鼓励产业内部企业组建各类技术联盟、产业联盟和标准联盟，培育市场化导向的新型研发组织、研发中介和研发外包新业态。

2. 形成沈阳先进装备制造业创新的政策体系

对现有产业政策和创新政策进行梳理、完善，将创新政策与产业政策、区域政策相结合，构建沈阳装备制造业创新的政策体系。截至现在，沈阳市制定和实施了《沈阳市科技进步条例》等 5 部地方科技法规和超过 40 个相关配套政策。总体上看，2000 年以前的科技政策侧重

于科技投入、高新技术产业发展等方面大的规则与框架。随着社会发展，大方向性的科技创新投入等已经达成共识，现在更多集中在具体领域的具体问题。如当前大量的国有大中型企业创新活力不足，科技资源潜在的创新能力无法充分释放，国有企业股权本身的性质和委托代理等问题引发的创新投入不足，高管创新意识、创新动机缺乏，创新效果不佳等问题。诸如此类的问题可利用财政、税收等产业政策手段激励、引导大型企业建立研发机构。支持大型企业技术中心面向社会开放，通过市场机制整合社会优势的技术资源。政府通过科研院所、国有企业等内部制度改革，打破较为僵化的科技管理体制，通过市场配置，重组科技资源，并建立以市场为导向的资源配置和共享机制。全面贯彻《中小企业促进法》，以“大众创业、万众创新”为契机，采取有效措施，营造有利于中小企业产生、成长的良好市场环境。要发挥中小企业特别是中小型科技企业在技术创新体系中的重要作用。

3. 选择重点领域和关键环节，实现关键技术的突破

推动沈阳市装备制造业跨越式发展，根本上要通过技术创新引领整体产业转型升级。围绕产业重点领域，组织实施一批带动性强、示范效应大的创新项目，瞄准世界先进水平与核心关键技术的突破，并加大产业共性技术的研发与推广，普遍提高产业总体技术水平，促进沈阳装备制造业加速由简单加工、装配基地向有竞争力的智能制造基地与创新基地转型，掌握市场竞争主动权，构建整体创新活力和竞争力。同时，积极推进其他领域技术在装备制造产业的应用和融合，推动前沿技术创新的突破并实现产业化，培育新型产业群，发展从优势制造业延伸形成的现代制造服务业，形成制造业与生产服务业互动、互促的良好局面。

（二）以市场为导向建立高效的创新生态系统

1. 围绕重点产业的技术领域构建多元创新体系

紧紧围绕沈阳市培育发展战略性新兴产业、推进重大项目和产业集群等，鼓励以企业为主导建设优势互补、利益共享、风险共担的技术创新联盟，加强骨干企业与配套企业的协同创新与协同制造，促进知识创新与技术创新良性互动，推动创新成果产业化。支持技术创新联盟通过编制产业技术路线图，承担重大科技项目，制定技术标准等构建产业创新链，提升产业核心竞争力，形成目标市场化、运行规范化、管理社会

化的发展机制，促进产学研用深度融合。加强联盟内部技术合作，促进创新资源有效分工与合理衔接，实现知识产权共享，加速科技成果转化应用，提升产业整体竞争力。加强人员交流互动，建立产业技术标准，建立公共技术服务平台，支撑产业核心竞争力的有效提升。充分发挥企业的创新主体作用，建立和完善市场对科技资源配置、科技创新转化的核心作用。推动企业成为科技项目的投入、执行和收益主体。发挥龙头企业先导带动作用，促进科技型中小企业形成自主发展机制。

2. 推进官产学研协同创新

实施官产学研协同创新推进计划。政府搭建创新平台，并提供政策与资金扶持，支持企业、高校、科研机构等开展产学研协同创新或开展国际科技合作，创建产业技术创新联盟，解决产业发展的关键技术问题和涉及社会民生的重大科技问题，为经济社会发展提供科技支撑。依托产业技术创新联盟开展产业关键技术研发，支持技术创新联盟以产学研协同方式，凝练支撑产业发展重大技术需求，解决产业链发展中的关键技术问题。鼓励围绕医疗卫生与健康、生物医药、现代农业、生态与环境保护、城市管理、防灾减灾等民生领域的重大技术需求，合作开展关键技术研发、成果转化及推广应用。扩大科技合作，鼓励和引导企事业单位开展技术合作，使其成为引进、消化、吸收国际科技成果的主体，有效发挥国际合作在解决关键技术瓶颈、填补国内空白、缩小差距方面的作用。积极促进产业结构调整和转型升级，使对外科技合作成为创新体系的重要组成部分。加强联盟内部技术合作，促进创新资源有效分工与合理衔接，实现知识产权共享，加速科技成果转化应用，提升产业整体竞争力。加强人员交流互动，建立产业技术标准和公共技术服务平台，支撑产业核心竞争力的有效提升。通过产学研用的深度协同融合，加快创新型城市建设。

3. 完善科技中介服务体系

引导科技中介服务机构向专业化、规模化和规范化方向发展。按照“组织网络化，功能社会化，服务产业化”的发展方向，鼓励、引导和扶持各类科技中介服务机构有序协调发展。以加强科技中介服务能力建设为重点，完善科技中介服务业发展政策法规，探索建立政府指导下的科技中介服务自律性、规范性管理体制。加快技术产权交易、科技评估、科技咨询等一批专业服务水平高、机制灵活、行为规范的科技中介机构发展。结合深化科技体制改革，将一部分科研机构整体转变为科技中介机构，鼓励高校、科研院所的科技人员创办各种科技创业服务中心，加快科技信息网络建设，实现科技信息资源共享，为科技中介服务打下坚实的基础。支持社会力量创办多层次、多类型、民营化的科技中介服务机构。

4. 致力于深度合作、开放共享的创新平台建设

围绕"一带一路"国家战略布局和实施，积极融入全球创新网络，全面提高沈阳市科技创新的国际合作水平，更多、更好地利用全球创新资源。致力于创新共享资源的平台化建设促进沈阳市企业参与全球创新资源配置，在开放合作中提高自主创新能力，使对外科技合作成为区域创新体系的重要组成部分。

鼓励和引导企事业单位与国（境）外单位开展科技合作，成为引进、消化、吸收国际科技成果的主体，促进先进适用技术转移与示范推广。引导并鼓励本地企业利用国际创新资源，积极支持沈阳市企业技术、产品、标准、品牌实施"走出去"发展战略，努力开拓国际市场。支持沈阳市境内外上市企业投资境外创新类项目，鼓励汽车、机床、鼓风机等领域重点企业国际化发展，采取多种方式建立海外研发机构，支持企业通过海外并购等方式获取国外创新资源，参与全球化产业创新网络和研发平台建设，提升企业参与国际技术交流合作的水平和整合利用全球创新资源的能力。构建国际化产业技术创新网络，加大科技服务机构引进力度，支持建立地区性或专业性的技术转移机构，为企业提供优质海外技术源和高质量服务，探索技术转移国际化路径。大力拓展与周边的东北亚区域和欧美地区有关国家、地区的创新合作，加强产业与技术人员、信息等的交流，不断打造国际化开放共享的创新平台。

（三）努力形成科技人才培育、引进、集聚的创新高地

1. 营造良好的人才发展环境，打造创新型人才队伍

沈阳市近些年人才外流现象严重，由于实体产业发展不足、人才育留机制不完善，一些高端人才流向了南方城市。创业、创新、投资环境不佳也限制了外部高端人才的流入，成为制约沈阳市科技创新实现的核心问题之一。没有对高端人才的持续集聚力，核心领域的创新实现也就无从谈起。当前，沈阳市需对原有的人才吸引、培养、评价、激励等政

策进行梳理，对于不能够满足当前形势的机制和政策要及时修改完善。优化人才工作思路，营造宜于生活、科研、创业、投资的外部环境，加大企业等组织的人才引进动力，打破国外人才引进的诸多障碍，完善知识产权的制度性建设成果，鼓励知识产权入股、融资等。可借助沈阳中德装备制造产业园区建设、沈阳高技术开发区等宽松的政策优势，作为沈阳吸引高端人才的先行先试区。

2. 遵循科技人才培育规律，挖掘人才资源潜力

在人才引进培养、股权激励、成果转化、创业孵化、融资保障、产业扶持等方面先行先试，探索人才、智力、项目相结合的柔性引进制度和远程工作机制，鼓励单位依托产业项目，采取联合攻关、项目顾问、技术咨询等方式引进高层次科技人才和团队。把招商引资和招才引智紧密结合起来，形成“团队＋技术＋资本”的招商引资新模式。

教育、科技、公安、人社等部门联动，为引进人才设立绿色通道，办理相关手续实行特事特办。设置一定的人员编制额度，专门用于支持科技人才流动，探索设立特聘岗位、兼职岗位的年薪制，促进各类机构之间人员的有序、有效流动。

赋予高等学校、科研院所等事业单位充分的用人自主权，采取协议工资和绩效工资等多种激励方式。进一步精减行政审批事项，凡用人单位能够自主决定、自担风险、自行调节的人事事项，一律取消行政审批。对直接服务重点产业发展的科研团队，在安排科研项目时给予倾斜支持。

3. 深化科技人才管理评价体制，破除人事管理上的障碍

改革专业技术职务评聘制度，建立以岗位要求和独立评价为基础的全员聘用制度。对在重点产业发展中做出重要贡献的专业技术人才和高技能人才，可破格晋升职称。科技人员从事科技成果转化的业绩可作为职称评聘的重要依据。鼓励企业经营者按管理要素、科技人员按技术要素参与分配。鼓励企业采取股权激励、期权分配、技术入股等形式，奖励有突出贡献的科技人员和经营管理人员。对高等学校和科研院所等事业单位以科技成果作价入股的企业，放宽股权奖励、股权出售对企业设立年限和盈利水平的限制。

改进人才评价方式，建立知识创新和技术创新两套评价体系，知识评价重点从研究成果数量转向原创价值和实际贡献，引导科研院所改进

人才评价方式。技术评价坚持重业绩导向，注重在实践中评价人才，克服过分强调学历、资历和论文的倾向。组建第三方评估机构，发展各类知识产权专业评价机构，前置评价工作，延长评价期限，强化过程监管和后续跟踪，完善容错和问责制度。

二 创新生产力发展的保障

（一）政策保障

出台促进沈阳市科技服务业发展的政策，加快发展研发设计、创业孵化、技术转移转化等科技服务业，支持建设科技评估、科技咨询等科技中介机构。促进企业增加研发投入的财税政策，促进科技创新的金融政策，并落实高新技术企业税收减免、企业股权和分红激励、自主创新产品政府优先采购等一系列扶持政策。

（二）资金保障

设立沈阳自主创新示范区创业投资基金，主要用于自主创新示范区建设过程中产业孵化器等平台搭建及重点科技类项目投资，通过创新政府投资方式，设立政府引导基金，鼓励和引导更多社会资本服务沈阳市新兴产业发展，加快推动沈阳自主创新示范区建设。加大科技投入力度，尤其加强对有技术创新活动的中小企业进行重点培育，对高新技术企业、科技型中小企业上市进行补助。统筹规划，安排对建立工程技术研究中心等技术创新机构的企业给予专项资助。同时，为企业提供融资租赁服务，解决中小型装备制造产业资金不足和对于引进技术、设备的需求。

（三）人才保障

对海内外高新技术企业以及重要研发机构、产业研究院等人才到沈阳落户的，给予一定的优惠奖励，或设立创新人才公寓，为在沈阳进行创新活动的高级技术人员与创业者提供基本生活条件。鼓励企业与高等院校、科研院所进行联合培养创新创业人才。开展企业家和技术人员职业技能培训，着力提升企业家和技术人员的经营管理、创新管理能力和创新研发能力。对勇于创新和善于创新的企业家和技术人才予以表彰奖励。

第五节　文化生产力发展的对策与保障

一　文化生产力发展的对策

（一）促进文化产业与多媒体和互联网的充分融合

要加快推进公共文化数字化平台建设，打破公共文化资源条块分割的现状，构建集展现、服务、交流、参与互动、文化定制等多种服务功能于一体的一站式公共文化服务平台，为市民提供不受时间和地域限制的快捷服务。要提升图书馆、文化馆、博物馆、影院、演艺单位等公共文化服务机构的数字化水平，通过多种形式逐步实现文化资源、文化服务、文化管理的数字化与智能化，大幅增强市民的良性文化体验，为市民提供更加高效、便捷、优质的文化服务，切实提升沈阳城市文化软实力。要构建行业管理、企业运营、电子商务三大信息体系，加快建设沈阳经济区旅游服务平台，沈阳经济区智能服务和沈阳经济区旅游数据中心的建设项目。规划、开发具备产品营销、个性定制、担保支付、旅团跟踪、电子合同、资讯投诉等功能的智慧旅游应用系统。深入挖掘旅游消费数据，分析、引导游客消费需求，试点开展智慧旅行社、智慧旅游景区、智慧旅游餐饮、智慧旅游饭店、智慧旅游商场建设工作，逐步实现旅游消费在线化、旅游经营平台化和旅游管理智能化。

（二）不断完善和提升城市功能

要扩大青少年活动中心的数量，每个区都应建设1—2所青少年活动中心，使其具备青少年人文素质教育、青少年民生（创业就业）服务、青少年社会组织管理和交流的“三位一体”功能。要加大妇女会馆的建设力度，为全市妇女提供学习成长、维权帮扶、事业拓展、家庭文化等服务。要加快沈阳市老年人大学的建设，并开设文史类、书画类、音乐类各具特色的教学班，满足广大老年人的学习需要，使办学规模达到全国一流水平。要根据老年人特点、贴近老年人需要，科学合理设置课程，细致做好日常管理，为全市老年人提高思想文化水平、健康文明快乐生活发挥作用。

（三）培育并发挥文化创意型龙头企业的核心作用

要完善鼓励文化企业设立创新研发机构实施办法，激励在文化产业中的龙头企业和研发机构，推动高等院校和科研院所与文化企业合作进行文化创新和运行机制的创新。要大力推进“大众创业、万众创新”，发挥高等院校、科技园区、行业协会、文化社团等作用，推广创客空间、创新咖啡、创新工厂等孵化模式，构建一批低成本、便利化、全要素、开放式的众创空间，探索创建跨地区、跨行业的文化孵化联盟，引导全社会认知并且参与沈阳智慧文化城市建设，形成良好的城市整体文化氛围。做强文化龙头企业与培育小型创意企业并举。

二 文化生产力发展的保障

（一）深化现有的文化管理体制机制

深化经营性文化单位转企改革，促进国有独资文化企业完成混合所有制改革。深化企事业单位内部改革，引入现代管理制度，激发内生动力和活力。进一步完善市属国有文化资产监督管理体制机制，建立起党委和政府监督管理国有文化资产的领导体制和工作机制，制定文化企业国有资产监督管理办法，国有文化企业负责人经营业绩考核、薪酬管理等办法，建立健全国有文化企业综合效益考核体系。

（二）加强沈阳文化人才体系建设

大力加强各级各类人才队伍建设，为沈阳市文化事业全面繁荣发展提供有力的人才支持。积极引进高端文化人才，吸引文化管理、文化营销、文化经纪和“互联网+”等创新型人才参与文化建设。加强基层文化人才队伍建设，制定完善基层文化机构工作岗位规范，完善基层文化人才队伍机构编制、学习培训、待遇保障等方面的政策措施。完善专业技术人才培养体系，通过特殊人才引进、岗位实践、在职进修、交流培养等多种途径，进一步优化专业技术人才结构。

（三）健全现代文化市场体系

要加强沈阳市公共文化建设，推进沈阳产业金融博物馆、互联网博物馆等一批博物馆、艺术馆、纪念馆、美术馆建设，推动公共文化服务设施向社会免费开放，实施公共文化设施提升工程。要加强乡镇村及社区基层文化建设，打造集文体活动、图书阅览、教育培训、数字化文化服务、广播宣传、展览展示于一体的综合性文化服务中心，建设服务文化云平台，以大数据、云计算、“互联网+”为引擎，建立涵盖文化活动、文化展示、文化演出、文化培训、文化博览、公共阅读、影视服务、非物质文化遗产等的公共文化服务资源库。

第六节　体制生产力发展的对策与保障

一　体制生产力发展的对策

（一）推进基础教育公平化进程，大力发展职业教育

1. 保障基础教育的公平性

为保证教育公平，严格实行校长教师交流轮岗。为加快缩小师资差距，市政府积极引导优秀校长和骨干教师向农村学校、薄弱学校流动，建立制度化、常态化的交流轮岗制度，明确提出达到规定年限的教师均应交流轮岗，城镇学校、优质学校交流轮岗的教师比例、教师轮岗人选、去向均由抽签决定。轮岗工程可邀请人大代表等第三方进行监督。

2. 大力发展职业教育

沈阳市作为国家老工业基地，发展职业教育具有较好的基础，而目前我国工业化程度还不是很高，还将长期处在由劳动密集型向技术密集型转化的进程之中，需要数以万计的专门人才。这是经济发展对职业教育发展的需求。另外，沈阳市产业结构的调整，农村劳动力的转移，新生劳动力的就业，都迫切需要通过职业教育和培训促进就业。沈阳市职业教育要实现又好又快的发展，必须明确自身定位，找准与市场的接口，与生产实践、技术推广、社会服务紧密结合起来，灵活应对市场变化；通过持续加大投入和培训，强化“双师”教师队伍建设，推行工学结合、校企合作、定岗实习等方式，创新人才培养模式；通过加强职业教育实训基地和校外实习基地建设，提高学生动手能力；通过健全职业教育资格确认和就业资格准入制度，规范劳动用工行为，保障就业人员的合法权益；通过深化劳动人事制度改革，逐步形成有利于沈阳市职业教育发展和技能型人才成长的激励机制。此外，沈阳市的职业培训应更贴近市场需求且空间布局均衡。政府应主动提供一系列针对在校学生的实习计划，增加沈阳市大学生实习机会以促进就业。

（二）大力完善社区医疗卫生体系，促进医疗资源的合理布局

大力加强社区医疗卫生体系建设可避免居民过度集中在少数大医疗机构，缓解居民看病难、看病贵问题。具体措施包括：

1. 完善社区卫生机构运行机制

完善稳定长效的多渠道补偿机制，落实财政对政府举办的社区卫生机构人员经费、基础建设、设备购置等补助资金，保障基本公共卫生服务经费，探索对民营社区卫生服务机构采取购买服务的方式给予补贴。加强对财政专项补助资金的绩效考核和监督管理，提高资金使用效益。进一步完善绩效分配、绩效考核的工作机制，将服务数量与质量、患者满意度、任务完成情况和城乡居民健康状况作为主要考核内容，将绩效考核结果与职工绩效工资挂钩，以调动工作人员的积极性。加强社区卫生人才队伍建设。推进全科医生制度，开展全科医师规范化培训和全科医生、社区护士岗位培训。招聘多专业卫生人员到社区工作，解决社区卫生人员职称评定难题，引进高层次人才，不断充实社区卫生人才队伍，优化社区卫生人才结构。

2. 不断提高居民健康知识水平，普及医疗卫生知识和防灾知识

为应对沈阳市居民心脑血管、恶性肿瘤以及糖尿病等慢性非传染性疾病爆发式增长的态势，市政府应继续加强健康知识科普教育。同时，还应加强居民应对突发自然灾害和公众事件的应急处置教育，提高居民现代生活素质。

（三）全面放开生育限制，为沈阳今后发展奠定雄厚的人力资本基础

增加二胎生育补贴，制定地方政策鼓励生育，在全国副省级城市中率先试点全面放开生育限制。东北近年来一直面临着人口流出、生育率下降的窘境。计划生育的本意是限制低素质人口规模。但不应限制高素质人口增长。当前，我国各主要经济区的竞争不仅局限于争夺资本、技术，更拓展到争夺优质人口方面。可以说人口聚集程度决定了各大经济区的发展后劲。沈阳市居民素质大幅高于全国均值，增加的人口中产生高素质人才的比例高于全国均值。人口增加不仅不会稀释社会资源，反而能促进消费，增加产生杰出人才的概率，还能降低日益严重的养老问题的解决难度。目前，育龄人口对多生育的最主要担心来自于经济压力。如果市政府能提供全方位的服务和更广泛的支持以解决育龄人口的后顾之忧，沈阳市将迎来新的生育高峰，为沈阳市的百年发展大计奠定雄厚的人力资源基础。

（四）建设全方位、多层次的以社会机构为主的养老服务体系

沈阳市在医疗、低保等社会保障方面做得不错。当前社保方面最主要的矛盾集中在养老方面，即急剧扩大的养老需求与相对有限的养老服务之间的矛盾。养老服务方面政策的总体目标是：加快完善社会养老服务体系，形成以居家为基础、社区为依托、机构为支撑、医养相结合的养老服务格局，努力实现基本养老服务应保尽保。加强养老服务设施建设管理，加大养老设施供给，建立统一的老年照护需求评估体系，保障基本养老服务资源的公平分配和有效使用，确保有基本需求的老年人都能得到相应照护。

（五）智慧城市建设要有统一标准，运用商业化手段推进建设进程

1. 智慧城市建设应在统一标准的指导下进行

目前与智慧城市相关的国际、国内标准体系尚未建立，借鉴互联网在全球普遍的经验，主要是制定了统一的技术标准和一体化的协调机制。所以，沈阳在各领域的智慧化建设，应有统一的标准，所有的接口、规格、通信协议等都需要有统一的标准。这样，今后才能在更高层次上实现互联互通，做到信息共享和服务共享。如果采用的标准各异，会造成不同领域、不同行业和地方各成体系，今后再想统一就太难了。这会造成以后系统升级存在大量的改造问题，导致财力、物力的浪费。所以，沈阳市智慧城市的建设应在统一的标准下进行。目前，虽然沈阳在医疗领域、公民的身份信息、城市管理等方面的信息化的提升，都是在各自领域分别进行的，如果使用了统一的标准，这就为今后在更高的信息平台上实现各领域信息的充分共享，提供了技术上的可能。

2. 探索沈阳智慧城市建设的商业运营模式

智慧城市建设需要大量的资金。目前，沈阳各领域信息化进程的资金来源主要都是靠政府的财政拨款，今后要在更广阔的领域实现信息化以及更高平台的信息共享，需要大量的资金。要获得智慧化所需的大量资金就需要有一条明确的商业运营模式，以保证筹措和使用这些资金。这就需要不断创新合作的方式，通过多种渠道，如采用国有控股、民营实施的运作机制，积极引导社会资金加入智慧城市的建设，推进智慧城市建设。成立专门的机构，通过发行债券或者股份制等模式引导社会资金、民间资本向城市的信息化转移。进一步通过经济社会信息化的带动作用，在智慧城市的基础设施建设、信息系统的运行维护、智慧产业的

培育与壮大带来的收益等，使得参与的资本获得相应的回报。

3. 重点培育具有带动作用的智慧产业龙头企业，形成产业集群

智慧城市的建设除了在社会管理和民生方面的作用外，培育信息产业带动经济转型升级也具有重要的作用。目前，虽然沈阳市有众多企业涉足智慧领域，但规模普遍偏小，缺乏龙头企业。即使在运营与服务环节，电信运营商也是初步进入该领域，基础设施和集成能力都有待提高，市场仍处于探索阶段，拉动效应不明显。另外，一些重要的环节，如物联网的系统设计、公共信息平台、服务与咨询等，沈阳市还没有相关的企业。因此在智慧城市的建设过程中，引进或者培育具有一定研发实力的信息企业，成为拉动沈阳智慧产业发展的动力和龙头。

总之，沈阳市政府应借建设智慧城市这一工程不仅实现沈阳市硬件环境的升级，更重要的是，实现自身治理能力水平的提高。智慧城市的建设及完善会极大地提高沈阳市政府的工作效率，使沈阳市社会治理能力实现质的飞跃。

（六）塑造独特的城市整体风格，创新基础设施领域投融资机制

1. 塑造独特的城市整体风格

青岛的旧城屋顶以红色为主，北京老城区以四合院为主，苏州主打水城牌，大连强化城市的滨海、浪漫概念。沈阳市也应有自己独特的城市风格。这就要求优化城市设计，规划建设错落有序、疏密有致的城市内部空间，避免城市内部空间开发强度简单划一。强化对城市天际线、色彩、整体风格的设计和规划控制。避免千城一面、千区一面的现象。

2. 加大地铁、轨道交通建设力度

让公交出行更为普遍，以减少居民开车出行次数。同时，大力建设公共停车场，鼓励单位停车场对外开放，今后市内规划建设的商业大楼、写字楼、大型酒店式公寓在规划地下停车场时不仅要预留足本建筑内的车位，还要鼓励或强制多建设一些备用车位或建设更多层的地下停车库以备发展之需。

3. 创新基础设施投融资体制

推广政府和社会资本合作模式，鼓励民营资本进入基础设施领域。凡法律、法规、规章未禁止的投资领域，一律对民营资本开放，任何单位不得设置歧视性的附加条件。支持民营企业通过依法竞投标，参与城市棚户区改造、农村“三旧”改造和农村土地整治和水利设施建设；

以 BOT 等方式投资道路、桥梁、轨道交通、保障性住房建设。

（七）加强农村食药监队伍建设，增加质监投入

1. 加强农村食药监队伍建设

由于食用农产品质量安全工作源头在基层，乡、村两级食品监管人员短缺，导致了村级农产品质量安全监管与食品监管存在力量薄弱的问题，隐患较大，易发生质量安全问题。应整合乡村农产品质量安全监管员与食品药品监管员队伍，实行一岗双责，每个行政村均安排一名食品药品与农产品质量安全监管员，负责本区域内食品药品与农产品质量安全监管工作，同时还应有效解决村级农产品质量安全监管员与食品药品监管员的工作待遇问题，以及乡级农产品质量监管站工作经费不足的问题。

2. 加大质监软硬件建设投入

增加质监方面投入，更新设备、引入高素质质监人员，建设高标准的质量监督检验中心或重点实验室，使质监工作得到技术保证。

（八）完善法制、信用体系，强化政府市场“守夜人”和“裁判员”职责

摆脱“中等收入陷阱”，政府一定要转变职能，即从具体的经营活动中退出来，而以法律制定者和监管者的身份监督市场运转，同时提高政府工作效率。为实现这一转变，沈阳市政府应主要做好以下两个方面。

1. 完善依法行政制度体系

市场经济实质上是法制经济。完善的市场经济体制对政府的要求很简单——依法行政、诚实守信。具体措施包括：

（1）完善决策机制。要健全重大行政决策听取意见制度，推行重大行政决策听证制度，建立重大行政决策的合法性审查制度。作出行政决策要过“法制关”。政府及其部门做出重大行政决策前必须交由法制机构或者组织有关专家进行合法性审查，未经合法性审查或者经审查不合法的，不得做出决策。坚持重大行政决策集体决定制度，建立重大行政决策实施情况的后评价制度，建立行政决策责任追究制度。沈阳市政府要做到政府不轻易承诺，一旦承诺就要做到。建立承诺责任人制度，一旦承诺，终身担责。建立并严格实施重大行政决策听证制度，对法律、法规和规章规定应当听证以及其他涉及重大公共利益和人民群众切身利益的决策事项举行听证，听证参加人的意见得到充

分表达，并记录在案。涉及经济社会发展和人民群众切身利益的重大政策、重大项目等决策事项，全部进行社会稳定、环境、经济等方面的风险评估。

（2）健全立法制度。要建立健全规范性文件监督管理制度，严格规范性文件制定权限和程序，建立规范性文件合法性审查制度。实行规范性文件公开发布，对涉及公民、法人或者其他组织合法权益的规范性文件，要通过政府公报、政府网站、新闻媒体等向社会公布，否则不得作为行政管理依据。完善规范性文件备案制度，建立规范性文件定期清理制度。涉及重大决策或者重要政策、部门间分歧较大或社会有争议的立法项目，按照规定委托第三方评估。

（3）严格行政执法。要推进相对集中行政处罚权和综合行政执法试点工作，建立健全行政执法争议协调机制。完善行政执法经费保障机制，严格执行罚缴分离和收支两条线管理制度。完善行政执法程序，明确行政裁量标准，建立行政执法监督检查记录制度，每年组织一次行政执法案卷评查，促进行政执法机关规范执法。健全行政执法人员资格制度，对拟上岗行政执法的人员要进行相关法律知识考试，经考试合格的才能授予其行政执法资格、上岗行政执法。全面落实行政执法责任制，加大责任追究力度。

2. 加强信用体系建设

（1）建立守信激励与失信惩戒制度。在信用信息交换共享的基础上，完善守信激励与失信惩戒管理办法，制定实施细则。积极推动各政府部门根据本部门、本行业实际，强化配套措施，加大对守信激励和失信惩戒力度，拓宽守信激励的领域，完善失信黑名单披露制度。

（2）加强信用系统平台建设。新的公共信用信息平台应实现企业信用信息数据库、政府信用信息数据库和个人信用信息数据库的共享和互通。要进行公用信息系统的技术创新，使该系统可以做到移动查询、移动办理，以方便大众。

（3）实现沈阳市信用体系与全国其他地区、其他行业、其他中介机构信用平台的信息共享，从而打造一个信用体系全覆盖的社会。

（九）推进区域性金融服务中心建设，创新金融服务体制机制

1. 加快地方金融市场建设

包括推动金融组织、金融产品、金融服务创新，构建与沈阳经济转

型升级需求相适应的金融体系新模式。建设全国性商品交易所，大力引进国际性金融机构地区总部入驻沈阳市，奠定沈阳东北地区金融中心地位。发挥沈阳民间资本充裕的优势，推动沈阳法人金融机构增资扩股和股权多元化，支持其到境内外上市，做大做强。支持民间资本参与农村信用合作社、农村合作银行改制转型等。

2. 大力鼓励互联网金融产业的发展

支持互联网企业发展第三方支付、小微企业贷款、网络保险、网络理财等互联网金融服务，带动相关金融、保险、信托、基金等企业集聚发展。支持银行等金融机构进入互联网，带动相关的金融服务和产品创新。探索建设互联网金融和各类资产交易平台。

3. 搭建创业融资平台，面向小微企业，鼓励大众创业

沈阳市金融机构应降低小额担保贷款的门槛，并将创业优惠政策拓展到所有创业者。同时，积极建设科技型及优质成长型中小微企业融资平台，全方位整合银行、担保、保险和创投等资源，集科技金融网络平台、金融产品服务、金融中介服务、信用评价等多项服务功能，及时对接和解决科技型中小微企业和创新创业企业不同发展阶段的融资需求。针对小微企业抵押物普遍不足的情况，可采取知识产权质押贷款方案，大力拓宽融资渠道，为企业量身定制个性化综合金融服务。同时，积极引导高新技术企业和高成长性企业在“新三板”上市，解决初始投资出口问题。为确保小微企业的资金需求，光靠财政资金是不够的，还应大力引入外地成熟的社会风险投资和天使投资，以财政资金做先导和杠杆，撬动社会资本参与投资创新创业。

（十）深化国有企业体制机制改革

1. 处理好政府及社会体制创新与企业体制创新之间的关系

前面在体制创新能力存在的问题一节中已经说明，沈阳的体制创新能力与发达地区相比差距主要体现在两大方面：政府及社会体制创新能力和企业（主要是国有企业）体制创新能力。那么这二者的关系如何，是否有主次之分呢？我们认为，企业的体制创新是主因，它影响着处于从属地位的政府及社会体制创新能力。也就是说，企业（主要是国有企业）体制创新能力的缺陷导致了沈阳政府及社会体制创新能力的不足。

经过我们的调查走访，发现在沈阳凡是企业体制创新能力强的区

域，政府及社会体制创新能力也强，例如，浑南和张士开发区的企业体制创新能力和政府及社会体制创新能力明显优于皇姑、大东等老城区。另有资深业内人士反映，20世纪90年代初，上海的行政体制未必比沈阳先进多少。但是，随着浦东的飞速发展，上海吸纳了大量的体制灵活的外资和民营企业。这些非公有制企业不断调整内部体制以适应市场竞争。同时，它们也对上海市政府的行政管理体制和上海社会体制提出了更高的要求，督促着上海市政府和社会各个方面不断进行体制创新以适应经济发展。经过20多年的发展，现在上海的政府及社会体制创新能力和行政效率已远远高于沈阳。因此，企业体制创新能力是体制创新的核心驱动力和主导因素。

对于政府及社会的体制创新能力存在的问题，我们认为只要沈阳的企业保持活力，一定会督促政府和社会各层面不断纠正克服并化解这些问题。因此，前面提出的有关沈阳市政府及社会体制创新方面存在的问题，只要沈阳本地企业保持足够的活力都能不断得到解决。关键是沈阳市的企业（尤其是国有企业）目前普遍缺乏活力，尤其缺乏体制创新能力。这不仅制约了沈阳市政府及社会体制创新能力的提高，也造成了当前沈阳面临的经济困局。所以，有必要探究一下造成这一现象的根源。

2. 国有企业体制性缺陷是当前沈阳经济困局的主要原因

近两年来沈阳的经济困局是由体制性矛盾和结构性矛盾积累到一定程度集中爆发造成的。体制性矛盾主要是由计划经济向市场经济转型的过程中，计划经济因素退出过慢、市场化程度过低造成的。具体表现为非国有经济过于依附国有经济，而国有企业创新能力不足、缺乏活力等。结构性矛盾是由于产业升级缓慢造成企业产品不适应市场形成的。具体表现为第二产业中重工业占比过高，产业投资偏重于重工业，高技术产业占比偏低，现代服务业占第三产业比重偏低等。

这两个矛盾也是分主次的，从根源上讲体制性矛盾是第一位的、根本性原因，结构性矛盾是从属于体制性矛盾的。试想，如果沈阳的国有企业都是充满活力、对市场变化十分敏感，当市场需求发生重大变化时，沈阳国有企业一定会及时捕捉到信息，主动进行产业升级、技术创新及推出新产品以适应市场需求。那么大多数的沈阳国有企业就不会遇到产品技术含量偏低和产品大量过剩的情况了。

为什么沈阳的大部分国有企业总是慢市场半拍，缺乏技术创新和开发新产品的动力呢？归根结底还是体制上的原因。企业管理层缺乏不断创新、不断调整的激励机制。我们在调研中发现，沈阳规模以上的生产性非国有企业普遍比国有企业更适应市场竞争。究其原因，在于它们的激励机制要普遍优于国有企业。搞得好的国有企业共同的特点也都包括建立了合理的激励机制。

当前沈阳市经济体制改革的核心任务就是改革国有企业体制，建立合理的激励机制。如果沈阳市不利用现在全国上下大搞调结构、促升级的大环境建立良好的企业激励机制，即使将来经济复苏了沈阳经济也不会走得太远。单靠招商引资、搞大项目落地只能济一时之困，不能从根本上让沈阳经济走上健康发展的道路。2003 年起，东北老工业基地振兴将重点放在加大投资、搞大项目上，没有注重对国有企业内部运营机制尤其是激励机制进行改造。虽然东北振兴政策推行了十几年，但现在沈阳国有企业的运行体制并没有多少真正的改变。人浮于事、冗员众多、效率低下仍然是沈阳国有企业的常态。结果是经济高潮期一过，在财政刺激不足的情况下，沈阳经济立刻跌入低谷。

为什么沈阳改革的核心对象是国有企业，而不是非公有制经济呢？其实，早在 2010 年沈阳市在非公有制经济内就业的人数就超过了 75%（《沈阳日报》，2011 年 1 月 17 日）。另据沈阳市中小企业局的统计，2013 年沈阳非公有制经济税收占全市税收总收入比重就已经达到 83.7%，地方级税收收入占全市税收收入比重就达到 83.9%，税收总收入和地方级税收收入占全市比重持续达到八成以上。但是，沈阳的非国有企业与南方发达省市同类企业相比最大的缺陷在于缺乏龙头企业，尤其缺乏支柱型产业中的龙头企业。沈阳的非国有经济基本上依靠国有经济，为国有经济做配套，技术也是挖国有企业的墙脚，少有独立的创新。所以，沈阳经济真正的“火车头”、真正的创新引擎还是国有企业。

3. 关于国有企业体制改革的建议

既然国有企业体制性矛盾是目前沈阳经济发展的关键症结，制约着沈阳的经济发展，那么该如何解决呢。前面说过要在国有企业内建立长效的激励机制。这种激励机制必须涉及产权改革。孟子说过：“有恒产者有恒心”。要想让国有企业经理层全身心投入企业发展当中，必须使他们的个人利益与企业长远利益相一致。这就意味着必须让渡部分企业产权给它们。对于企业员工也是一样。也就是说推进经理层持股和员工持股的改革是有效提高国有企业效率的关键之举。而且，根据江苏省工会近年的调查，从长期来看，经理层持股比员工持股更能提高企业绩效。

对此我们的具体建议如下：

（1）推进国有企业的分级分类制度，将其分为公益性和经营性两类。对于业绩不振的经营性企业可引资、可售部分股权。引资必须能带来先进技术、经验和市场，不能为了引资而引资。

（2）对于经营性企业的经理层要采取期权激励的方式给予股权，对于骨干员工要逐步推进员工持股计划。因岗定股，这里的岗位指的不是职位高低而是对企业的贡献。上级持股份额不一定大于下级，一切视员工对于企业发展所起的作用。

（3）对待经营性企业所挑选的经理原则上不由政府官员转任。企业就是企业，必须让懂经营的人来管理，不能把企业变成第二政府。绝对不能把企业变成官员捞取年薪、安置职位的“风水宝地”。企业经营者的人选可委托猎头公司挑选职业经理人。也可在长期处于企业内、行业内的内部人士中挑选。

（4）产权制度的改革不要搞“一刀切”。坚持试点企业先行，其他企业跟进，成熟一个推进一个，因企制宜，坚持一企一策，决策要尊重企业职工意见。对于产权制度改革条件成熟的企业要制定时间表，督促它们勇于跨出产权制度改革的关键一步。争取在“十三五”期间完成全部经营类国有企业的经理层持股、员工持股等产权结构改革工作。

（5）修改不适于产权制度改革的法律。如根据公司法的规定，有限责任公司的股东人数不得超过 50 人、股份公司的股东人数未经证监会批准不得超过 200 人，这对参与人数众多的职工持股计划的实施就构成了法律上的障碍。由此导致了实践中一系列员工持股不规范问题的发生，并造成了诸多纠纷。解决公司法中对股东人数的限制与建立完善的员工持股制度之间的矛盾，是完善混合所有制经济和推进国有企业改革的一个重要问题。因此，应设立地方法规允许扩大股东人数，如扩大到 800—1000 人，或取消对股东人数进行限制的规定。此外，应取消“国务院和地方人民政府根据需要，可以授权其他部门、机构代表本级人民政府对国家出资企业履行出资人职责”的规定，以避免多头授权，实现政企分开、政资分开、所有权与经营权分离，进一步完善国有资产管理体制。

（6）制定对于沈阳市企业大型首台（套）重大装备技术和新产品的研发应用予以补助或免征增值税的优惠政策。

（十一）推进事业单位的市场化改革，厘清政府与市场边界

1. 推进事业单位改革

对于事业单位的职责和业务，能市场化的尽量市场化，即可以将该业务外包，原事业单位只负责监督不负责具体操作；或者将事业单位整体转企，与政府的关系变为合同关系，破除事业单位对于其原有业务的垄断。

2. 大力鼓励社会中介机构的发展

从政府的角度出发，应尽快制定相应的发展和培育社会组织规划，同时，要充分认识到社会中介机构特别是第三方评估机构在第三产业的重要地位，结合沈阳市大力发展现代服务业的要求，政府要鼓励、扶持社会中介机构快速发展，并在政策层面上予以重视和支持。要从制度上保证社会中介机构的独立性和中介性，以便社会中介机构能够以自身的名义、根据相应的法律规范承担相应的责任，履行自己的职责，防止行业协会将服务变为权力，成为企业的“第二政府”。

3. 加大对社会组织的扶持力度

鼓励企业和企业家以及社会贤达等发起设立公益慈善基金会，支持公益事业，履行社会责任。鼓励社会资本投入。引导社会组织拓宽筹资渠道，鼓励金融机构在风险可控前提下为社会组织提供信贷支持，鼓励公益创业。

（十二）实施人才优先发展战略，创造良好的人才外部环境

深入实施人才优先发展战略，推进人才发展体制改革和政策创新，加快构筑立足东北、面向全国、走向世界的国际性人才高地。重点在信息技术、生命健康、新材料、环保、航空、智能制造等领域，加强产业创新领军人才、创新创业投资者、草根创新创业者等各类人才的引进和培养，与他们结成命运共同体、奋斗共同体。探索完善产业创新领军人才及团队市场化引进机制，量身定做专项政策举措，提升沈阳对海内外高层次人才的吸引力。设立天使投资母基金，超常规发展壮大天使投资

人队伍，完善风险投资机构风险补偿、投贷联动等机制，大力集聚海内外科技金融机构，建设风险投资的“天使之城”。同时，大规模建设各类青年创业公寓、创业社区，最大限度地降低创新创业成本。现在沈阳有大量新建商品房库存，政府可低价收购然后半卖半送给符合条件的创业者，规定在沈阳工作满一定期限后可获得完全产权（工作经历可以由社保缴费、纳税作证明）。如果他们创业成功，皆大欢喜。不成功也不要紧，这些人都是有头脑、有勇气的社会精英，用房子吸引他们在沈阳落户，为沈阳今后的再次腾飞奠定人力资本基础。总之，市政府应时刻记住今后只有人才才是一个地区发展的关键，只要有了高素质的人才，其他要素便会纷至沓来。关键是打造吸引、留住人才的外部环境。中国改革开放进程中沿海地区的崛起已充分印证了这一点。

二 体制生产力发展的保障

（一）行政保障

优化行政服务环境。继续推进审批制度改革，保证大多数审批提供一站式全程服务。有条件的审批流程推行“全程代办制”“一次告知制”“限时办结制”等制度。优化行政审批流程，推行电子审批，建成覆盖全市、共有共享的统一电子审批网络和行政审批电子监察系统，提高行政审批效率。规范对各种收费、检查管理，严肃查处各种“索、拿、卡、要”现象，为企业创造透明、公平、高效的经营环境。

（二）社会诚信保障

建立社会诚信机制。通过“政府主导、政策引导、企业自律、多方参与”的方式，建立起覆盖全社会的诚信体系。深化企业诚信教育，健全包括信用信息服务、数据技术、征信管理和信息发布的“四位一体”企业诚信体系，组织开展企业诚信评选活动。

（三）城市创新创业的环境保障

1. 大力推进“智慧沈阳”工程建设

建设并形成高速、移动、安全、广泛的新一代信息基础设施体系。建设全市统一的政务数据信息资源库和政务数据互联共享机制，推进电子政务与公共服务电子化，积极发展大数据公共服务。加快推进公共安全、环境监测、智慧社区、市民卡应用等方面的项目建设。大力发展智慧医疗、智能交通、智慧旅游、智慧警务、智能电网、智能水务、智能管网等。

2. 加强鼓励创新的软环境建设

建设“关爱企业、尊重企业家”、“鼓励创新、宽容失败”的文化环境，让“支持发展、鼓励创新”成为全市上下的共识和行动。展现开拓进取的创业精神、开放大气的现代精神、“嫉慢如仇”的效率精神、简单真实的务实精神、诚信和谐的人文精神，提升沈阳城市文化的凝聚力和创造力。精心塑造、大力宣传、努力提升沈阳精神，形成强大的精神动力。

（四）人才保障

全面实施“人才强市”战略。加大人才政策支持和投入力度，支持和引导企业引进创新型科技人才和智力成果；加强留学人员创业园等海外高层次人才创新创业基地建设，加大国际高端人才和创新团队的引进力度，鼓励和引导企业引进拥有自主知识产权和懂得国际惯例、具有国际运作经验的高级管理人才；加大技能型适用人才的培养力度，继续加强与高校、院所、职院等单位的沟通联系，支持企业广泛开展订单培养、定向培养和合作办学；完善人才评价、使用和激励机制，提升人才服务水平，营造开放包容、鼓励创新、有利于人才成长的社会环境。

（五）法制保障

1. 积极完善地方法规体系

沈阳市人大应加强以下几方面的法律体系建设：一是要加快国有经济战略性调整和国有企业战略性重组的立法，努力提高国有经济的整体运营质量；二是要加快促进开放型经济发展的立法，加速经济国际化步伐；三是加快促进和保护民营经济发展的立法，引导民营经济优化结构、壮大规模、提高水平，切实保护个体私营企业及其经营者的合法权益；四是要加快推动经济结构调整的立法，切实转变经济增长方式；五是要加快促进企业资本经营的立法，鼓励更多的沈阳市企业到海内外证券市场直接融资；六是要加快促进高新技术发展的立法，营造技术创新的良好环境；七是要加快信息产业发展的立法，进一步调整和改善沈阳市的经济结构；八是要加快园区经济发展的立法，促进各类园区的经济健康有序发展，使其成为沈阳市经济发展的新增长点；九是要加快推动创新立法，鼓励创新，激励创造，支持创业，充分发挥社会各阶层、各方面的积极性、主动性、创造性，不断增强全社会的创造力；十是要加快推动循环经济和节约型经济的立法，以资源的循环高效利用促进沈阳市经济的可持续发展；十一是加快人才资源开发的立法，吸引更多的高层次人才投身沈阳市的经济建设，构建人才荟萃的新高地。

2. 加快社会保障立法，维护社会公平

保护社会弱势群体是构建和谐城市的重要方面，也是社会文明进步的体现，是人权保障的现实需要。为此，沈阳市要加快社会保障的立法和法规体系的完善。一是要加快职工就业、失业、工伤、生育、最低生活保障的立法，健全社会保障法规体系，保障职工的合法权益；二是要加快保护妇女、老人、儿童等方面的立法，切实维护他们的合法权益；三是加快保障残疾人和精神病人权益的立法，保护社会弱势群体的合法权益，维护社会公平；四是要加快贫困者和受灾者救济的立法，体现社会关爱，让弱势群体充分享受到社会主义大家庭的温暖。

3. 健全法规评估机制，提高法规质量

沈阳市要创新和健全法规评估机制，建立科学合理的法规、规章评估标准体系，不断提高地方立法的质量。一是要建立法规、规章评估机构。建议由市人大常委会或者市政府牵头，广泛吸收法律专家、学者、立法工作者、执法人员、司法人员、律师、人大代表、政协委员、社会各界代表以及公民、法人和其他组织的代表参加，建立地方法规、规章评估机构，定期或者不定期地组织活动，对已经颁布实施的法规、规章进行全面评审，充分听取社会各界代表对地方法规、规章的评价意见。二是要建立法规、规章评估标准的科学体系。沈阳市可以参照国际上先进的立法评估标准，结合沈阳市的实际，建立科学合理的立法评估标准，对法规、规章的立法成本、效益、正义、公平、平等、自由、安全、秩序等价值标准进行全面系统的科学评估，并提出专题分析评估报告，供立法机关参考。三是要完善法规、规章执行情况的跟踪反馈机制。要把立法工作和执法监督有机结合起来，市人大常委会和市政府每年要选择若干件地方法规、政府规章，开展“立法回头看”活动，切实做好法规、规章实施情况的跟踪检查，加大执法监督力度，以执法监督促进立法工作。

第七节　信息生产力发展的对策与保障

一　信息生产力发展的对策

（一）加快推动数据整合共享和创新应用

在现今的社会，大数据应用越来越彰显其优势，它影响甚至决定的范围也越来越大，各种利用大数据进行发展的领域正在协助企业不断地发展新业务，创新运营模式。城市建设也应该积极响应这一发展动态，遵循“以人为本”的指导思想，充分整合数据资源，为市民提供方便快捷的服务，用大数据解决市民办证多、办事难、行车堵、看病烦等问题。沈阳市应该进一步加强大数据建设，加快建设面向不同行业、不同环节的工业大数据资源聚合和分析应用平台，建立起用数据说话，用数据决策，用数据管理，用数据创新的管理机制，引领全市创新发展，推动智慧城市建设。在经济发展新常态下，通过大数据应用加快建设智慧城市有利于优化配置、整合利用各类资源，对于改善社会、经济、产业、生态环境结构，全面提高城市运行效率，有重要的推动作用。

（二）加快产业发展的智能化、信息化水平，推动产业转型步伐

沈阳市作为东北老工业基地的心脏，在国家实施振兴东北老工业基地战略的进程中，应积极引导传统产业转型升级，将信息化与工业化深度结合，同时促进新兴产业的发展。沈阳市智慧城市建设已经取得了一定进展，沈阳市应该将智慧城市建设的阶段性结果与产业结构调整紧密融合，提高各项产业发展的智能化、信息化水平。构建城市智慧产业体系，推动特色产业提质增效。突出工业城市特色，以现代信息技术驱动装备制造业、高新技术产业发展。推动电子商务为主的现代服务业发展。促进农业转型升级。针对区域中心城市特点，打造特色大数据产业链，实现周边城市群共同繁荣。与此同时，沈阳市应加快培育一批智慧产业和大数据产业项目，建设信息产业龙头企业，从而带动信息产业的发展，加快各产业的转型升级步伐。

（三）加强信息化人才储备与培养

拥有足够的适用于新时代和新阶段的信息化人才，是大力发展沈阳信息生产力的关键因素。沈阳应大量培养物联网、大数据、云计算等新

一代信息技术人才，为智慧沈阳建设提供人才保障。一方面，在有条件的高校中重点开设相关专业，培养新一代信息化人才；另一方面，坚持以人为本，稳定现有人才队伍，实施人才引进战略，积极吸纳外来人才特别是高层次人才。充分发挥物质和荣誉的双重激励作用，落实各项人才政策，坚持引进与培养并重，创建培养人才、吸引人才、用好人才、留住人才的良好环境。此外，加强岗位培训教育，加大社会化培训力度，提高在职人员信息技术的应用技能。加强对机关公务员、事业单位人员、大中型企业中相关人员的信息化知识培训与考核。

（四）加强智慧城市信息化基础设施建设

2015 年，沈阳信息社会指数在 15 个副省级城市中排第 12 位，信息化建设仍显不足，存在着较大的提升发展空间。今后，沈阳应加快光纤网络建设，积极推进宽带沈阳建设，推进新建区域宽带共享接入网络部署和已建区域网络扩容升级，优化网络结构，提升网络质量，持续扩大网络基础设施覆盖范围和深度。同时，完善 3G/4G 网络建设，加强对 5G 技术的研究和探索，适时推动新一代移动网络建设。推广基于北斗卫星导航系统的基于位置服务。扩大无线网络覆盖范围，推进建设多层次、立体覆盖的无线网络，提升公共交通、行政办公、旅游景点、医院、高校、商业金融等重点场所 WiFi 网络覆盖率。整合沈阳市范围内水、电、气、热、通信等各类城市信息基础设施，提高智能化感知和监控管理水平。构建城市智能化基础设施公共信息平台，实现辅助审批、智能分析、共享服务及维护，以及在线监督、监控预警、突发事故应急管理和信息发布等功能。建立和发展大数据与云计算平台，为政府公共管理、居民生活服务和企业生产经营提供有力的信息支撑。整合全市教育基础数据资源，推进市级教育资源公共服务平台建设。

（五）切实加强城市信息整合，推进城市一卡通建设

统筹和整合现有社保、居民健康卡、城市交通、智慧社区、金融支付、公共事业代收费、电子政务、医疗、文化旅游等领域信息系统，由大数据运营公司进行运营，建立沈阳市一卡通。基于移动 RFID 的移动一卡通技术，实现手机实名 SIM 卡、沈阳市一卡通和普通银行卡（信用卡）的绑定。若能建成该系统，沈阳市民只需携带手机，就可以方便地进行日常生活，通过一卡通或手机一卡通来完成各项事务。此外，对于企事业单位或居民小区进入时通常需要划卡验明身份，将来可将个人信息集成至一卡通或手

机一卡通，做到一卡走遍沈城。目前这些技术比较成熟，若大力推动，则可极大地加快了沈阳的信息化和智慧化建设进程。

（六）大力促进智能制造的创新式发展

沈阳作为东北老工业基地的核心区域，装备制造业长久以来是支撑沈阳经济发展的重要因素，也是展现沈阳形象的重要标志。沈阳应利用信息技术发展生产力，推动互联网、大数据、云计算等新一代信息技术在制造领域的广泛应用，打造具备沈阳优势的“智能制造”。大力发展基于互联网的个性化定制、众包设计、云制造等新型制造模式，提高精准制造、敏捷制造能力。以智能工厂为载体，以全面深度互联为基础，以端到端信息数据流为核心驱动，使信息化和智能化贯穿于从创意、设计、开发、制造到销售服务等各个环节。

二　信息生产力发展的保障

（一）完善体制机制和政策法规

建立健全沈阳信息化建设和智慧城市建设的领导推进和统筹协调机制，充分发挥沈阳市大数据管理局的作用，协调各部门、各区县的信息化和智慧城市建设工作。提升各部门各单位领导对沈阳信息化建设和智慧城市建设的重视程度，明确责任分工，确保政令畅通。研究制定符合沈阳实际的促进信息生产力发展的政策体系，包括产业政策、人才政策、投融资政策、信息安全政策等。完善、推广和落实政务数据资源采集、发布、存储、共享交换机制，完善网络与信息安全保障、个人隐私保护、数据资源开发利用等方面的政策法规。加强信息化项目的前期审批、进度管理和竣工验收工作，定期检查建设规划、方案、年度计划落实及项目建成应用情况，对项目实施执行进度和质量的跟踪分析和监督检查，确保规划目标实现，尽早投入使用并发挥应有的效益。

（二）保障信息安全

在加大信息化建设和智慧城市建设的过程中，强化网络与信息安全管理。各党政机关网站和重要信息系统应按照同步规划、同步建设、同步运行的要求，参照国家有关标准规范，建立以网页防篡改、域名防劫持、网站防攻击以及密码技术、身份认证、访问控制、安全审计等为主要措施的网站安全防护体系。网站和重要信息系统开通前要进行安全等级测评，新增栏目、功能要进行安全评估。加强对网站系统软件、管理软件、应用软件的安全配置管理，做好安全防护工作，消除安全隐患。

加强党政机关网站移动应用安全管理，加强互联网网上管理手段建设，提高互联网安全管理水平。定期开展重要信息系统的安全检查，完善全市网络与信息安全应急预案，制定或完善各重要信息系统的应急预案，开展网络与信息安全应急演练。强化安全意识和安全责任，定期组织网络安全责任人的安全培训，加强信息安全专业技术队伍建设。

（三）支持和鼓励沈阳信息化创新活动

探索市场化运作的信息化智慧城市建设及运营模式，在公共领域大力推广特许经营PPP等模式。积极和国内知名互联网企业、IT企业和大数据企业合作，通过组建大数据运营公司、研究院、投资基金等，稳步推进项目外包和政府购买服务。发挥高等院校、科技园区、行业协会、科技社团等作用，推广创新工场等孵化模式，构建一批低成本、便利化、全要素、开放式的众创空间。探索建立跨地区、跨行业的孵化器联盟，支持以PPP方式建设孵化器，对利用闲置厂房楼宇新建的各类创客空间给予扶持。引导全社会认知并参与沈阳信息化建设，支持信息领域人才创业。加强对沈阳信息化建设和智慧城市建设的宣传推广，鼓励市民对沈阳信息化建设提供有益建议。

第八节　生态环境生产力发展的对策与保障

一　生态环境生产力发展的对策

（一）深入推进和完善“青山、碧水、蓝天”工程和绿化工程

绿色是永续发展的必要条件。为此，沈阳市要以创造优良的人居环境为目标，通过坚定不移地深入推进和完善“青山、碧水、蓝天”工程和绿化工程，大力开展生态修复和环境治理，加强生态保护“红线”管理，推动形成绿色发展方式和生活方式，促进人与自然的和谐共生。

（二）加快产业转型升级速度，努力释放绿色产能优势

制造业是沈阳的立市之本、发展之基。未来，沈阳市要以智能制造为主攻方向，紧紧围绕“中国制造2025”确定的战略任务和重点领域，促进传统产业升级，培育壮大新兴产业，加快建设具有国际竞争力的先进装备创新制造基地。

（三）加大市场开发力度，扩大绿色产品受惠群体

从政府层面，加大绿色产品的公益宣传力度，对生产绿色、节能、

环保产品的企业给予一定政策和税收上的支持。同时，沈阳市政府应该以身作则，在政府采购中，尽可能购买沈阳本土企业生产和出售的绿色环保产品，以扩大环保产品在市场中的影响力和市场份额。

（四）促进城市资源集约化利用，打造节能减排新沈阳

“十三五”期间，沈阳市计划实施“全民节能行动计划”，倡导节能消费、绿色消费、文明消费。加快节能减排技术开发和推广应用，从源头上控制高耗能、高排放产业发展。全面落实《沈阳市生活垃圾管理条例》，加大城乡垃圾处理能力。

（五）全面提高城乡基础设施建设水平

以构建稳定、安全、生态、高效、现代化、智能化的城乡一体化市政基础设施体系为目标，综合部署供水、排水、能源、通信、环保、防灾等各项市政公用设施。以国家综合管廊建设试点城市为契机，实施城市地下管网改造工程，提高城市污水排放控制与治理。结合老城区更新改造及新城区建设，积极推动“海绵城市”建设，实施生活垃圾“减量化、无害化、资源化”处理工程。

二　生态环境生产力发展的保障

（一）大力推进生态文明建设

巩固和提升沈阳市市民对于生态环境保护的关注，加强中小学生态文明教育，建立健全志愿者星级认证制度，努力营造保护生态环境的良好社会风气。

（二）加强政府有关部门执法力度

沈阳市应该将环保部门和警察部门相结合，建立“生态环境治理联合执法大队”，打出生态治理执法组合拳，对环境违法犯罪行为依法从严从快打击处理。生态环境治理联合执法大队主要可以负责查处领导批转交办、群众举报、突击巡查中发现的以及部门移交的涉林、涉水、涉气、涉土等有关生态环境资源类重大复杂疑难行政、治安和刑事案件。

（三）提高绿色产品的宣传力度

沈阳市应组建专门的营销团队加强绿色产品消费的宣传力度，通过举办各种类型的绿色产品交易博览会和在城市主要商业街道张贴绿色消费宣传海报等手段鼓励市民消费绿色产品。同时，沈阳市各级政府也应该将宣传深入中小学以及沈阳各大高校，使学生这一群体在走向社会之前就养成绿色消费的观念和习惯。

（四）完善生态补偿机制

沈阳市各级环保系统要按照国家和省委、省政府的部署，牢牢把握生态环境保护这一重要基石，深入贯彻落实科学发展观，着力推进绿色发展、低碳发展、循环发展，进一步完善生态补偿机制，大力提升经济社会发展的可持续性。建立沈阳绿色发展基金，撬动和吸引更多的社会资本，充分发挥生态补偿基金的作用和效益，实现由末端治理向源头控制、优良生态资源向生态资本转化，有助于形成长期稳定的生态保护和发展模式。

（五）加快天然气等清洁能源在沈阳的推广

2015 年，沈阳市燃气集团共有燃气用户 208.9 万户，其中居民用户 205.3 万户，用气量 19480 万立方米，占总售气量的 44.35%。在“十三五”期间，沈阳市应该适当调低天然气价格，同时继续为老城区铺设天然气管道，扩大天然气在沈阳市居民中的使用比例，推动清洁能源在沈阳的广泛使用。

（六）广泛集聚各类创新资源推动装备制造业绿色转型升级

沈阳市应该重点支持企业购买国内外高校和科研院所的先进技术成果，吸引具有较强创新能力或重要创新资源的创新团队、高校与科研院所的创新企业，对其给予资助。重点建立绿色设计、绿色工艺和绿色供应链为主要特色的生态化工业园区，将低碳环保理念贯穿在生产和运营的每个环节，形成一条循环、绿色、低碳、环保等相结合的制造业升级之路。

（七）突出重点，集中力量

沈阳市在加强基础设施建设的过程中，应该围绕三大战略开展：一是增强功能，增强现代化中心城市的综合功能；二是构建体系，加快建设枢纽型、功能性的现代化基础设施体系；三是打造轮廓，初步凸显城市空间发展的架构。其中，增强功能是核心，构筑体系是基础，打造轮廓是构架。

第十四章　总体生产力发展的对策

针对城市生产力的发展对策是一个系统工程，需要构建完整的对策体系。因为生产力发展规律表明，生产力构成要素之间以及生产力与生产关系之间存在着内在的决定性机理，要实现社会主义市场经济社会的满足人民日益增长的物质、文化生活需要这一根本性生产力发展目标，核心是把握人的发展需要和人与自然环境之间的和谐共生关系，其背后的决定性力量是一个动力体系，至少涉及五大关系系统，即人本发展系统、自然生态系统、城市载体系统、生产经营系统和管理协调系统，这五大关系系统所对应的沈阳生产力五要素双结构关系模型，就是要着力于体制机制改革、创新驱动发展、协调优化提升、分享普惠共赢、生态绿色循环五个方面。

第一节　实施全面深化体制机制改革的对策

只有改革才能解放生产力。向改革要发展，就是基于发展滞后的体制机制问题深化改革，释放改革红利。

一　致力于法治政府的建设，转变政府与市场的关系

致力于法治政府的建设，转变政府与市场的关系，实现政府与市场之间的良性互动，提高行政管理绩效。社会主义市场经济发展的新常态首要的就是法治政府的建设，使政府职能步入法制轨道，加快建设权责明晰、公开公正、廉洁高效、守法诚信的行政管理体系。为此，就要不断健全依法决策机制，强化对行政权力的制约与监督，深化行政执法体制改革，依法全面履行政府职能。加快转变政府职能，该放给市场和社会的权一定要放足、放到位，该政府管的事一定要管好、管到位。要推进简政放权，强化事中事后监管，探索新的政府管理体制。

二 抓紧实施企业改革，激发企业活力

抓紧实施企业改革，激发企业活力，扭转国有企业效率不足和民营经济主体不强的问题。沈阳市作为老工业基地的典型城市，国有企业占据主导地位。当前，国有企业改革正处于攻坚期和深水区，进一步深化沈阳市国有企业和国有资产管理体制改革，在国有企业改革方面先行先试，做出典范，切实在推进股权多元化、发展混合所有制经济、完善法人治理结构、健全企业管理机制等方面取得新突破，增强国有经济发展活力。同时，积极开展民营经济的改革试点，在经济准入领域、综合服务体系建设、投融资体系、政策普惠等方面给予强力支持和切实保障。壮大当地民营经济主体力量的关键是处理好国有企业与民企之间的关系，改变原有国有企业一家独大的局面，给予民营经济以实质性的"国民待遇"，真正确立其市场主体地位。

三 深入实施各项市场化改革措施，发挥市场决定性作用

深入实施各项市场化改革措施，让市场成为决定城市生产力发展的决定性力量。东北经济现象的根源之一就是市场化改革进展缓慢。沈阳市在新一轮东北振兴战略实施过程中，需要发挥国家中心城市的市场化改革示范效应，紧紧围绕充分发挥市场在城市生产力资源配置中的决定性作用这一主题，全面深化各领域的市场化改革进程，加快资本、土地、劳动力、人才、技术、知识等生产力要素的市场体系建设，促进生产力要素自由流动和公平交易，使各类要素能够依据市场规则及市场竞争机制实现优化配置，提升全要素生产率水平。同时不断完善城乡市场一体化建设体系，健全金融市场、技术市场、知识产权交易市场及人力资源市场等公平、有效的运行机制。促进沈阳生产力资源优化配置的市场化改革走向成熟。

第二节 实施以创新驱动为主导的"双创"对策

创新驱动发展战略的实施主要是发挥企业的市场主体功能，构建以企业为主体、市场为主导、产学研紧密合作、政策支撑合理完善的创新体系。沈阳市区域创新体系发展过程中还面临着企业创新缺乏着力点、科研院所服务地方经济社会能力不强、区域创新发展不均衡等诸多问

题。强化企业底层设计能力，围绕产业发展需求部署创新链，推动战略性新兴产业对传统优势产业的继承式发展，优化城市创新发展的顶层设计，推动产业、区域联动发展。

一 通过体制机制创新激发企业的创新主体意识

以国家自主创新示范区建设和国家全面创新改革试验区建设为契机，首先在制度创新上要有新突破，重塑并理顺政府与市场、政府与企业之间的关系，从体制机制改革入手，创造有利于创新创业的制度环境，激发市场主体的创新动能和创业激情。通过健全技术创新的市场导向机制和政府引导机制，强调企业的创新主体地位，加快形成产学研协同创新体系，促进科技成果的转化，使沈阳市的工业发展动力从传统的投入驱动向创新驱动转变。

二 打造产业创新发展的制高点，突出“沈阳智造”新优势

沈阳市作为新确立的国家一线中心城市及其经济发展的国家定位要求，就是要实现“制造兴市”和“制造强市”的发展目标。为此确立了打造先进制造业产业体系的战略任务，并以智能制造和新兴产业改造传统产业的两大产业技术创新能力的培育，作为沈阳市城市生产力发展的创新制高点。通过基础创新、应用创新和开发创新以及技术创新、商业模式创新、制度创新、开放合作创新、创新要素集聚的创业实践等，构建“智慧沈阳”的创新优势，为沈阳市创建成为东北地区的智慧城市示范城市，全面创新改革成效进入全国智慧城市前列奠定坚实的智力基础。

三 致力于营造创新环境和增强自主创新和协同创新能力

创新的生产力“乘数效应”和“极化效应”对于国家一级中心城市的发展至关重要，要发挥创新的最佳带动效应需要做好城市创新系统的科学规划。结合沈阳生产力的空间布局及其功能定位，相应地，需要制定基于区域协调系统发展规律的创新体系。首先要致力于营造良好的城市创新环境，通过体制机制变革促进创新资源的合理流动，通过沈阳市的创新区划打造会聚创新资源的各类创新平台及空间。以国家自主创新示范区建设为着力点，大力推动各级、各类研发机构的建设，通过“官产学”合作机制创建东北科技创新中心，整合全产业链建立技术创新联盟，开展协同创新，建立市场驱动的科技成果转化机制和人才育成、引进机制，提升城市的自主创新能力。

第三节 实施促进生产力协调、优化、提升的对策

在既要兼顾城市 GDP 增长目标，又要确保以增强幸福感为核心的综合发展实力目标的这一城市生产力发展过程中，需要通过协调、优化、提升的三大对策加以实现。

首先是构建区域间、企业间、产业间和要素间的协调发展体系，借助协调的生产力体系形成城市生产力的整体竞争能力。

其次是通过生产力的要素优化和结构优化打造多元化的城市生产力增长点，创造沈阳生产力发展的新优势。

最后是以点带面的城市生产力整体提升，聚焦企业活力与创新创业的市场动力，形成区域核心竞争力的质化跃升局面。

在上述三大对策实施过程中，关键是处理好五个层面的关系，一是不同层级政府之间的协调关系，避免生产力发展中的重叠与争夺资源现象；二是政府与企业之间的关系，由于沈阳市国有大型企业占主导地位，民营经济的活力及其主体作用受限，从政府管理体制的角度理顺二者之间的关系是关键中的关键，其突出目标就是国有企业改革；三是不同性质企业之间的关系，主要是国有企业与私营企业之间形成基于市场运行机制的合作关系，改变国有企业主导当地经济发展的单一局面，形成集聚效应，多方发力，打造企业之间基于产业链和价值链的整体竞争优势；四是新型城市生产力要素之间的关系，表现为资本、劳动力、土地、信息、知识、技术等的有效集成，主要是构建基于要素流动及其优化组合的市场整合机制；五是有利于可持续发展的人、企业、环境之间的关系，形成以人为本、增强文化软实力、基于系统效率的绿色 GDP 增长、生态环保及循环经济的良性发展局面，体现生态智慧型城市发展理念。

第四节　实施生产力发展成果得以共享共赢的对策

城市生产力是城市综合创造能力及其价值提升能力的集中表现，其内在的动力机制就是成果共享、发展共赢的运行机制。沈阳市城市生产力发展今后在这方面的具体对策有以下四个方面的内容：

一　提升广大市民的获得感和自豪感

加快新型城市化建设。沈阳新型城市化建设的目标就是基于智能制造的智慧中心城市系统，核心是包括基础设施、数据资源、民生服务、社会治理和产业提升五大功能结构，其目的就是让城市里的人及各类组织单元尽享城市发展的智慧成果。

推进新型城镇化进程。通过以人为本的新型城镇化建设，逐步破除困扰城乡一体化发展的二元结构，形成生产力要素有序自由流动、基础功能完善、公共服务均等、资源节约集约利用的可持续发展局面。通过产城融合汇聚发展活力，构建地区发展优势，形成优势互补、市场互动、效率共创、成果共享的理想格局。

二　打造以人为本的“宜居宜商城市”

把着力保障改善民生作为城市生产力发展的使命，侧重做好扶贫攻坚工作，在资金、项目、产业、培训及政策等方面给予大力支持；在搞活经济的基础上力争实现充分就业，建立大众就业平台，实施积极的就业政策，通过鼓励创业带动就业；深化收入分配制度改革，实现居民收入增长与经济发展的同步；提高社会保障能力和社会公共服务水平；针对老龄化社会的城市人口问题健全有关配套服务体系。

三　营造“沈阳经济区”城市群的共同繁荣

城市生产力发展带来的繁荣目标不是孤立的，繁荣需要一种共生共赢的系统发展局面。沈阳市要以全面创新改革试验区和自主创新国家示范区的建设为着力点，以城市群协同发展为宗旨，构建完善的区域一体化合作机制与利益共享机制。通过合理的空间布局和基础设施建设，推动产业联动和深度分工合作，实现城市要素资源的互利共享和市场资源的共同开发，提升沈阳经济区的集聚效应，借助打造具有较强竞争力和影响力的城市群，合力助推沈阳生产力的繁荣与活力。

四 建立“一带一路”国际化战略视野下的互利合作新格局

沈阳生产力的发展离不开其作为国际大都市的区域定位。借助国家“一带一路”国际化发展战略的实施机遇，沈阳市需要抓紧时机融入这种国际合作格局中，在世界经济舞台上实现互利共赢、共同发展。通过打通依托水、陆、空立体物流通关体系的战略通道，构建与世界的互联互通网络；通过海外经贸合作区建设，鼓励更多沈阳市有实力有特色的企业走出去；进一步完善招商引资策略，提高利用内资和外资的质量；强化跨领域合作及项目、文化的深度交流，提升对外合作的紧密度，增强沈阳在国际社会的品牌影响力和美誉度。

第五节 实施促进城市生产力沿着绿色、生态、循环方向发展的对策

城市生产力的发展不仅突破了传统的生产力发展概念，使生产力的内涵及边界有了新的拓展，而且随着后工业社会及其科技革命的到来，也使生产力的发展方向及内在本质发生了转化，表现为从原有的“人类利用、改造自然的能力”转向“人类与自然共生共荣的能力”。为此，绿色、生态、循环就成为城市生产力发展的主流轨迹。

一 打造绿色生产体系，提升绿色生产能力

依托以智能制造和生产服务型制造为主体特征的沈阳先进制造基地建设，打造沈阳生产力的绿色生产体系。如建设中的中德高端装备制造产业园区定位为绿色集约发展引领区，构建“德国工业4.0”与“中国制造2025”有效对接和融合增长的新型工业体系。在“两化融合”的基础上积极推动传统产业的绿色化转型，加快构建低碳、高效、环保、清洁的绿色生产制造体系。以沈北蒲河生态经济廊道的绿色制造和沈北新区的新兴产业园区建设为标志，形成具有沈阳经济发展特色和优势的低碳环保产业体系，力争成为东北地区绿色经济体系的核心区域。以沈北现代农业示范区、环城都市农业产业带、沈康现代农业示范带等的绿色安全农业生产为拉动，建设高端精品、高效特色、高产生态化的农业现代化产业基地。

二　优化城市系统中人与环境、自然的关系，建设生态型宜居城市

围绕沈阳城市的自然命脉——生产力中的自然资源力，实施针对河流、山林、湖泊等的生态保护治理工作，确立浑河、辽河、蒲河、棋盘山、卧龙湖等的重点区域生态保护治理工程。以污水处理、绿化行动工程、水环境治理、节能减排行动计划等为抓手，以创造优良的人居环境为目标，全面开展生态修复和环境治理工作。以沈阳经济技术开发区的国家生态工业示范园区的建设为典范，大力推进生态化现代工业体系建设，依据《综合类生态工业园区标准》进一步强化发展转型、减量生产、污染控制、管理创新等工作步入深化阶段。同时进一步推进城乡一体化环境治理达标宜居工程，以点带面，优化沈阳城市整体生态环境，以系统的生态优化提升沈阳宜居城市的质量与品质。

三　针对经济发展与资源环境之间日益突出的矛盾，大力发展循环经济

要彻底告别高投入、高资源消耗的东北式发展道路，着力解决经济发展与资源环境之间的深刻矛盾，以推动区域生态文明建设为目标，以发展循环经济相关产业为主导，以废弃物处理、拆解，再生资源深度加工和利用为基础，依托规模、技术、区域产业布局优势，延伸、扩张产业链，推动沈阳作为国家循环经济示范城市的目标建设，依据沈阳市“循环经济 3 +1 模式”的基本框架，以汽车零部件及工程机械再制造、餐厨废弃物无害化处理和资源化利用、秸秆禁烧与资源化利用、城市生活垃圾分类与资源化利用、城镇污水再利用和循环经济示范试点六大领域为主要着力点，完善法规政策体系建设，坚持创新驱动和先行示范，建立发展循环经济的长效机制，推进技术创新和管理创新，优化国土空间开发格局，将资源集约利用和生态环境保护融入经济发展和社会建设中的各个环节，努力创建国家级循环经济示范城市。

第十五章　总体生产力发展的保障

针对上述沈阳生产力发展的五大对策，为了促进其有效实施，需要从四个方面给予充分的保障，分别是发展与管理理念、人力资源供给能力、法制环境及其治理能力、政策体系及其长效机制，也就是认识保障、人才保障、法制保障和政策保障。

第一节　创新发展理念，提高转型认识，提供认识保障

时代的进步和社会的转型，首先都离不开观念的转变与提升，而观念的转变与提升取决于人们的认知能力，也就是认识水平。如果说东北经济现象的问题所在缘于诸多因素，首先可以明确的关键因素就是发展观念的滞后。一直以来，东北地区的发展观念比较保守，受传统计划经济和政府主导经济发展的观念影响很深。在经济发展目标上追求大而快，热衷于显性效应，重当前绩效，忽视长远发展，导致高投入、高消耗、高成本。而且行政垂直管理的惯性思维明显，等、靠、要的思想倾向严重。所以，学习贯彻自党的十八大以来的路线、方针、政策，就是要告别上述传统观念，以转型发展和新常态的理念指导自己的领导和管理工作。

认识是行动的决定力量，正确的认识产生正确的行动，错误的认识产生错误的行动。对于当前东北经济发展的认识主要是看如何理解“转型正义”与“新常态”的内在含义。其中典型的认识就是对“转型”的理解。能否真正认识到“转型”就是从过去的速度规模型经济发展路径向质量效益型经济发展路径的转变，就是从传统比较优势的要素驱动向创新驱动的转变，从单纯追求 GDP 增长的单一衡量指标向提

质增效的综合衡量指标转变，是一场真正的头脑革命。只有具备这种转型认识、与过去相比拥有新的发展理念，才能够主导实现东北老工业基地的再振兴。

引领这场东北再振兴历史使命的决定性力量，首先就是各类各级决策者及市场主体的认识能力。只有准确把握经济发展的实质，清楚阻碍发展的根源，明确发展目标的价值，才能够指导并引领经济发展的转型。所以，在沈阳生产力发展中，首要的就是转变观念，提高认识。为此就要在各级领导中开展提高认识、端正态度、增强使命感和决策力的学习活动，从内心深处真正理解转型的含义，进而化作行动的指南。同时也要在企业决策者和管理者以及创新创业者中从多层次、多渠道的各种角度开展学习、研讨、交流活动，使其从思想认识的高度深刻理解转型与新常态的内涵与指引意义，进而让企业行为、创新活动及创业项目走对方向，促其成功。当然，在全社会形成转型发展和新常态思维的学习氛围也是十分重要的，它是营造转型发展的思想认识软环境建设的一部分，通过宣传、教育、培训、参观等各种形式及各类媒体渠道提升转型发展和创新创业的舆论氛围及主体认识，形成支撑转型发展的认知基础。

第二节　激活、优化人力资源供给，提供人才保障

东北老工业基地城市人口的大量流失已成为当地经济社会的突出问题之一。沈阳市的人口流动虽然较为平衡，但是流入和流出的结构失衡现象比较明显，尽管整体人口增量较为平稳，但是流入人口质量和流出人口的质量极不对等，流入的人口质量较低，流出的人口质量较高。究其主要原因就是经济发展程度不高，吸纳高端人力资源的职位缺乏吸引力，与可比城市相比差距较大。

众所周知，人力资源尤其是人才资源是经济体发展的核心要素，是经济发展的决定性力量。缺乏人力资源尤其是缺乏人才资源，经济发展就成了无源之水、无本之木。人的因素是生产力发展的主体，是整合各类要素成为一个完整生产力体系的唯一能动力量。城市生产力的发展更

是要以人为本，人力资源尤其是人才资源是城市生产力的灵魂。所以要把引进人才、培养人才、留住人才、用好人才放在优先位置。为此，研究支持沈阳市吸引和用好人才的政策措施，完善人才激励机制，促进高校、科研院所和企业（主要是国有企业）强化对科技、管理人才的激励作用。探索人才发展体制机制改革，面向全球吸引和集聚人才，构建创新创业人才开发与助成的国际化平台。围绕智能制造、产业升级的核心技术需求，大力引进海外高层次工程技术人才，充分利用国家“千人计划”“万人计划”等重大人才计划对东北地区给予重点支持的政策。实施老工业基地国外引智和对外交流专项。鼓励产学合作，促进当地高校培养东北振兴的紧缺专业人才。鼓励设立高校、职业院校毕业生创新创业基金，引导大学毕业生在本地就业创业。加大高素质技术技能人才培养和引进力度，组织开展老工业基地产业转型技术技能人才双元培育改革试点。借由沈阳智慧城市建设及“宜居、宜商”城市建设的愿景和目标，打造吸引人才、留住人才的优良的生活与工作环境。

第三节 加快法治沈阳建设进程，提供法制保障

法治环境和法制社会的建设是确保经济活动公平、公正、公开的前提，有法可依，依法治理，执法必严，违法必究，是一个社会能够实现公平与效率的必要保证。法治沈阳的建设就是要弘扬法治精神，确保社会各类主体的合法权益。

紧紧围绕坚持依宪施政、依法行政，把政府工作全面纳入法制轨道，创新执法体制，完善执法程序，推进综合执法，严格执法责任，建立权责统一、权威高效的依法行政体制，加快建设职能科学、权责法定、执法严明、公开公正、廉洁高效、守法诚信的法治政府，全面提高政府工作法治化水平。

大力推进行政体制改革，切实履行政府职责。建立政府责任清单和权力清单制度，明确法定职责；规范行政审批流程，提高政府办事效率；理顺政府与市场的关系，减少行政审批事项，加强过程监管；加强政务信息平台建设，推进重点领域信息公开等。

健全依法决策机制，提高依法决策水平。严格执行政府重大行政决策规范程序；强化决策事项的论证与审查；完善重大决策实施后跟踪制度；建立重大决策终身追究和责任倒查机制；推行政府法律顾问制度等。

健全立法工作机制，提高政府立法质量。围绕全市中心工作，突出政府立法重点；健全立法协商机制，提高立法的民主化水平；完善立法的公众参与制度建设；完善立法争议协调机制；加强对政府规章的清理修订；健全法制机构立法机制等。

完善监督审计机制，依法强化权力监督。推进决策权、执行权、监督权适度分解与制衡，加强政府内部权力的制约；完善行政复议工作制度；依法加强公务员队伍管理；强化审计监督等。

第四节　构建完善的政策支持体系，提供政策保障

一　深入研究政策导向的现实性、科学性和预见性

要组织研究在转型发展的提质增效总体要求的基础上，保持经济稳定增长的举措和办法。稳增长与谋求转型发展之间是一个事物的两个方面，稳增长是为了赢取转型发展的时间，而转型发展的顺利进行是实现稳增长的保证。同时要结合经济发展方式的转型需要，基于资源存量和环境承载力告别传统发展方式中以“三高”（高消耗、高能源、高污染）为特征的粗放发展模式，利用高新技术和绿色技术改造传统经济，大力发展新经济。政策体系的制定必须围绕上述关系及发展趋势稳妥推进，既要考虑稳增长的近期目标，又要考虑提质增效转型发展的长期目标，为两方面的协调发展提供稳妥的政策支撑。

二　借助政策导向机遇获取政策倾斜和项目支持

自国家提出振兴东北和“中国制造 2025”的一系列战略举措以来，相关的国家政策陆续出台，要借助国家政策提供的条件和机遇，促进沈阳生产力的全面发展。比如中央财政进一步加大了对东北地区一般性转移支付和社保、教育、就业、保障性住房等领域的财政支持力度。进一步完善了粮食主产区利益补偿机制，按粮食商品量等因素对地方给予新

增奖励。资源税分配向资源产地基层政府倾斜。进一步加大信贷支持力度，鼓励政策性金融、开发性金融、商业性金融机构探索支持东北振兴的有效模式。推动产业资本与金融资本融合发展，允许重点装备制造企业发起设立金融租赁和融资租赁公司。进一步加大中央预算内投资对资源枯竭、产业衰退地区和城区老工业区、独立工矿区等困难地区支持力度。制定东北地区产业发展指导目录，设立东北振兴产业投资基金。国家重大生产力布局特别是战略性新兴产业布局重点向东北地区倾斜。实施差别化用地政策，保障重大项目建设用地。支持城区老工业区和独立工矿区开展城镇低效用地再开发和工矿废弃地复垦利用等。

三　重视政策间的协同效应和时间上的继起效应

第一，制定并实施完整的经济政策。以往经济发展方式的最大问题就是缺乏市场主导机制，导致生产力要素价格不仅难以反映其客观的供求关系，而且无法真正实现要素的优化配置，造成极大的浪费和效率低下现象。如果能够建立完整的要素价格体系，充分发挥市场的决定作用，使要素自身包含的价值得以完整、客观的体现，来自要素效率低下造成的东北问题就会得到有效解决。所以，经济政策的重点就在于利用市场机制，明晰生产力要素产权，促进要素资源的合理配置，确保城市生产力发展目标的实现。

第二，调整、优化产业政策。经济转型并没有改变沈阳市作为全国制造业发展基地的地位，反而强化了其“制造兴市”“制造强市”的战略定位，并以智能制造提升了其制造业的内涵。对于占主导地位的沈阳工业而言，核心是通过两化融合及新的商业思维改造传统工业。就微观层面而言，就是按照绿色、环保、生态的理念组织生产，促进新型生产方式的落地生根。就宏观层面而言，就是大力推进先进制造产业、新兴技术产业、现代生态农业等代表着产业发展未来方向的园区建设，使产业、区域、城市、城市群乃至城市辐射全地区范围内实施基于转型原则的产业振兴政策，形成一个城市全系统的“要素资源—产品组合—产业集聚与配套”的完整的城市生产力产业格局。

第三，充实、提升技术政策。高新技术被认为是知识经济的技术载体，而知识经济的发展也是符合“转型发展”的要求的，因此，城市生产力发展的技术政策中应该包括大力发展高新技术，包括智能制造技术、信息技术、生物技术、生态环保技术等。高新技术的开发与应用符合“提质增效”和反“三高”的新常态经济原则的要求。高新技术和绿色生态技术是新经济以及改造传统经济的物质基础，它已经成为当今技术发展的主要潮流。一旦在这些技术上取得突破，必将加速促进沈阳生产力创新体系的建立，早日实现沈阳智慧生态型中心城市的发展目标。

第四，制定并实施引导消费、挖掘内需的消费政策。消费在经济中占有重要的地位，产品或服务只有在被最终消费之后才能真正实现其价值。因此，倡导“无公害”消费和绿色的消费政策是构建城市新经济最重要的环节。“无公害”消费和绿色消费的概念是广义的，它有三层含义：一是倡导消费未被污染或者有助于公众健康的绿色产品；二是在消费过程中注重对垃圾的处置，不造成环境污染；三是引导消费者转变消费观念，注重环保，节约资源和能源，改变公众对环境不宜的消费方式。在目前消费疲软的情况下，倡导“无公害”消费和绿色消费不仅可以创造新的消费热点，拉动消费，更重要的是处于买方市场的消费需求会更有效地引导绿色生产。

第五，制定并实施财税、金融扶持政策。针对鼓励各领域生产力的协调发展制定实施更为完整的政府财政政策和税收政策，进一步完善金融扶持政策，健全多层次资本市场，扩展融资渠道，提高融资效率，落实和完善支持小微企业发展的财税优惠政策等；大力营造鼓励创新的政策环境，着力制定出台促进创新创业财税、金融政策，搭建相关的科技创新政策支撑体系，积极争取国家、省创新创业的政策支持，全面创建激励创新创业的良好软环境。

总之，针对城市生产力八大领域的各项政策是一个完整有序的政策体系，它们具有空间的并发效应和时间的连续效应，都是为了提升城市生产力的整体发展水平，是生产力发展的重要保障。

附　录

城市生产力发展评价指标体系
(城市生产力指数)

产业生产力指数	产业规模指数(20%)	限额以上工业企业数量
		就业总人数
		第一产业工业总产值
		第二产业工业总产值
		第三产业工业总产值
	产业贡献指数(20%)	企业利税增值税占 GDP 比重
		企业利税贡献率
		企业增值税贡献率
		产品销售收入增长率
		产品盈利增长率
	产业效率指数(20%)	从业者生产效率
		企业销售毛利率
		资产/固定资产比率
		销售额/固定资产比率
		利润/固定资产比率
	产业结构指数(20%)	第一产业发展水平
		第二产业发展水平
		第三产业发展水平
		制造业人力资本指数
	产业国际化指数(20%)	外资企业相对量
		外资企业产出规模
		外资企业贡献率
		国外销售额/销售总额
		国外投资额/投资总额

续表

空间生产力指数	空间设施指数（25%）	人均铁路拥有量
		地铁线路数量
		公交车线路数量
		重点商圈单位面积 GDP 产出量城市化率
	空间布局指数（25%）	区域霍夫曼指数
		塞尔指数
		主要产业集中率
		区位熵指数
		不同区县产业结构相似系数
	空间可持续发展指数（25%）	经济与环境的相似系数
		资源承载系数
		资源自我修复系数
		“三废”排放量
	空间效益指数（25%）	单位面积 GDP
		人均 GDP
		地均固定资产投资额
		年销量超百亿产业集群数量
		地均直接利用外资额
		主要工业区单位土地面积产出
创新生产力指数	创新投入指数（20%）	从事科技活动人员数量
		从事科技活动中科学家与工程师比重
		大中型工业企业科技经费筹集总额
		开发新产品科技经费支出
		科技经费支出占主营业务比重
		基础研究投入总额
		应用研究投入总额
		试验发展投入总额
		技术引入经费支出
		技术消化吸收经费支出
	创新基础环境指数（10%）	高新产业区总产值
		大中型工业区企业科技机构数量
		高新技术企业数量
		国家工程技术研究中心数量
		国家重点实验室数量
		高技术企业孵化器数量

续表

创新生产力指数	创新融资环境指数（10%）	政府科技扶持资金投入金额
		科技经费中银行贷款金额
		技术改造贷款金额
		风投公司数量
	创新人才环境指数（10%）	城市科研院所数量
		人均教育经费额
		院士数量
		本科以上毕业生数量
		高校教师数量
	创新扩散环境指数（10%）	技术交易市场（平台）数量
		科技中介机构数量
		公共技术创新平台数量
		技术交易额
		国外技术引入合同额
		国内技术引入合同额
	创新效率指数（20%）	专利效率
		研发人员百人平均科技论文发表数
		企业自主创新产品率
		高技术产业增加值增长率
		R&D 经费占 GDP 比重增长率
		科技论文发表数量增长率
		高技术企业数量增长率
		技术市场交易额增长率
	创新产出指数（20%）	规模以上企业新产品销售收入额
		国家级高技术开发区销售收入
		高技术产业产值占工业总产值比重
		发明专利授权数
		每万人专利申请数
		获省级以上奖励科技成果数量
		国内外科技论文发表数量
企业生产力指数	企业贡献指数（25%）	总资产贡献率
		企业利税贡献率
		企业增值税贡献率
		企业利税增值税占 GDP 比重
		产品销售收入增长率

续表

企业生产力指数	企业国际化指数（25%）	外资企业规模
		外资企业产出规模
		外资企业工业产值贡献率
		外资企业平均产出能力
		外资企业相对量
	企业品牌竞争指数（25%）	品牌溢价率
		市场占有率
		品牌质量满意度
		销售收入
		长期购买行为能力
	企业家精神指数（25%）	企业家战略指导能力
		企业家学习能力
		企业家组织管理能力
		企业家创新能力
生态环境生产力指数	区位指数（15%）	地理区位优势度
		交通区位优势度
		经济区位优势度
		政治区位优势度
		文化区位优势度
	自然资源指数（15%）	土地资源绝对丰富度
		土地资源相对丰富度
		农产品绝对自给度
		农产品相对自给度
		矿产能源绝对丰富度
		矿产能源相对丰富度
	环境资源指数（15%）	城市绿化绝对量
		城市绿化相对量
		气候环境舒适度
		自然灾害控制率
	环境质量指数（15%）	城市绿化覆盖率
		生活污水处理率
		生活垃圾处理率
		空气质量指数
		工业废水处理率
		工业烟尘去除率

续表

生态环境生产力指数	绿色产业发展指数（20%）	工业固体废物综合利用率
		清洁能源利用比例
		绿色制造工业产值增加率
		生态农业产值增加率
		生态旅游收入增加率
		新能源汽车占有率
		绿色交通增加率
	环境改善投入指数（20%）	环境污染治理投资额
		“三废”综合利用产品产值
		城市环境设施投资额
		环保从业人数
		绿色消费程度
体制生产力指数	教育服务指数（10%）	义务教育完成率
		高等教育毛入学率
		人均教育支出
		地方财政性教育支出占 GDP 比重
	医疗服务指数（10%）	人均预期寿命
		每千人口执业（助理）医师数
		每千人口拥有医疗机构床位数
		婴儿死亡率
		人均财政公共卫生支出
		财政卫生支出占财政支出比重
	社会保障及就业指数（10%）	基本养老保险覆盖率（%）
		基本医疗保险覆盖率
		城区月最低工资标准
		城区居民最低生活保障标准
		失业率
		人均社会保障和就业支出
		社会保障和就业支出占财政支出比重
	公共安全指数（10%）	万人交通事故死亡率
		万人火灾起数
		万人刑事案件数
		人均公共安全支出

续表

体制生产力指数	社会治理指数（10%）	每十万人中律师数量
		人大政协提案得到承办单位认可比率
		政府预算超支程度
		生效判决执行比率
		社区服务设施覆盖率
	信用体系建设指数（10%）	企业信用档案覆盖率
		城镇居民信用档案覆盖率
		第三方信用报告年使用量
		信用服务营业收入额
	行政体制创新指数（20%）	政府网站综合得分（中国软件测评中心）
		公共事务网上办理率
		行政审批项目网上办理比例
		行政审批项目按时办结率
		行政投诉事项受理率/按时办结率
	金融创新指数（10%）	中间业务收入占总收入比重
		战略新兴产业信贷支持额度
		融资担保机构新增融资担保额
		上市公司数
	对外体制创新指数（10%）	海关通关时间
		高新技术产品占全市出口比重
		全市自主品牌产品占出口比重
文化生产力指数	文化基础服务指数（20%）	公共文化场所数量（图书馆、博物馆、艺术馆、纪念馆）
		广播电视节目数量
		文化基础设施智能化比率
		文化行业从业人数
		从事文化行业的人员占总就业人口比重
		文化支出
		文化支出占政府财政总支出比重
		非公有资本对文化产业的年投资额
		文化产业资本力
	文化产业园区产出指数（10%）	文化产业园区的数量
		示范园区比例
		产业园区年产值

续表

文化生产力指数	文化企业产出指数（15%）	文化上市公司数量
		文化企业财务指标对比
		文化企业发展能力指数
		文化企业创新能力指数
		文化企业知名品牌数量
	精品文化产出指数（10%）	精品文化产品年产值
		精品文化作品年产值
	文化旅游产出指数（15%）	旅行社数量
		星级酒店数量
		A 级景区的数量
		旅游收入
		游客增长率
	群众文化拉动指数（15%）	群众文化活动数量
		公益性文化活动数量
		公共文化场所数量
		市民的文化需求比重
		文化消费占家庭总消费比重
	文化遗产拉动指数（15%）	文化遗产数量
		文化遗产保护数量
		文化遗产带来的收入
		文化遗产吸引游客数量
信息生产力指数	信息化资源指数（15%）	软件与信息服务业从业人员数量
		政府管理部门信息化岗位人员数量
		规模以上工业企业信息化岗位人员数量
		公共图书馆数量
		图书馆平均图书馆藏数目
		本地创建期刊/报纸数目
		人均图书/期刊/报纸种类
		人均数据库数量
		人均网络（域名）站点数量
	信息化基础设施指数（15%）	家庭光纤可接入率（占总人口比重）
		高清数字电视/互联网电视覆盖率
		无线网络覆盖率
		户均网络接入水平（比特每秒）
		平均无线网络接入带宽（比特每秒）
		4G 基站建设数量/覆盖率（占总面积比重）

续表

信息生产力指数	信息化基础设施指数（15%）	基础网络设施投资占社会固定资产总投资比重
		传感网络建设水平（占社会固定资产总投资）
		企业大数据、云计算平台设立数量
		政府大数据云平台构建数量（地域大数据云平台）
		互联网入户率
		建设无线接入网络的企业所占比例
		家庭网购比例
		移动电话/智能电话用户数量
		固定电话用户数量
	信息产业发展指数（20%）	互联网公司数量/比例
		公司互联网化数量/比例
		信息产业增加值
		信息产业从业人数
		信息产业年均增长率
		信息产业上市公司数量
		信息产业投资额所占比重
		信息产业增加值占 GDP 比重
	政务信息化指数（15%）	政府网站数量比例（个/万人）
		政府网站更新速度
		面向公民/企业的基本公共服务可在线使用的百分比
		行政审批事项网上办理水平（占总审批事项的百分比）
		政府非涉密公文网上流转率（个/万人）
		使用电子政务服务的人口/企业比例
		政府网站点击量
		政府网站用户停留时间
		市民通过政府网站办理业务数量
		政府网站论坛参与人数（用户/天）
		企业/市民和政府网络互动率
	企业/部门信息化指数（15%）	使用集成内部商务流程应用软件的企业数量
		企业网站建站率
		企业电子商务行为比率
		工业化和信息化融合指数
		在供应链管理中与客户/供应商通过电子途径共享信息的企业比例
		企业信息化系统使用率
		ICT 部门增加值占 GDP 比重

续表

信息生产力指数	企业/部门信息化指数（15%）	ICT 部门人数在占总就业人数比重
		商业部门 ICT 研发支出额占 GDP 比重
		商业部门 ICT 研发支出额占总研发支出额比重
		ICT 出口额占出口/进口总额比重
		具有 ICT 专业/应用技能的雇员比重
		销售过货物或服务（如通过拍卖）人口比重
		订购或购买在线商品或服务人口比重
		从其他国家订购过货物或服务人口比重
		电子商务在企业总营业额中所占比重
		在线采购/销售的企业比例
	信息化公共管理指数（20%）	智能公交站牌建设水平率
		停车引导系统覆盖率
		城市道路传感终端安装数量
		市民交通诱导信息服从率
		市民电子健康档案建档率
		医院间资源与信息共享率
		病例电子化率
		环境质量自动化监测比例
		重点污染源监测水平
		家庭智能家具安装率
		道路路灯智能化管理比例
		新能源汽车比例
		建筑物数字化节能比例
		重大事件应急系统建设率
		城市网格化管理的覆盖率
		食品药品追溯系统覆盖率
		户籍人口及常住人口信息跟踪
		危险品运输监控率
		警务信息化投入比率
		高清路口摄像头数量
		用于教育方面的硬件与软件的财政支出水平
		学校信息化互动率
		网络教学比例
		“盛京通”覆盖率
		网上生活缴费比重
		网上门诊预约比重

续表

信息生产力指数	信息化公共管理指数（20%）	社区信息服务系统覆盖率
		社区服务信息推送率
		社区老人信息化监护服务覆盖率
		居民小区安全监控传感器安装率

注：城市生产力指数 = 产业生产力指数×20% + 空间生产力指数×10% + 创新生产力指数×10% + 企业生产力指数×15% + 体制生产力指数×15% + 文化生产力指数×10% + 信息生产力指数×10% + 生态环境生产力指数×10%。

参考文献

[1] 董立延、李娜:《日本发展生态工业园区模式与经验》,《现代日本经济》2009 年第 6 期。

[2] 谷民崇:《辽宁省人类发展指数与政府公共服务支出关联性研究》,《商业时代》2013 年第 19 期。

[3] 胡权:《工业 4.0 时代的模式变革》,《清华管理评论》2015 年第 2 期。

[4] 金相郁:《中国城市全要素生产率研究:1990—2003》,《上海经济研究》2006 年第 7 期。

[5] 刘世薇、张平宇:《美国锈带地区城市化历程及其对东北老工业基地的启示》,《国际城市规划》2015 年第 5 期。

[6] 栾大鹏:《对 15 个副省级城市治理能力的测评及排名》,《国家治理》2015 年第 37 期。

[7] 罗涛:《创新驱动发展的上海模式》,《高科技与产业化》2013 年第 8 期。

[8] 倪鹏飞:《〈中国城市竞争力报告〉中国最具竞争力城市排名点评》,《中国城市经济》2004 年第 5 期。

[9] 卫兴华:《论社会主义生产力标准和价值标准的统一》,《经济学动态》2010 年第 10 期。

[10] 万岩、潘煜:《大数据生态系统中的政府角色研究》,《管理世界》2015 年第 2 期。

[11] 王春超、余静文:《政府间组织结构创新与城市群整体经济绩效:以珠江三角洲城市群为例》,《世界经济》2011 年第 1 期。

[12] 王泽宇、张震、韩增林、孙才志:《中国 15 个副省级城市经济转型成效测度及影响因素分析》,《地理科学》2015 年第 11 期。

[13] 魏冶、修春亮、庞瑞秋、姚雪松:《沈阳市百强企业空间集聚与

空间组织关联》,《经济地理》2014 年第 8 期。

[14] 许爱萍:《创新型城市发展模式演化过程研究——基于生态位理论视角》,《开发研究》2013 年第 6 期。

[15] 薛永应:《生产力经济论》, 人民出版社 1995 年版。

[16] 杨汝岱:《中国制造业企业全要素生产率研究》,《经济研究》2015 年第 2 期。

[17] 杨志明、高德健、王晓文:《中国城市的经济增长和资源环境——基于生产力的实证分析》,《北京理工大学学报》(社会科学版)2015 年第 3 期。

[18] 张来武:《创新驱动城乡一体化发展的理论思考与实践探索》,《中国软科学》2015 年第 4 期。

[19] 张同功、董振兴、刘静涵、林汉川:《我国副省级城市产融结合的基础比较与评价》,《产业经济评论》2014 年第 4 期。

[20] 赵定涛、邓雅静、范进:《中国城市发展模式转型研究》,《江淮论坛》2013 年第 4 期。

[21] 赵涛:《德国鲁尔区的改造——一个老工业基地改造的典型》,《国际经济评论》2000 年第 2 期。

[22] 钟坚:《“深圳模式”与深圳经验》,《深圳大学学报》(人文社会科学版)2010 年第 3 期。

[23] 周明生、郎丽华:《新常态下的经济转型与“十三五”时期经济展望——中国经济增长与周期国际高峰论坛(2015)综述》,《经济研究》2015 年第 8 期。

[24] Jan K. Brueckner, David A. Fansler, “The economics of urban sprawl: Theory and evidence on the spatial sizes of cities”, *Review of Economics and Statistics*, Vol. 65, No. 3, 1983.

[25] Duncan Black, Vernon Henderson, “A theory of urban growth”, *The Journal of Political Economy*, Vol. 107, No. 2, 1999.

[26] Benjamin K. Sovacool, Mark A. Brown, “Twelve metropolitan carbon footprints: A preliminary comparative global assessment”, *Energy Policy*, Vol. 38, No. 9, 2010.

后　记

课题研究紧紧围绕十八大以来的各项方针政策和习近平总书记的系列讲话精神实质，依据辽宁省和沈阳市近三年来的社会经济发展有关文件、规划纲要和领导讲话，同时历时近一年的现场调研和资料分析，以绿色 GDP、人类发展指数、幸福指数、城市繁荣度为核心准则，构建了沈阳城市生产力发展指标体系，并创造性地提出了沈阳市基于双循环结构的生态智慧型城市生产力发展模式。

本课题研究及写作分工是：周浩波教授对整个研究项目进行内容规划和整体协调，并对课题不同进展阶段的研究成果提出改进和完善的指导意见。郭燕青教授负责撰写第一、第二、第四、第十四章，同时负责整个研究成果结构及内容的设计、编排与审校工作。孙国庆同志负责项目调研的协调和组织工作并参与调研材料的整理与总结，提供项目成果中的有关数据材料。韩亮亮教授负责企业生产力研究，唐凤德教授负责生态环境生产力研究，刘建华副教授负责文化生产力研究，樊玉臣副教授负责城市生产力发展模式研究，李铭洋副教授负责信息生产力研究，夏茂森博士负责产业生产力和创新生产力研究，白云飞博士负责体制生产力研究，何地参与第三章的撰写并先后校订、完善整个文稿，王洋参与第八章的撰写，李巍参与创新生产力部分的前期研究工作，王成参与第五章的撰写，胡万平参与第六章的撰写，孟彪参与第十一章的前期研究工作，徐莹参与第七章的撰写，黄婷参与第九章的撰写，王婷婷参与第十章的撰写，毕建宇参与第十二章的撰写，郭建超参与第十一章的撰写，孙文静参与调研数据的统计分析工作，王悦参与调研和资料整理工作。

本书是在辽宁大学承担的沈阳市政府办公厅委托项目“促进沈阳生产力发展研究”结项报告基础上修改完成的。市委常委、秘书长连茂君同志为项目的立项、研究做了大量的指导、协调工作，在此表示衷心的感谢。在研究过程中参考了国内外有关城市生产力研究的部分成果，尤其得到沈阳市政府办公厅李世勇副主任和调研处高平处长的大力支持和指导，吉林大学尹小平教授、东北大学马钦海教授、东北财经大学邱国栋教授、辽宁省社会科学院韩红研究员以及辽宁大学王伟光教授等专家提出了许多宝贵意见，在课题团队成员的调研过程中得到了有关部门和企业的鼎力帮助，在此笔者对上述有关部门、作者、负责人和专家表示深深的谢意。

限于篇幅及时间精力，本书仍存在许多有待改进甚至是不足之处，敬请读者和有关专家批评指正。

《促进沈阳生产力发展研究》课题组

2017 年 6 月